경찰연구방법론

경찰연구방법론

한 기 민, 김 구 著

KSI 한국학술정보(주)

머리말

 사회과학의 한 분야로서 경찰학이 우리나라에 소개된 역사는 짧다. 그러나 근래에 들어 많은 대학에서 경찰행정학과가 개설되고 경찰학을 체계적으로 탐구하며 바람직한 경찰활동의 방향을 정립하려는 움직임이 활발하게 이루어지고 있다. 경찰행정학 분야의 이러한 움직임은 과거의 경찰활동이 획일적이고 권위적이며 사후·진압적 활동인데 반해 현대의 경찰활동은 예방적·사전적 활동으로 변하고 있다. 이런 변화는 경찰학이 독자성과 자율성을 가진 학문으로 정착되기를 바라는 여망이기도 하다.

 경찰학이 학문의 정체성을 가지고 학문세계와 현실세계의 가교역할을 충실히 이행하면서 학문영역을 발전시키기 위해서는 무엇보다도 경찰연구방법론을 체계적으로 학습할 수 있도록 하는 방법론이 마련되어야 한다. 그러나 우리나라 실제를 보면 경찰연구방법론에 대한 체계적인 소개는 찾아볼 수 없을 뿐더러 학문적 방법론보다는 실무적 접근에 비중을 많이 두는 현상을 엿볼 수 있다. 물론 학문의 꽃이 피는 장소는 실무이다. 학문은 실무와 상호공존 관계를 유지해야 하지만 학문의 세계는 실무의 세계를 선도하고 올바른 방향으로 나갈 수 있는 방향타 역할을 해야 한다.

 필자는 경찰연구방법론을 체계적으로 소개함으로써 경찰문제에 대한 체계적인 접근과 이해를 통해 경찰학을 발전시키고 실제 경찰문제를 과학적으로 진단하고 최적의 대안을 제시할 수 있는 도구로 삼을 수 있도록 하기 위해 본서를 집필하였다.

 본 교재의 집필의도가 효과 있기를 기대하면서 내용에 대한 오류나 이슈 및 쟁점사항에 대해서는 독자들의 조언과 제언을 바란다.

2006년 3월 2일
저자 씀

차 례

표 목차

그림 목차

제1장
과학적 조사의 본질

1. 과학의 정의

과학은 영어로 'science'라고 하며 어떤 사물을 '안다'는 라틴어 'scire'에서 유래된 말이다. 넓은 의미로는 학(學) 또는 학문(學問)과 같은 뜻이나, 독일어의 'Wissenschaft'는 학문(Wissen)과 명백히 구별되어 과학을 의미하며, 철학·종교·예술과 대립되는 개념으로 쓰이는 일이 많다.

일반적으로 '과학'(science)이란 말을 들을 때 가장 먼저 떠오르는 이미지는 통제된 실험실, 실험실 복장, 실험도구, 컴퓨터, 로켓발사, 우주선 등은 물론 2005년 모든 국민과 세계의 이목을 집중시켰던 '배아줄기세포' 등이다. 이런 실험실 위주의 인간육체와 자연세계(예: 바위, 식물, 화학제품, 별, 혈액, 전기 등)를 다루는 것은 자연과학(natural science)의 몫으로, 생물학, 화학, 물리학, 그리고 동물학 등이 이에 속한다. 자연과학은 자연(nature)에 의해서 결정된, 혹은 인위적이 아닌(not artificial) 자연 그대로를 연구하는 학문으로서 가치중립적인 성격을 갖는다.

또한 사람의 신념과 행동, 상호작용, 제도, 기타 등등 사람에 관한 연구 즉, 인간의 삶 자체를 연구하는 인류학, 교육학, 경제학, 심리학, 정치학, 사회학, 행정학, 경영학, 법학, 범죄학, 경찰학 등 사회과학(social science)도 과학으로서 자연과학에 비해 상대적으로 가치지향적인 성격을 갖는다.

과학에 대한 사전적 의미는 "현상에 대한 관찰, 확인 및 증명, 기술(記述), 실험적 조사, 이론적 설명 등의 활동을 통해 탐구 혹은 연구의 대상에 적용하는 것"으로 풀이되고 있다. 또한 논자에 따라서도 과학에 대한 정의가 다양하게 내려지고 있지만, 과학철학자들은 과학에 대해 "특정한 문제해결과 지식획득 과정 및 절차"라는 데 동의하고 있다. 또한 "현상에 내재하고 있는 진리를 객관적인 접근방식에 의해 규명하는 과정 또는 해결 가능한 문제를 과학적 방법을 통해 이론을 도출하는 과정"이라고 말한다.

이와 같은 과학에 대한 정의 속에는 모든 현상은 과학의 대상이 될 수 있다고 가정한다. 그러므로 과학에서 중요한 것은 "대상 자체보다는 진리규명을 위해 지식을 축적하는 방법론"이라는 것이다. 자연과학이든 사회과학이든 또는 인문과학이든 간에 현상에 내재되어 있는 법칙과 규칙을 찾아 이해함으로써 하나의 지식으로 축적해 가는 과정 및 방법이면 과학이 될 수 있다는 것이다. 사회과학은 사회현상과 인간행동 간에 존재하는 진리를 탐구하는 것이며, 무엇이 진리인가에 대한 '참'을 추론하고 확인함으로써 지식을 축적해 가는 과정이라고 볼 수 있다. 여기에서 지식(knowledge)이란 문제해결 및 의사결정에 유용한 조직화된 정보를 이해하고 해석하는 준거 틀을 제공하는 통찰력이라고 말할 수 있다.

2. 과학의 목적

과학의 기본 목적은 현상을 설명할 수 있는 이론을 제시하는 데 있다. 이론이란 현상을 논리적으로 설명하는 것이며, 이를 위해서는 변수 간의 인과관계를 구체화시키고 현상에 대한 체계적인 견해를 제시하는 것이다.

또한 과학의 목적은 사실에 대한 가장 정확한 모델을 형성하는 것이라기보다는 사실을 이해하기 위한(for understanding) 프레임워크(frameworks)를 구축하고, 사실을 잘 설명해 줄 수 있는 유용한 프레임워크와 이론을 개발하는 데 있다. 프레임워크와 이론을 개발하기 위해서는 연구(research)가 수반되어야 하고, 연구를 통해서 사실과 이론의 적합성을 증명하게 된다.

이러한 과학의 목적을 구체적으로 설명하면 다음과 같다.

(1) 과학은 지식을 제공한다.

과학은 존재하는 것, 사실에 대해서만 관심을 가지며 가치관의 문제는 다루지 않는다. 어떤 상태로 존재하며, 왜 그렇게 존재하며 어떻게 될 것인가에 대한 지식을 제공하는 데 목적을 둔다. 모든 사람이 동의할 수 있는 분명한 지식(기준)이 있을 때 어떤 상태가 존재해야 한다고 말한다.

그러나 철학(philosophy)의 경우 특정한 행동이나 가치관이 옳다는 당위를 주장하게 되는데, '옳다는 당위'는 모든 사람이 동의하는 것이 아닐 수도 있다. 이와 달리 과학은 현상이나 사실의 원인과 결과에 대해 모든 사람이 동의하는 지식(기준)을 제공한다.

(2) 과학은 현상에 대한 규칙성을 일반화한다.

과학은 자연현상이나 사회현상 속에 존재하는 논리적이고 지속적인 패턴 즉, 규칙성을 일반화한다. 과학은 현상에서 발견된 특징과 속성을 이론과 법칙으로 일반화시킨다. 현상에 대한 규칙성을 일반화시키는 과정에서 과학은 객관성(objectivity)을 가져야 한다.

여기에서 규칙성은 절대적인 즉, 어떠한 예외도 인정되지 않는 규칙성을 의미하는 것이 아니라 확률적 규칙성, 발생의 개연성이 높은 규칙성을 찾고자 하는 것이다. 예를 들어, 겨울에는 눈이 온다. 그러나 봄에 눈이 온다고 하여 겨울에 눈이 온다는 것이 거짓이라고 말할 수는 없다. 교육수준이 높을수록 소득이 높다는 규칙이 있다. 하지만 IMF 경제체제 이후 교육수준이 높은 많은 화이트칼라 직종의 근로자들이 직장을 잃고 소득이 감소하게 되는 현상을 보고 교육수준이 높을수록 소득이 높다는 규칙이 거짓이라고 주장할 수는 없다.

(3) 과학은 변수들 사이의 관계를 기술하고 설명한다.

과학의 대상이 되는 현상에는 원인과 결과가 있게 마련이다. 과학은 원인과 결과 간의 관계를 기술하고 설명하는 데 목적이 있다. 즉, 관계의 방향과 인과관계를 밝히는 것이다. 예를 들어, 청소년의 비행을 설명해 줄 수 있는 원인으로 부모의 감독, 교우관계, 학교의 감독, 부모의 교육수준, 부모의 소득, 부모의 사회적 지위 등이 있다고 하자. 이들 원인변수들이 청소년 비행이라는 결과변수에 긍정적 관계인가, 부정적 관계인가를 기술하고 설명하는 것이 과학의 목적 중의 하나이다.

(4) 과학은 이론을 바탕으로 현상을 예측한다.

과학의 주요 목적은 현상에 대한 지식을 제시하고 지식을 통해 현상을 설명해 줄 수 있는 이론을 개발하는 데 있다. 어떤 이론이 현상을 설명하는 데 적합하다면 미래 동일한 현상에 대해서도 그 이론으로 예측할 수 있어야 한다. 예를 들어, 심리학이나 조직행동론에서 많이 이용하는 강화이론(reinforcement theory)을 적용해 보자. 강화이론은 어떤 반응이 일어날 때 보상을 받는다면 그 반응이 반복되는 경향이 있다는 것이다. 직장에서 열심히 일하여 성과(반응)를 낸 근로자가 상여금(보상)을 받게 되면 그 직원은 반복해서 상여금을 받기 위해 열심히 일할 것이라고 예측할 수 있다. 또 다른 예를 들면, 음주운전을 하는 사람에게 범칙금을 부과하게 되면 음주운전을 하지 않을 것이라는 예측을 할 수 있다. 전자의 경우는 적극적 강화(정적 강화)에 해당되고 후자의 경우는 소극적 강화(부적 강화)에 해당된다. 이처럼 어떤 이론을 가지고 특정 현상을 예측할 수 있다면 그 이론은 좋은 이론이고 가치가 높다. 결국 좋은 이론이 되기 위해서는 예측력이 높아야 하고, 예측력을 높이기 위해서는 인과관계의 설명력이 높아야 할 것이다.

3. 과학의 규범

사회적 규범(social norms)은 과학의 주체(연구자)나 대상이 되는 인간행동을 지배한다. 연구자들이 수년간 연구를 통해 배우고 내면화한 규범과 가치들은 과학 하는 방법을 지배하게 되며, 규범은 연구자에게 독특한 역할을 요구하게 된다. 다른 사회적 규범처럼 연구자 즉, 전문가들의 규범 역시 적절한 행동을 하도록 한다. 연구자들 또한 사람이기 때문에 그들의 편견, 자만심, 야심, 개인생활 등은 연구활동에 영향을 미치게 될 것이다. 과학의 규범은 실제에서 항상 완벽하게 이루어지는 것은 아니며 때로는 규범의 틀을 벗어나기도 한다. 그러나 그런 행동들이 실제 세계와 동떨어진 모습으로 일어나서는 안 된다. 여러 가지 사회적, 정치적, 그리고 경제적 힘은 과학이 어떻게 수행되어야 하는가에 영향을 미치게 되며, 과학의 발달을 가져오기도 한다.

과학의 규범에는 기본적으로 다음 〈표 1-1〉과 같이 다섯 가지가 있다. 이 다섯 가지는 다른 사회적 제도와 다르며, 연구자 및 과학자는 이들 규범을 따르고 실천해야 할 것이다.

〈표 1-1〉 과학의 규범

구 분	내 용
1. 보편주의 (Universalism)	연구는 연구자(예, 연령과 성별 등)에 상관없이, 연구수행기관에 상관없이 과학적 가치(사회적 기여)에 토대를 두고 설명되어야 한다.
2. 비판주의 (Criticism)	연구자는 주의나 비판적 태도 없이 새로운 아이디어나 증거를 수용해서는 안 된다. 대신 모든 증거에 대해 의문과 질문을 던져야 한다. 비판은 개인을 공격하려고 해서는 안 되며, 연구결과가 설명력을 확보할 수 있도록 보완하고 수정하기 위한 것이어야 한다.
3. 관심성 (Interestedness)	연구자는 중립적, 공평적, 수용적이어야 하며 예상하지 못한 결과와 새로운 생각들에 열려 있어야 한다.
4. 공동체주의 (Communalism)	과학적 지식은 다른 사람과 공유할 수 있어야 한다. 과학적 지식이 개인의 전유물이라기보다는 모든 사람에게 해당되는 것이다. 특히, 사회과학의 지식을 창출하는 것은 대중의 행동에서 나온 것이며, 그 결과물은 대중의 소유물이고, 모든 사람들에게 유용해야 한다. 따라서 연구결과물은 자세하게 설명되어 쉽게 이해할 수 있어야 한다.
5. 정직성 (Honesty)	일반적 규범에서도 중요하지만, 특히 연구자는 객관성을 가지고 정직해야 한다. 자연과학이나 사회과학 또는 모든 영역에서 연구자에게는 강한 정직성을 요구한다.

제2절 지식획득 방법

경찰의 역할은 국가 안녕과 사회질서를 확립·유지함으로써 국민들이 경제적·사회적으로 건강한 삶을 영위할 수 있도록 하는 데 있다. 따라서 경찰학의 연구대상은 거시적으로는 국가문제와 사회문제가 될 것이고, 미시적으로는 지역사회의 질서 확립과 범죄예방 그리고 범인검거에 이르기까지 그 대상이 다양하다. 특히 질서를 확립하기 위해서는 범죄의 사전예방 정책이 수립되고 적절하게 시행되어야 하며, 사후적 범죄에 대한 시민들의 공포와 불안감을 해소하기 위해서는 신속한 범인검거가 실질적인 역할이다. 본 교재 내용에서는 협의적 관점에서 범죄예방과 대책에 대한 조사방법을 다루기로 한다.

사람들은 부모와 주변 사람들을 통해 범죄와 범죄행동에 대해 많은 것들을 알게 된다. 그리고 개인적 경험을 학습함으로써 지식을 갖게 되기도 하고, 책과 잡지를 읽거나 영화나 텔레비전을 통해 정보를 얻게 된다. 또한 범죄에 대한 일반적 상식을 통해 지식을 얻게 될지도 모른다.

사회과학은 사회문제에 대한 지식을 생산해내는 과정이다. 범죄문제를 다루는 것도 범죄행동에 대한 지식을 어떻게 획득하고 획득된 지식이 실제 현실을 어느 정도 그리고 어떻게 설명해 줄 수 있는가 하는 과정과 방법을 학습하는 것이다. 과학을 한다는 것은 자연현상이나 사회현상을 이해하고 설명하기 위한 것이다. 현상을 이해하고 설명하기 위해서는 기준이 있어야 되는데 기준 역할을 하는 것이 바로 지식이다. 기준이 되는 지식에 대해 모든 사람이 옳다고 동의하게 되면 그 지식은 이해와 설득력을 높여주는 지식이 될 것이고, 동의하지 않는 사람이 있거나 반론의 여지가 많은 지식이라면 이해와 설득력이 떨어지게 된다. 이러한 차이는 지식을 획득하는 방법에 따라서 구분된다.

지식을 획득하는 방법은 현상이나 문제에 대한 의문을 밝히는 원천이기도 하다. 현상을 이해하고 설명하는 기준이 된다는 것은 현상의 결과를 초래하게 되는 원인(의문)에 대한 궁금증을 이해하게 하고 설명하게 해주는 역할을 한다.

1. 비과학적 지식획득 방법

(1) 권위에 의한 방법

사람들은 학자, 성직자, 전문가 등은 물론 책이나 텔레비전과 같은 매체를 통해 지식을 획득한다. 권위(authority)에 의하여 지식을 획득하는 방법은 권위의 지위를 가진 사람이 진실이라고 말하거나 권위적인 기관에서 발표나 공표를 하게 되면 그것을 사실로 받아들이는 경우이다. 여기에서 권위에 의존하여 무엇을 배우는 것은 빠르고, 단순하며, 비용이 적게 든다는 장점이 있다.

권위에 의존하여 지식을 획득하는 방법도 한계가 있다. 먼저 권위를 가진 전문가의 의견이라고 해서 과대평가 하거나 잘못된 사실을 진정한 사실로 받아들이기 쉽다는 것이다. 예를 들어, TV광고에서 '침대는 가구가 아니라 과학입니다'라는 광고에 대해 초등학생이 매체라는 권위에 의하여 지식을 습득하는 경우가 있다.

사람들은 권위자들이 하는 말이 옳지 않은 경우에도 옳은 것이라고 받아들이는 경우도 있다. 권위자들은 분명히 잘못 알고 있을 수도 있거나, 어느 부문에 대해서만 알고 있을 수 있다. 어떤 분야에 있어서 전문가는 본인과 관련 없는 분야에서도 자신의 권위를 이용하려고 한다.

또한 다음과 같은 질문이 있을 수 있다. 첫째, 누가 권위가 있고 누구는 없는가? 둘째, 권위의 수준이 다른 경우 누구를 믿어야 하는가? 예를 들면, 어떤 범죄학자는 폭력범죄가 감소되는 것이 감옥의 수용능력이 증가되기 때문이라고 주장할 수도 있는 반면, 다른 범죄학자는 범죄비율과 감옥의 수용인원 간에는 거의 상관관계가 존재하지 않는다고 주장할 수 있는 경우이다.

(2) 전통에 의한 방법

사람들은 간혹 전통(tradition)에 의존하여 지식을 획득한다. 전통은 권위의 특별한 경우로서, 과거의 권위를 통해 지식을 획득하는 방법이다. 전통에 의해 지식을 획득한다는 의미는 "항상 그렇게 되어 왔다는 방식" 때문에 진리(참)라고 수용한다는 것이다. 사람들은 항상 그렇게 해왔던 방식 때문에 또는 그동안 믿어 왔던 접근법을 계속해서 선호하게 된다는 것이다. 편견과 선입견을 가지고 전통에 의존하여 획득한 지식이 한 번 진리라고 믿게 되면, 계속해서 왜곡하게 되고 그것은 더 이상 진리가 아니다. 사람들은 실제 세계의 이해 없이 전통적 지식에 매달릴 수도 있다. 이런 경우, 과거에 진리였기 때문에 그것은 항상 참일 것이라고 믿게 되는 우를 범하게 된다. 예를 들어, 대학에 입학한 신입생에게 '우리 경찰학과는 어떤 전통과 관습을 가지고 있다', 경찰관으로 갓 임용된 경찰관에게 선배가 '우리 경찰서는 이렇게 저렇게 해오고 있다'라고 말하는 것은 전통에 의해 지식을 습득하고 있는 것이다.

이처럼 권위적 방법이나 전통 또는 관습에 의한 방법은 개인의 탐구력에 대한 근본적 제약을 가하게 된다. 지식은 계속해서 변화될 수 있는데도 불구하고 권위와 전통이라는 원천적 굴레로 인해 그대로 받아들이게 되기 때문이다. 그러나 여기에 머물러 있지 않고 권위나 전통에 대해 의문을 제기하는 경우에는 진정한 지식을 획득하는 출발점이 되기도 한다.

(3) 신비적 방법

신비적 방법(Mystical mode)이란 예언가, 계시자, 천명, 신, 그 밖의 초자연적인 권위로부터 지식을 얻는 방법이다. 권위적 방법이 지식생산자의 사회적 지위에 의존하는 데 반하여, 신비적 방법은 지식생산자의 초자연적인 방법 또는 지식사용자의 심리상태에 의존한다는 점에서 다르다. 신비적 방법은 지식사용자에게 의식(ceremony)을 강요하기도 하며, 어려운 상황에 처해 있을수록 사실로 받아들이게 된다. 즉 심리적 위축감, 무력감 및 흥분상태에서 쉽게 사실로 수용하게 된다.

그러나 이 방법에 의해 획득된 지식에 대한 신뢰는 그에 대한 반론(refutation)이 제기되고 누적되면서 또는 사회의 교육수준이 향상됨으로써 감소하게 된다. 권위적인 방법과 마찬가지로 권위의 원천(source)에 대한 신뢰도가 떨어지면 그 지식에 대한 불만과 불신이 커지게 된다. 신비적 방법은 결코 현상을 이해하고 설명하는 진정한 지식으로 보기 어렵다.

(4) 직관에 의한 방법

직관(intuition)에 의한 방법은 비판의 여지가 없는 분명한 명제에 호소하는 방법으로 너무나 명백한 사실에 속하기 때문에 그 뜻을 이해하는 사람이면 누구나 진실이라고 확신을 갖게 된다. 예를 들어, '전체는 부분보다 크다', '개인의 재산권은 불가침이다', '이중결혼은 죄악이다', '원인 없는 결과는 없다'와 같은 명제는 많은 사람들이 의심 없이 받아들이고 있다. 분명한 명제가 모든(또는 많은) 사람의 이성(理性)에 의거하면 진리(眞理)가 된다. 자명하지만 경험이 아닌 이성에 의한 명제이기 때문에 과학적 사고의 출발이기도 하다. 예를 들어, 과거 많은 사람들이 믿고 있던 '지구는 평평하다'라는 명제가 잘못된 것으로 판명되었듯이 직관에 의해 획득된 지식은 시험(검증)됨으로써 그 명제의 진리가 바뀔 수 있다. 또한 누구의 이성에 의거했느냐? 하는 것과 시대에 따라서도 달라질 수 있다.

(5) 상식에 의한 방법

사람들은 통상적 추리(reasoning)와 상식(commonsense)을 통해 범죄와 범죄행동을 이해한다. 사람들은 각자 알고 있는 것과 느낄 수 있는 것에 의존하여 이해하는 경우가 있다. 예를 들면, 사형(death penalty)을 하지 않은 나라에서는 살인이 증가된다고 이해하는 것은, 사람들이 살인행동에 대한 사형집행을 하지 않기 때문에 살인을 하더라도 죽을 가능성이 적다고 생각하기 때문인 경우이다. 또 다른 예를 보면, 가난한 가정의 청소년들은 중상계층의 청소년들보다 이상행동에 빠질 가능성이 많을 것이라고 생각한다.

상식은 일상생활 속에서 얻어질 수 있지만, 사고의 논리적 오류를 범하게 될 수도 있다. 예를 들면, 도박꾼이 생각하는 오류 즉, 도박에서 계속 잃었기 때문에 다음번에는 나에게 이길 수 있는 기회가 올 것이라고 기대하게 된다. 이 같은 확률 즉, 가능성은 오류를 범하는 것이다. 상식은 전통에 바탕을 두기도 하며, 때로는 상식으로 획득한 지식과 이해가 옳은 수도 있지만, 또한 잘못된 정보(misinformation), 모순(contradiction), 선입견(prejudice) 등으로 잘못 이해할 수 있다.

(6) 매스미디어에 의한 방법

텔레비전 쇼, 영화, 그리고 신문과 잡지는 사회생활에 대한 중요한 정보 소스이다.

예를 들면, 범죄와 접촉해 보지 않은 대부분 사람들은 텔레비전 쇼와 영화를 보고, 또는 신문구독을 통해 범죄를 알게 된다. 하지만, 연극·영화, 텔레비전을 통해 볼 수 있는 범죄역할은 정확히 사회 실체를 반영하지는 않는다. 또한 연극·영화, 텔레비전 쇼의 작가들은 실체에 대한 무지 혹은 권위, 전통, 그리고 상식에 의존하기 때문에 현실을 왜곡하게 된다. 미디어 작가들은 현실을 정확하게 나타내려는 노력보다는 흥미와 즐거움을 유발시키는 데 목적을 가진다. 비록 신문이나 잡지의 저널리스트들이 현실적인 세계를 나타내려고 애쓰고 있을지라도, 그들 역시 제한된 정보와 신문사나 잡지사의 편집방침에 따라 짧은 기간에 이야기를 써야만 한다.

미디어는 사회적 통념을 지속시키게 하는 경향이 있다. 예를 들면, 텔레비전은 범죄에 대한 왜곡된 이미지를 조장하게 한다. 대부분 폭력범죄를 묘사하는 것은 경찰활동이 매우 효과적이라고 암시한다. 그러나 미디어의 묘사는 실체를 그대로 반영하기보다는 스테레오타입(stereotype) 즉, 사람의 유형, 제도, 모양새, 사건 등을 지나치게 단순화시켜 생각하게 하는 고정관념 또는 정형화를 지속시키게 한다. 또한 미디어에 의해 제기된 이슈나 강조는 대중의 사고를 변화시킬 수도 있다. 예를 들면, 텔레비전이 도시 저소득층 청소년들의 일탈행동을 반복적으로 보여주는 경우이다. 결국, 실제는 그렇지도 않고 오류가 있음에도 불구하고, 대부분의 사람들은 도시 저소득층 청소년들은 다른 지역의 청소년들보다 일탈행동 비율이 높다고 인식하게 되는 것이다.

2. 과학적 지식획득 방법

우리가 무엇을 안다고 하는 것은 상식과 지식을 갖고 있다는 뜻이다. 상식이란 일상적으로 직접적인 경험을 통해 시행착오의 과정을 거침으로써 얻어지는 단순한 경험적 지식이다. 그러나 상식을 통해 모든 인간의 실제생활이나 사회문제가 이해되고 설명되는 것은 아니다. 이런 경우에 필요한 것은 바로 과학적 지식이다.

조사연구는 '무엇을 아는 것' 자체에 대해 다루는 것이 아니라 '어떻게 알 것인가' 하는 방법에 대해 다룬다. 지식을 탐구하는 것은 아는 것에 그치지 않고 지속적으로 제시되는 의문에 대한 방법을 찾는 것이다. 인간생활은 변화되고 사회문제는 다양해지기 때문에 과거에 있었던 어떤 유형의 사회문제에 대한 해결방안은 현대의 사회문제를 해결하는 데 적절한 방안이 될 수가 없다. 그러므로 지금 당면하고 있는 사회문제를 해결하기 위해서는 과거 정해진 방안을 적용하기보다 지금의 사회문제를 형성하고 있는 현상에 주목할 필요가 있다.

과학적 지식획득 방법은 변화하는 사회문제에 대한 해답을 제공해주기보다는 '해답을 찾아갈 수 있도록 하는 방법'을 탐구하는 것이다. 방법이란 어떤 목적을 달성하기 위해서 취하는 수단이다. 과학적 지식획득 방법은 지식을 획득하는 수단으로 '과학적(scientific)'인 것을 취하며, 과학적이란 논리적이고 경험적인 과정을 거친 것을 말한다. 과학적 방법으로 제시되는 과학적 이론은 현상(사회문제)이 현실적으로 어떻게 존재하는가를 보여주고 설명하며 이해시키는 수단이 될 수 있다.

과학적 이론을 도출하는 과정은 곧 과학적 방법을 통해 지식을 획득하는 방법으로, 현상에 대한 개념을 통해 가설을 도출하고 경험적 활동을 통한 가설을 검증함으로써 일반적 이론을 도출하는 일련의 절차 및 과정을 말한다. 이러한 일련의 과정을 거치는 것은 인간의 지식 폭을 넓히고자 하는 데 있으며, 과학적 지식은 과학적 방법에 의해 증명된 지식을 말한다.

하지만 모든 지식이 과학적 방법에 의해서 증명되지 않았다고 하여 전부 지식이 아니라고 단정할 수 없다. 왜냐면 '과학적 방법으로 얻어지지 않은 지식은 무엇인가?' 그리고 '오랜 인류의 지혜를 통하여 얻어진 지식은 무엇인가?' 하는 것에 반문을 받게 된다. 지식의 획득방법 또는 의문을 밝히는 원천은 과학적인 방법만이 전부는 아니며, 실제로 많은 연구에서는 과학적인 관찰 및 방법, 권위적인 주석과 기록, 상상력과 통찰력 등이 어느 정도씩 포함되어 있으며, 상대적으로 강조되거나 우위에 있는 방식에 따라 구분되고 있을 뿐이다.

<표 1-2> 지식을 획득하는 방법

구 분	종교적 지식	신비적 지식	과학적 지식
지식발견	오래된 성경의 원문/ 영감을 받은 사람의 계시	사람의 통찰력	자연관찰이나 실험을 통한 증명
시간흐름에 따른 지식변동 정도	거의 없음	약간 변동	상당히 큼
시간흐름에 따른 지식이 어떻게 변 동되는가	권위자, 새로운 계시자, 이 단자에 의한 재해석을 제 외하고는 불변	지식사용자가 변화되거 나 다른 사람의 생각과 충돌하게 됨	새로운 관찰이나 실험을 통해, 현재 데이터의 재해 석을 통해 변동됨
지식사용의 확신성	충분한 믿음이 있게 되면 높음	높음	증거의 품질 정도에 따라 다름, 확신은 절대적이지 않음
가정	오래된 성경의 원문이나 계시자가 현재나 미래상태 에 의미를 부여함	감정과 통찰력이 자연 을 반영한다	자연을 인식, 예측, 설명할 수 있음
목적	인간의 영혼, 신의 본질, 그 리고 인간 사후세계의 이해	우주(삼라만상)에 대한 육체적/형이상학적 이해	자연법칙으로 관찰가능한 현상에 대한 원인, 본질, 과정에 대한 이해
지식사용자가 확 신을 갖는 동기	숭배하는 초자연적 존재/ 원전과 사건을 해석하는 권위자	자신의 인식작용	과학적 데이터를 보고하는 사람의 정직성/자연을 이 해하는 인간의 능력
반박의 근원	다른 종교·교리, 한가지 종교에서 다른 권위자	각자 다른 통찰력	다른 접근법/도구를 사용하 여 변화를 이해하는 경우

3. 지식획득 과정에서의 오류

전술한 과학적 지식획득 방법은 논리적이고 경험적인 과정을 거친다고 말하였다. 개인에게 무슨 일이 일어났거나 무엇을 보고 느꼈을 경우 사람들은 그것을 진실로 받아들이는 경우가 있다. 개인적 경험, 혹은 "보는 것을 믿는다(seeing is believing)"라는 말은 지식을 획득하는 방법으로 설득력이 있다. 그렇지만 개인적 경험도 사람을 옳지 않는 길로 이끌 수 있다. 착각(optical illusion), 망상(mirage)과 유사한 일들이 일어날 수도 있다. 잘못된 것을 진리라고 생각하는 것은 가벼운 오류가 있었거나 판단하는 데 왜곡이 있었기 때문이다. 개인이 직접 체험하는 것은 사실을 느끼고 이해하는 데 강한 힘을 발휘하게 한다. 이미 알고 있음에도 불구하고, 때로는 사람들이 착각에 빠지게 되고 실수를 하게 된다. 사람들은 그런 오류를 피하기 위해 보는 것과 경험한 것만을 믿는다.

그러나 개인적 경험도 다음과 같은 네 가지 오류를 범하게 한다.

1) 지나친 일반화

지나친 일반화(over generalization)는 그동안 믿고 있던 지식에 대한 어떤 증거를 가지게 되었을 때 일어나는 오류로서, 그 믿음을 많은 다른 상황에 적용할 수 있을 것이라고 생각하는 것이다. 빈곤지역에 거주하는 어떤 사람이 범죄자로 판명되었다고 하여 빈곤지역에 거주하는 모든 사람을 잠재적 범죄자로 생각하는 것은 잘못된 것이다.

2) 선택적 관찰

선택적 관찰(selective observation)은 특수한 사례나 상황에 초점을 맞추고 관찰하는 경우 특히, 선입견을 가지고 관찰하는 경우에 발생하는 오류이다. 우리가 진리하고 믿고 있고 생각하고 있는 것을 확인하기 위해 확실한 증거를 찾는 데 매우 민감하게 되는데, 이런 때 우리는 주의와 관심을 갖지 않은 다른 증거나 특징들에 주의를 기울이지 못한 데서 오류가 발생한다. 예를 들어, 특정지역에 대한 지역주민의 연구에서 연구자가 그 지역주민의 이상행동을 확대 설명하는 경우 지역주민의 행동에 대한 명확한 이해 없이 판단을 하는 것은 오류에 빠지게 쉽다.

3) 성급한 종결

성급한 종결(premature closure)은 '지나친 일반화'와 '선택적 관찰'과 함께 일어나는 경우이다. 성급한 종결은 모든 해답을 가지고 있으며 정보를 구할 필요도 없고 들을 필요도 없다고 느낄 때 또는 더 이상의 의문을 가질 필요가 없을 때 발생하는 오류이다. 곧바로 결론에 이르게 되는 경우이다. 예를 들어, 차량을 운전하면서 흡연하는 사람이 담배꽁초를 도로에 던지고 가기 때문에 뒤따라가는 차량도 위험하고 거리도 무질서하게 된다고 한다면, 평소 흡연하는 사람이 운전을 하게 되면 분명 담배꽁초를 차량 밖으로 던질 것이라고 단정을 내리는 경우이다. 성급한 종결은 연구자 자신이 개입하거나 좋아하는 프로그램이나 정책이 효과적이지 않다는 증거를 고려하고 싶지 않을 때 종종 이런 오류가 발생한다.

4) 후광효과

후광효과(halo effect)는 다양한 형태로 나타나지만, 기본적으로 매우 긍정적으로 해석하거나 유명세에 근거하여 과대 포장하여 일반화시키는 경우이다.

4. 과학적 지식의 특징

(1) 재생가능성

과학적 조사방법에 의해 얻어진 과학적 지식은 재생가능한 것이어야 한다. 재생가능성(reproducibility)이란 일정한 도구나 절차 및 방법을 되풀이했을 때 누구나 동일한 결론을 얻을 수 있어야 한다는 의미한다.

그러나 과학은 절대적으로 재생가능성 있는 방법을 찾기보다는 보다 더 재생가능한 지식을 얻는 방법이라고 할 수 있다. 그러한 방법의 하나가 통계적 확률을 통해서 산정이 가능하다.

(2) 경험성

경험성(empiricism)이란 연구대상이 우리의 감각기관에 의하여 지각될 수 있어야 한다는 의미한다. 그러나 경험성에도 논란이 있을 수 있는데 첫째, 인간의 감각기관을 믿을 수 있는가? 둘째, 행복, 불행, 평화, 자유, 질서, 안녕, 만족, 사기, 욕구 등과 같은 추상적 사회과학용어를 지각할 수 있는가? 하는 점이다.

(3) 객관성

객관성(objectivity)이란 건전한 감각기관을 가진 여러 사람이 같은 대상을 인식하고 그로부터 얻은 인상이 일치하는 것을 의미한다. 누구에게나 동일하게 인식되는 사상(事象)은 객관성이 있다고 말할 수 있다. 그러나 감각기관을 가진 사람들 간에도 차이가 생기는데 그 원인은 첫째, 우리의 지각은 반응기관의 훈련과 단련의 결과로 얻어진 것이며 둘째, 우리의 감각기관은 피로도, 나이, 온도 등의 생리적·환경적 조건에 의해 영향을 받는다는 점과 셋째, 자극에 대한 해석은 과거 경험으로 발전시켜 온 감수성과 우리가 받은 반응에 의해 결정되기 때문이다. 결국 객관성을 왜곡시키는 요인은 개인 간의 이해관계, 가치판단의 주체, 편견을 주장하는 사회와 문화적 맥락 등에 의해서도 차이를 보인다. 주관이 배제된 객관성은 생각할 수 없고, 주관과 편견을 줄이고 객관성을 확보하기 위하여 객관적 도구인 척도, 조사표, 채점표 등을 사용하며 범죄 및 경찰분야에서도 과학적 수사도구를 사용하여 범죄나 문제의 원인을 진단한다. 과학이란 객관성을 추구하려는 사람들의 주관이라고 이해된다.

제3절 과학적 연구

1. 과학적 연구의 의의

(1) 과학적 연구의 출발

신문을 보게 되면 거의 빠짐없이 사회문제, 범죄에 관련된 문제를 접하게 된다. 각종 경범죄에 관련된 문제행동에서부터 절도, 강도, 살인, 폭력, 유괴 등 형사범죄는 물론 경제질서를 왜곡하고 방해하는 경제범(經濟犯)에 이르기까지 많은 문제들을 접하게 된다. 우리는 이런 문제를 보면서 '왜 저런 문제가 발생하는가?' 또는 '저런 문제를 예방하기 위한 근본 대책은 없는가?'에 대해 궁금해 한다.

본 교재는 이와 같은 궁금증에 대한 해결방안을 찾아가는 역할을 수행하게 될 것이다. '왜 그럴까?'에 대한 연구는 의문에 대한 해답을 찾아가는 방법이기 때문이다. 범죄학자, 사회학자, 그리고 다른 사회과학자들은 범죄를 포함한 많은 사회문제에 대한 해결책을 찾으려는 방법을 연구하고 있다. 게다가 사람들은 나름대로 문제에 대한 해결방안을 가지고 있을 수도 있다. 그러나 그런 해결방안이 실제 문제를 해결하는 데 얼마나 유용할 것인가?

사람들에게 연구가 무엇인가에 대한 질문을 하게 되면, 일반적으로 다음과 같이 대답할 것이다.

① 이론을 탐구하는 것이다.
② 이론의 토대 없이 사실을 다룬다.
③ 전문가 또는 대학교수들이 만들고 수행한다.
④ 박사들이 모인 대학에서 수행한다.
⑤ 도서관에서 주제를 검색한다.
⑥ 색다른 장소 또는 실험실 공간에서만 수행한다.
⑦ 설문지를 통해 수행한다.
⑧ 정부자료, 보고서, 책을 통해 연구한다.
⑨ 컴퓨터, 통계학, 차트, 그래프를 사용한다.

이 같이 대답할 수 있는 것은 전체로 보지 않고 부분으로만 생각하는 데에서 비롯되는 것이다. 과학적 연구 수행을 통해 문제에 대한 해결방안의 설명력과 예측력을 높이기 위해서는 위에서 열거한 어느 항목만을 보아서는 안 된다.

연구는 문제와 관련된 많은 것들을 포함하고 있다. 연구자들은 근본적인 문제뿐만 아니라 새롭게 이슈화된 문제에 대한 해결책을 찾으려고 한다. 이를 위해서는 연구자는 논리적으로 생각해야 하고, 일련의 규칙을 따라야 하며, 계속적으로 반복적인 단계를 거쳐야 한다. 연구자는 체계적인 방법으로 사실과 관련된 이론과 아이디어를 조합할 수 있어야 하고 그것에 상상력과 창조성을 결합할 수 있어야 한다. 이렇게 하기 위해서는 먼저 연구자는 문제와 관련된 현상들을 정리하고 연구계획을 설계해야 하며 적절한 기법들을 선택해야 한다. 또한 연구자는 연구대상자들에 대한 윤리적이고 도덕적인 문제를 어떻게 다룰 것인가를 고민해야 한다.

(2) 과학적 연구의 개념

우리가 어떤 문제를 제대로 해결하려면 먼저 무엇이 문제인지를 알아야 하고, 그 문제의 원인이 무엇인지를 파악해야 한다. 나아가 이를 해결하기 위해 어떻게 할 것인가를 결정해야 한다. 문제의 원인을 진단하고 해결방안을 모색하는 방법은 여러 가지가 있지만 과학적 조사를 통한 방법이 가장 이해력과 설명력을 높이는 방법이다.

과학적 연구(scientific research)란 기존의 이론으로부터 도출된 변수들 사이의 관계를 경험적으로 검증하는 과정을 말하며, 이 과정을 통해 기존이론이 검증되거나 새로운 이론을 창출하게 되는데, 검증되었거나 창출된 이론을 통해 사회현상을 이해하고 설명하게 된다. 이 과정에서 변수들 간의 관계가 논리적이고 체계적이며 원인과 결과 간의 관계를 설명하는 조사일수록 정교한 연구방법이 되는 것이다. 예를 들어, '가정생활에 만족할수록 직장생활에 만족할 것이다'라는 가설을 검증하는 과정에서 가정생활이 직장생활을 설명하는 원인변수라고 주장하기 위해서는 다른 변수들이 개입되지 않고 순수하게 가정생활 변수만이 영향을 미치는 변수이어야 정교한 조사방법이 되는 것이다. 마찬가지로 가정환경이 범죄를 유발하는 원인이라고 말하기 위해서는 다른 요인들은 개입되지 않고 가정환경 요인만이 범죄에 영향을 미친다고 설명할 수 있어야 정교한 연구라고 말할 수 있다.

2. 과학적 연구의 목적

학생, 교수, 연구기관의 연구원, 과학자 및 기술자, 정부는 많은 연구를 수행한다.

이들이 수행한 연구결과물은 공개적으로 발표되고 책으로 제시되고 있지만, 연구자들이 개발한 기초지식과 조사방법들은 보통 사람들에게는 당장 눈으로 볼 수 없는 경우가 많다. 당장 볼 수 없는 결과물이라고 하여 그 연구를 '하찮은 것'으로 여기는 것은 성급한 판단이다. 그 연구결과물은 다른 연구의 토대가 되어 후속연구의 방향과 지식을 제공하기도 한다.

사회과학자나 범죄심리학, 경찰학을 연구하는 학자들은 많은 이유 때문에 연구를 수행한다. 어떤 연구는 실질적인 해답을 찾기 위해서 수행되기도 하고, 또 다른 연구는 이슈를 다루는 근본적 문제에 대한 이해를 확장하기 위해 수행되기도 한다. 사회조사가 왜 수행되는가에 대한 여러 질문이 있을 수 있지만, 사회과학에서 과학적 연구의 궁극적 목적은 보다 나은 삶의 공간을 유지하기 위해 바람직한 사회구축에 대한 이론적·실제적 방향을 제시하고 설명하기 위한 것이다. 즉, 사회과학은 사회적 문제에 대하여 관심을 갖는 사람들에게 무엇을 해줄 수 있는가 또는 무엇을 해 주어야 하는가에 주목하게 된다. 사회문제 해결을 위한 사회과학이 가지는 조사의 목적은 다음과 같다.

(1) 사실의 기술

과학적 조사의 첫 번째 목적은 사실을 기술(description)하는 데 있다. 경험적으로 관찰된 사실을 일반적인 수준으로 요약하고 기록함으로써 현상 자체의 속성을 있는 그대로 보여주는 것을 말한다. 사회복지 문제를 진단하고 원인을 파악하기 위해서는 문제를 둘러싸고 있는 현상을 있는 그대로 묘사해야 한다. 예를 들어, 우리 지역에서 범죄경력자는 몇 명인지, 우범지역은 몇 군데인지, PC방은 몇 개소인지, 학교폭력의 실태는 어떠한지, 가정폭력 및 아동학대의 실태는 어떠한지, 독거노인은 몇 명인지, 실업자는 몇 명인지 등을 파악하고자 할 때 조사는 반드시 필요하다.

(2) 설 명

과학적 조사의 두 번째 목적은 현상에 대한 과학적 설명(scientific explanation)을 하기 위해서이다. 과학은 기본적으로 일어난 사건에 대해 왜(why?) 그러한 사건이 일어나게 되었는지에 대한 원인을 밝히는 것이다. 어떤 사회현상이나 자연현상이 왜 일어나게 되었는지에 대한 대답이 곧 설명이다. 과학적 조사의 목적은 "why?"라고 하는 물음에 대답하기 위해 논리적이고 체계적으로 설명하는 데 있다. 예를 들어, '교육수준이 높을수록 소득이 증가된다'고 주장하기 위해서는 교육수준을 통해 소득증가가 설득력 있게 설명되어야 한다. 또 다른 예를 보면, 왜 노숙을 하게 되었는가, 학교 부적응의 원인은 무엇인가, 실업과 범죄는 어떤 관계인가, 가정폭력이 사회적 건강성에 미치는 요인은 무엇인가, 가정의 행복감에 미치는 구성요인은 무엇인가 등과 같이 '왜'라고 하는 물음에 설명하기 위해서 과학적으로 조사하게 된다.

(3) 예 측

과학적 지식이 있으면 예측(prediction)할 수 있어야 한다. 사회현상에 대한 예측은 바람직한 미래사회를 구현하는 방향을 제시하는 것이다. X가 Y를 유발하는 지식이라고 했을 때 X가 있으면 Y가 일어난다는 것을 말할 수 있어야 한다. 반대로 X가 Y를 일으키지 않으면 X가 존재하지 않는 한 Y라는 현상은 일어나지 않아야 한다고 예측할 수 있어야 한다. 예를 들어, 청소년 대상 성범죄자의 신상 공개를 통해 재범하지 않는 데 효과가 있었다면 계속해서 청소년대상 성범죄자의 신상을 공개함으로써 범죄가 줄어들 것이라고 예측할 수 있어야 하는 것이다. 경제상황의 악화가 '묻지마 범죄' 증가에 영향을 미치는 예측변수라면 경제상황이 호전됨에 따라 묻지마 범죄가 감소될 것이라는 예측을 할 수 있다.

(4) 이 해

과학적 조사의 네 번째 목적은 현상을 이해(understanding)하기 위해서이다. 사회과학의 조사는 인간의 본질과 그 행동에 관한 것이므로 그 중심은 인간이다. 따라서 인간행동(action)에 대한 의미를 해석하고 이해하는 것이 과학적 조사가 추구하는 목적 중의 하나이다.

경찰학은 사회현상 속에서 범죄문제, 질서행동, 비행행동 등 인간행동의 문제를 다루게 된다. 경찰문제를 다루는 것은 범죄에 대한 사후적 행동을 차단하고 확산되는 것을 막는 데 그치지 않고 궁극적으로 인간 삶의 수준을 향상시키기 위한다거나, 정상적인 사회행동에서 벗어난 일탈행동을 올바른 방향으로 유도하고 개선하는 데 있다. 따라서 국가 안녕과 치안질서 확보 그리고 경찰서비스의 수준을 향상시키기 위한 경찰문제를 해결하기 위해서는 근본적으로 인간행동에 대한 이해가 필수적이다.

제4절 과학적 연구방법

1. 과학적 방법의 특징

과학적 방법은 사건을 정확하게 기술하고, 여러 가지 조건과 현상 속에서 규칙을 발견하여 이를 이론과 법칙으로 일반화시키려 하는 것이다. 그러면 과학적 방법이 지니는 특징은 무엇인가를 살펴보기로 하겠다.

(1) 논리성

과학적 조사방법에서 논리성이란 어떤 현상에 대한 원인과 결과가 있을 때 결과가 원인에 대해 시간적으로 앞설 수 없음을 말한다. 과학의 논리에서는 두 개의 서로 배타적인 상태가 동시에 발생하는 것을 부정한다. 따라서 사건과 사건의 연결이 우리가 알고 있는 지식체계 내의 사실에 의해 뒷받침되어야 한다. 예를 들어, 동전을 한번 던질 때 동전의 앞면과 뒷면이 동시에 보일 수 없다는 것이다.

(2) 확률적 인과성

과학에서는 모든 현상은 시간적으로 앞선 어떤 원인에 의해 발생하며 논리적으로 원

인과 결과관계로 이해할 수 있다. 모든 현상은 그 나름대로 일정한 원인을 가지고 있
다. 한 가지 현상(결과)에 대해 여러 가지 원인이 존재하며 나타나는 모든 현상의 원
인을 안다는 것은 불가능하다. 사회현상에는 대부분 두 개 이상의 원인들이 결과에 영
향을 미친다. 따라서 어떤 원인이 결과를 절대적으로 결정하는 것이 아니고 확률적
(probabilistic)으로 영향을 미친다. 예를 들어, 학교폭력에 영향을 미치는 요인으로
가정환경, 경제수준, 부모의 감독, 학교의 감독, 교우관계 등이 있다고 하자, 이 중에
서 가정환경 요인이 학교폭력에 미칠 확률이 0.7(70%)이라고 표현하는 것이다.

(3) 일반성

과학적 방법은 어떤 현상을 개별적으로 설명하는 것이 아니고 그것들에 대한 일반적
인 견해와 이해를 추구한다. 예를 들면, 경찰공무원의 사기가 높을수록 성과가 향상된
다는 인과론을 도출하였다고 하면 그것이 개별 경찰관에게 적용될 수 있는 현상으로
보는 것이 아니라 전체 경찰공무원들에게 보편적으로 적용될 수 있도록 하기 위함이
다. 전국 경찰서에서 경찰관 500명을 대상으로 그들의 직무만족을 조사한 경우 조사
대상으로 뽑힌 500명에 대한 연구결과에 관심을 가지는 것이 아니라 우리나라 전체
경찰관의 직무만족 수준에 관심을 가지기 때문에 연구결과를 전체 경찰관으로 확대 적
용하려 한다. 연구에 대한 과학성을 높이기 위해서는 일반화가능성이 높은 것이 좋은
연구이다.

(4) 간결성

과학적 방법에서는 어떤 현상을 이해함에 있어서 최소한의 설명변수를 이용하여 최
대의 설명력을 얻으려고 한다. 예를 들어, 유권자의 투표성향에 대한 설명변수로 정당
가입 여부, 사회계층, 인종, 성장배경, 성, 교육수준, 연령, 직업 등이 있으며 이 중에
서 사회계층이 60% 영향을 미친다고 한다면 후보자는 사회계층에 집중하여 선거전략
을 수립하는 것이 더 효과적이다. 또한 교통사고에 영향을 미치는 설명변수로 음주운
전, 차선위반, 신호등위반, 과속 등의 요인이 있다고 할 때 이 중에서 과속이 70% 영

향을 미친다고 한다면 교통사고 감소를 위해 과속규제 정책을 수립하는 것이 더욱 효과적이다.

(5) 한정적 · 구체적

과학적 연구에서는 추상적이거나 모호하고 불분명한 개념을 사용해서는 안 된다. 개념은 한정적이면서도 구체적으로 규정하여야 하며, 개념을 측정할 때 조작적 정의 역시 한정적이고 구체적으로 진술해야 한다. 예를 들어, 가정의 소득수준을 조사하려고 한다면 남편의 소득, 부인의 소득, 자녀의 소득 중 남편의 소득에 한정할 것인지, 부인과 자녀의 소득을 포함시킬 것인지를 명확히 해야 한다. 소득의 측정에 있어서도 세금공제 후 경상수입으로 측정할 것인지, 세금공제 전 경상수입으로 측정할 것인지를 구체적으로 한정해야 한다.

(6) 경험적 검증가능성

과학적 연구는 실제자료를 수집 · 조사하거나, 자료를 분석하는 등 경험적인 검증절차가 필수적이므로 이에 대한 철저한 준비가 요구된다. 법칙과 이론은 경험적 자료의 수집 · 분석을 통해 검증됨으로써 그 유용성이 인정된다. 실제자료는 사회현상의 구성요소이다. 실제자료를 통해 분석하고 검증하는 것은 모든 사람이 사회현상을 이해하고 동의하도록 도와준다.

(7) 상호주관성

상호주관성이란 같은 실험을 수행하는 경우 서로 다른 주관적인 동기가 있더라도 결과가 같게 나타나야 한다는 것을 말한다. 다시 말하면, 연구자가 각각 다른 연구성향을 갖고 있다고 하더라도 동일한 연구방법 또는 실험을 수행하였다면 동일한 연구결과에 도달해야 한다는 것이다. 그러나 반대로 동일한 현상에 대해 동일한 연구방법을 적용했으나 결과가 다른 경우 이것은 개념에 대한 조작적 정의가 서로 다른 데서 기인한 것이다.

A, B 두 조사자가 경찰관서의 성과를 측정하였으나 분석결과를 달리하였다. 이것은 A, B 조사자가 조사설계, 자료수집 방법, 분석방법 등을 달리하였기 때문이다. 상호주관성은 A, B 조사자가 조사설계와 자료수집 방법, 분석방법을 동일하게 하였다면 결과가 동일하게 나타나야 한다.

(8) 수정가능성

과학적 연구결과와 이론들은 최신이론과 연구에 의하여 반박되고 대체되고 있다. 과학적 방법은 예전보다 세련되고 정밀하며 과거의 이론과 결과를 수정하게 된다. 이론의 결정론적 절대성은 있을 수 없기 때문에, 연구자들은 모든 이론들도 새로운 이론으로 대체될 수 있다는 것을 인정해야 한다. 어떤 시점에서 어떤 이론이 개발되어 어떤 현상을 설명하는 데 적합하였다고 하더라도, 시대가 바뀌고 새로운 현상에 따른 새로운 이론이 개발되었다면 기존 이론은 새로운 이론에 대체되는 것이다. 그렇기 때문에 어떤 이론이 불변인 것처럼 고집하는 것은 과학의 발전에 도움이 되지 않는다.

2. 과학적 방법의 기본가정

과학적 방법의 기본가정은 연구자의 신념체계를 구성하며 그들의 행동방향을 결정하게 되는데, 다음 가정 중에는 증명된 것도 있고 증명되지 않은 것도 있다.

(1) 자연은 질서정연하며 규칙적이다

과학적 방법에서 자연은 경험적으로 관찰이 가능한 대상(objects), 상황(situation), 현상(phenomena)을 의미한다. 자연에는 일정한 질서와 규칙성을 가지고 있다는 것이다. 봄, 여름, 가을, 겨울의 변화는 우연히 일어나는 것이 아니라 그 속에 있는 일정한 질서와 규칙에 의해서 일어나는 현상이다. 급격하게 변화하는 자연환경에도 그 과정에는 일정한 규칙과 유형을 찾을 수 있다는 것이다. 사회현상 속에서도 사건을 관찰하고 측정하여 사회적 규칙성을 발견하고 검증함으로써 사회현상에 대한 이론형성이 가능하다.

(2) 인간은 자연을 이해할 수 있다

과학적 방법에서 인간은 궁극적으로 모든 현상을 이해하고 설명할 수 있다고 가정한다. 우리 인간은 자연의 일부분이다. 자연이 질서정연하며 규칙을 가지고 있듯이 사회현상도 어떤 규칙이나 경험적으로 입증될 수 있는 형태를 가지고 있다. 인간이 자연현상을 이해할 수 있듯이 사회현상도 이해하고 설명 가능하다. 인간은 자연을 알 수 있는 능력뿐만 아니라 인간 그 자체를 알 수 있는 능력도 가지고 있다는 것이다.

<그림 1-1> 인간의 이해범위

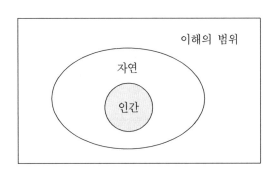

(3) 진리는 상대적이다

절대적인 진리란 존재할 수 없다. 지식은 제한된 배경, 방법, 도구, 자료 혹은 준거체계 속에서 입증된 것이기 때문에 완전무결하거나 절대적일 수 없다. 여러 가지 지식체계 간에 경합, 재평가, 재해석이 이루어질 수 있으며, 그러한 과정에서 새로운 지식체계가 탄생한다. 현재 인정받고 있는 명제는 불완전한 진리 가운데 가장 불완전성이 적은 것으로 간주되고 있는 것이다.

(4) 모든 현상과 사건에는 원인이 있다

모든 자연현상에는 원인이 존재하기 때문에 자연적인 사건의 발생원인을 자연 안에서 찾는다. 자연적인 사건을 설명하기 위해서는 자연 내에 존재하는 규칙성과 질서를 찾는다. 이러한 규칙성을 찾게 되면 인과관계(cause-effect relationship)의 증거로 활용할 수 있다. 사회과학에서도 사회현상 및 사건은 우연히 발생하는 것이 아니라 어떤 원인이 있어 발생하는 것이라고 가정한다. 그러나 어떤 원인이 현상을 모두 설명할 수 있다는 것은 아니다.

예를 들어, 선거에서 어떤 유권자가 특정 후보자에게 투표한다는 것은 그 유권자가 자유의지에 의하여 선택한 것이 아니라, 그 유권자의 연령, 지연, 교육수준, 사회적 계층, 정치이념 등 여러 요인이 작용하여 특정 후보자를 선택하도록 만든다는 것이다. 경찰관이 직장에서 만족하게 되는 것은 스스로 의지에 의해 만족하기보다는 보수, 일 자체, 상사관계, 동료관계, 복리후생 등 여러 요인이 작용하여 만족수준을 결정하게 되는 것이다.

(5) 자명한 지식은 없다.

과학적 지식은 자명하지도 않고, 진실이라고 주장하기 위해서는 이를 객관적으로 증명할 수 있어야 한다는 것을 의미한다. 전통이나 관습, 권위 등에 의한 지식이라고 할지라도 과학적으로 검증되어야 한다. 권위가 있다는 것은 객관적으로 증명된 지식을 가지고 있다는 것이고 반대로 객관적으로 증명된 지식이 없다는 것은 권위가 없다는 말과 같다.

(6) 경험적 관찰이 지식의 원천이다.

현상에 대한 모든 이론적 추론의 타당성은 궁극적으로 경험적 관찰에 의하여 입증되어야 한다. 하지만 많은 현상이 경험되거나 바로 관찰되지 않는다. 현상을 경험적으로 관찰하기 위해서는 현상에 대한 개념이 파악되어야 하고, 개념을 어떻게 측정하는 것이 가장 적합한지에 대한 동의도 필요하다.

3. 과학적 방법의 논리체계

과학적 방법은 두 가지 논리체계로 연결되어 있다. 그것은 연역적 논리(deductive logic)와 귀납적 논리(inductive logic)이다.

(1) 연역적 논리(전체→부분)

연역적 논리는 일정한 이론적 전제를 수립해 놓고 그에 따라 구체적인 사실을 수집하여 검증함으로써 다시 이론적 결론을 유도하는 것이다. 연역적 논리는 기존이론이나 일반적 논리에 의하여 잠정적인 해답을 규정하는 가설을 도출하게 하고 이를 관찰하여 실증적으로 검증하게 된다. 연역적 논리는 일반적이고 보편적인 전제로부터 부분적이며 특수한 원리를 이끌어 내는 방법이다. 예를 들어, "모든 사람은 죽는다 →소크라테스는 사람이다 →소크라테스는 죽는다"는 것을 검증하는 것이 연역적 방법이다.

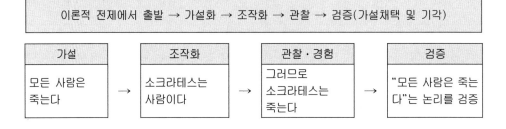

경찰학분야의 경우 경찰관서의 성과에 관심을 가지고 있다고 한다면, 성과에 영향을 미치는 여러 문헌들을 통한 이론적 검토를 통해 '참여적 리더십이 조직성과에 영향을 미칠 것이다'는 가설을 설정한다. 다음 단계에서는 참여적 리더십, 조직성과를 어떻게 측정할 것인지를 변수의 조작화 및 측정도구를 통해 명확화한다. 마지막으로 경찰관서에 대한 관찰(설문지, 면접, 2차 자료 등)을 통해 가설이 검증되는지를 검토한다.

<그림 1-2> 연역적 방법의 전개과정

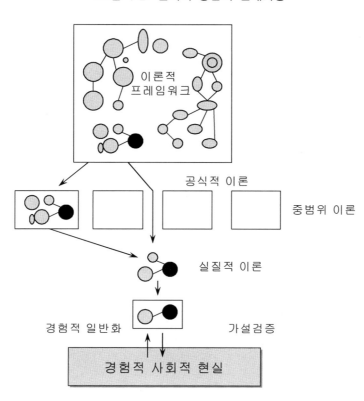

(2) 귀납적 논리(부분→전체)

귀납적 논리는 특수하고 구체적인 사실로부터 일반적인 원리를 도출해 내는 것으로 현상에 대한 어떤 특징이 일반화되기 위해서는 그 현상을 관찰하고, 관찰한 것에서 공통적인 사실을 발견하고, 이를 실제 현상에 적용하여 확인하는 과정을 거쳐 잠정적인 결론을 내림으로써 일반화하게 된다. 여기서 잠정적인 결론이라는 것은 현상에 대한 공통적인 특성 및 원리가 연역법처럼 경험적 검증과정을 거친 것이 아니고 관찰에 의해 도출된 것이기 때문이다. 이같이 귀납법은 경험의 세계에서 관찰된 많은 사실 중에서 공통적인 유형(pattern)을 찾아낸다.

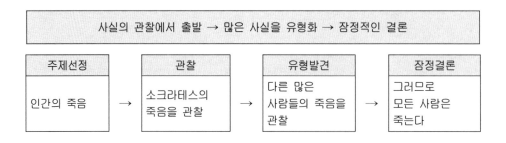

예를 들면, "소크라테스가 죽는다는 것에 주목하고 다른 많은 사람도 죽는다는 것을 관찰한 다음에 모든 사람은 죽는다는 결론에 도달"하는 것이 귀납적 방법이다. 또 다른 예를 보면, 학교에서 '왕따' 현상에 대해 관심이 많다고 하자, 몇 군데 학교를 정해 놓고 '왕따'가 일어나고 있는 현장을 감시카메라로 관찰을 한다. 관찰을 통해 '왕따'를 당하는 학생들의 특성을 파악하여 잠정적 결론을 내린다. 이때 결론은 검증된 것이 아니라 단지 관찰에 의해 만들어진 유형이기 때문이다. 귀납적 방법은 특정 지역주민의 집단행동을 참여관찰을 통해 살펴본다거나, 범죄행동을 관찰을 통해 살펴보는 것이 해당된다.

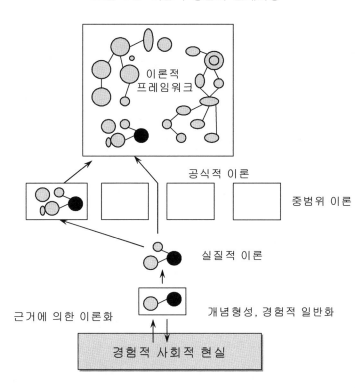

<그림 1-3> 귀납적 방법의 전개과정

(3) 연역과 귀납의 관계

연역적 논리에서는 결론의 타당성이 전제의 타당성에 달려 있는 것과는 대조적으로, 귀납적 논리에서 결론은 결코 확실한 것이 아니다. 즉 일정한 정도의 확률값만 갖는다. 그러므로 귀납적 방법에서는 이러한 확률의 값을 어떻게 계산하는지를 보여주며, 그 범위 내에서 잠정결론(tentative conclusions)을 내릴 수 있다. 또한 가설적·연역적 방법은 기존의 이론으로부터 도출된 가설을 검증하여 가설이 현상을 얼마나 잘 설명하고 있는지를 검증하는 전형적인 양적 실험연구의 특성을 지니고 있다. 따라서 연역적 방법은 방법론적 특성으로 인하여 새로운 지식체계를 정립하는 데 제한적인 면이 있다. 반면에 경험적·귀납적 방법은 현상에 내재된 요인을 규명하고 이들 간의 관

계를 파악하는 질적 연구로서 새로운 지식을 발견하고자 하는 탐색적 연구의 특성을
지니고 있으므로 특별한 부분의 이해를 돕기 위해 그리고 미래의 연구를 위해 검증 가
능한 가설을 제안한다.

　하지만 연역적 논리와 귀납적 논리는 연구목적에 따라 각각 독립적으로 적용될 수
있으나 연구과정에서는 연역과 귀납의 과정을 끊임없이 되풀이하면서 순환적으로 연결
된다. 또한 실제 연구에서도 연역적 논리와 귀납적 논리가 반복하여 적용된다. 즉 이
론에서 가설을 정립하고, 이러한 가설은 관찰을 가능하게 하며, 관찰을 통하여 일반화
가 이루어지고 일반화를 거쳐 이론이 수정되는 순환적 과정이다. 〈그림 1-4〉는 연역적
논리와 귀납적 논리의 상호작용 및 순환관계를 도식화한 것이다.

〈표 1-3〉 연역적 방법과 귀납적 방법 적용의 비교

구 분	연역적 방법	귀납적 방법
전 제	연역적인 가정에서 출발	현상에 대해 객관적이고 중립적인 관찰에서 출발
행위의 규칙성	기존이론 및 가정이 처음부터 설정된 것으로 가정	행위가 대립되는 이해관계들 간의 상호작용의 관찰에서 추론
강 조 점	획일적인 연역적 전제	연구의 복잡성, 불확실성, 목적 및 수단의 모호한 관계 강조
결론의 타당성	전제의 타당성에 달림	일정한 정도의 확률값만 가짐

<그림 1-4> 연역과 귀납의 상호순환적 관계

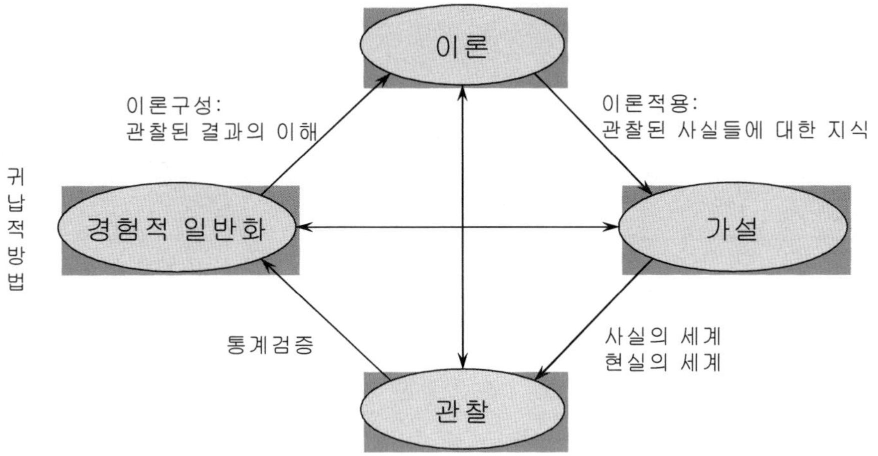

다음은 연역적 방법과 귀납적 방법에 대한 사례를 그림을 통해 제시하였다. 아래는 연구자가 시험공부 시간과 성적 간의 관계에 관심을 가지고 있다. 〈그림 1-5〉와 같이 연역적 방법의 경우, 공부에 사용한 시간수와 시험에서 받은 점수 간의 관계 사이에 긍정적 관계를 제시하는 가설을 도출하게 된다. 공부시간이 증가할수록 성적이 올라간다는 것이다. 가설을 도출한 다음에는 관찰을 한다. 그림 (b)는 학생들이 얼마나 많은 시간을 공부했는지, 그리고 학생들이 받은 성적은 어떠한지를 나타내고 있다. 마지막 단계 (c)에서는 가설과 관찰값을 비교한다. (c)는 가설과 관찰의 결과가 완벽하게 들어맞지 않기 때문에 공부시간을 많이 할애한다고 해서 반드시 점수가 올라간다고 말할 수는 없다.

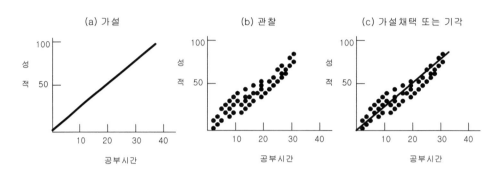

<그림 1-5> 연역적 방법

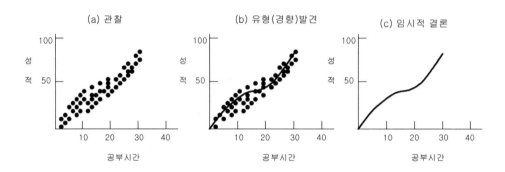

<그림 1-6> 귀납적 방법

다음은 〈그림 1-6〉과 같은 귀납적 방법의 논리이다. 연구자는 먼저 공부시간과 성적 간의 관계에 대해 관심을 가지고 연구대상 개별 학생들의 공부시간과 성적을 일일이 관찰한다. 다음으로 관찰된 값을 중심으로 패턴을 찾고 패턴을 통한 임시적 결론에 도달하게 된다. 임시적 결론이란 패턴이 아직 검증된 것이 아니기 때문이다.

제5절 과학적 연구와 경찰학

1. 경찰학의 성격

경찰학은 사회문제 또는 경찰문제를 대상으로 하는 사회과학의 한 분야이다. 경찰학은 다른 사회과학 분야보다 응용과학·실천과학으로서의 성격이 더욱 강하게 나타난다.

(1) 응용과학으로서 경찰학

경찰학은 무질서와 불안을 해소하기 위하여 또는 불만족의 욕구를 충족시키기 위해 과학적인 지식을 사용하며 복잡한 인간행동 및 사회체제를 연구하기 위해 개발된 지식과 기술을 사용하는 응용과학이다. 또한 경찰학은 사회문제 또는 경찰문제를 진단하고 바람직한 대안을 모색하는 과정에서 인접학문과의 학제적인 교류가 이루어지는 종합과학이다.

(2) 실천과학으로서 경찰학

경찰학은 실제 현장에서 직접 실천하는 실천과학이다. 현상에 대한 과학적 조사를 통해 얻은 이론은 현상을 설명하기 위한 준거 틀이다. 이론이 올바르지 않는다면 현상을 제대로 이해하고 설명할 수 없다. 과학은 '이론 개발'에 그치는 것이 아니라 개발된 이론이 현실 세계의 문제를 해결하기 위한 준거 틀로 이용되어야 한다. 경찰학도 이론 중심이 아니라 개발된 이론이 보편적으로 널리 적용되어 사회문제 해결에 실마리를 제공하는 데 의의를 둔다. 경찰학은 범죄행동을 사전에 진단, 예측하여 예방경찰활동을 펼치거나 문제의 확산을 방지하거나 최소화시키기 위해 차단적 경찰활동을 수행하기 위해서 체계적이고 과학적 접근이 요구된다.

(3) 사회과학으로서 경찰학

경찰문제는 전체 사회문제 속에 존재한다. 사회과학이 인간의 모든 행위 즉, 개인의 독자적인 행동과 타인과 상호 관련되어 나타나는 사회적 행동을 연구대상으로 하여 사회현상이나 인간의 행동을 분석하고 종합하여 일반적 법칙을 찾아내려는 인간의 지식활동 체계라고 할 때, 이 범주에는 경찰문제가 포함되어 있다. 경찰학이라고 하여 별도의 연구분야가 존재하는 것은 아니며 사회문제가 곧 경찰문제이기 때문에 경찰학에 관한 지식을 탐구하기 위해서는 사회과학적 탐구 자세가 필요하다.

2. 경찰학연구의 개념과 특징

(1) 경찰학연구의 개념

경찰학연구란 경찰행정이 지향하는 목적을 수행하기 위한 하나의 도구로서 국민 개인의 불안을 해소하고 안녕의 환경을 조성하며 사회질서를 확립하기 위한 방안을 찾기 위해 자료를 수집하는 지식탐구의 활동 및 절차이다. 경찰학연구는 과학적 방법을 활용하여 현상에 관한 자료를 수집, 기술, 분석, 해석하고 이해하여 경찰문제 해결을 위한 지식을 제공하게 된다.

(2) 경찰학연구의 특징

경찰학연구는 과학적 방법으로 수행되어야 하며 다음과 같은 특징을 가진다.

1) 응용연구와 순수연구의 양면성

경찰학연구는 현상에 대한 이해와 이론으로 결집된 지식 자체만을 획득하려는 순수연구의 목적도 지니고 있지만 연구의 이유가 주로 불안해소, 욕구해소, 문제해결을 통해 치안서비스의 수준을 향상시키려는 경찰행정 수행 등에 필요한 지식 산출이라는 측면에서 응용조사의 성격이 강하다.

2) 사회 개량지향성

경찰학연구는 바람직한 사회질서를 구축하는 데 있어서 무질서를 조장하거나 사회일탈 행동을 규제함으로써 바람직한 행동으로 유도하고 개선하는 활동을 탐구하기 때문에 사회적 개량을 목적으로 한다.

3) 계획지향성

경찰학연구는 국가가 의도하는 바람직한 사회현상을 추구하기 때문에 계획적인 활동을 지원하게 된다. 사회구성원들을 의도하는 행동으로 유인하거나 바람직하지 않는 행동이 예상되는 경우 사전에 일탈행동을 예방하기 위한 계획을 수립하는 데 체계적인 정보와 지식을 제공할 수 있어야 한다.

4) 평가적 특성

경찰학연구는 치안서비스의 효과성과 능률성을 평가하기 위한 도구로서 활용된다. 치안서비스는 많은 인력과 예산이 투입되어 프로그램이 운영된다. 치안서비스는 프로그램의 영향(결과)을 평가하여 프로그램을 확대할 것인지, 수정할 것인지, 중단할 것인지를 결정할 수 있는 정보를 제공해야 한다.

5) 시험적 특성

경찰학연구는 경찰정책이 사회문제 해결에 적합한 것인지 또는 전국적으로 확대하여 시행하는 데 적합한 것인지 시험해 봐야 한다. 경찰학연구는 시범적으로 운영되고 있는 프로그램의 상호작용과 상관관계를 분석해봄으로써 간접적으로 시험할 수 있다.

6) 과학적 특성

경찰학연구는 경찰문제나 현상을 개념화하고 변수를 조작하여 관찰하고 분석, 검증함에 있어서 과학적 방법을 활용한다.

3. 경찰학연구의 한계

경찰학연구는 경찰학을 체계적으로 탐구할 수 있도록 하는 방법과 과정 및 절차를 안내하게 된다. 그러나 경찰학연구를 실제로 수행하는 데는 다음과 같이 한계가 있기 때문에 연구자는 이런 한계를 극복할 수 있는 조사설계를 구축해야 한다.

(1) 경험적 인식의 제한성

경찰학연구는 현상에 대한 경험적으로 인식된 내용만을 포함하는데 인간의 경험적 인식의 범위는 한계가 있다. 예를 들어, 의심이 가는 사람의 행동에 대하여 관찰을 하는 경우 어떤 행동은 이상행동이고 어떤 행동은 정상행동인지에 대한 인식의 기준이 관찰자마다 다를 수 있다.

(2) 시간과 비용의 제약

경찰학연구는 정해진 조사기간에 한정된 비용으로 수행해야 한다. 그러므로 문제를 정확히 인지하고 조사하기 위해서는 충분한 시간과 비용이 필요하나 시간과 비용의 제약 때문에 완벽한 조사를 수행하는 데 어려움이 있다.

(3) 지리적 제약

경찰학연구는 일정한 지역 내에서 수행되므로 표본의 대표성 문제가 발생한다. 특정 경찰행정서비스 대상이 특정 지역에 국한되고 조사대상이 적은 경우에는 전수조사를 수행할 수 있지만, 조사대상이 전국에 걸쳐 거주하는 경우에는 표본조사를 해야 하기 때문에 표본의 대표성이 문제이다. 표본의 대표성을 확보하는 문제는 표본추출 설계를 어떻게 구축하느냐에 달려있다.

(4) 개인의 가치와 선호

경찰학은 사회과학의 분과로서 가치가 개입되는 학문이므로 연구자의 개인적 가치나 선호 또는 선입견 등이 연구과정에 개입될 가능성이 있다. 물론 개인의 가치나 선호를 가능한 배제하기 위하여 객관적 척도나 도구들을 사용하지만 분석하고 해석하는 과정에서 연구자의 주관적 개입을 절대적으로 배제할 수는 없다.

(5) 정치적·문화적·사회적 요인에 따른 제약

경찰학연구의 결과는 논리의 타당성보다는 조사 당시의 사회적 사상과 이념이나 정치적인 통제 및 문화적인 요인에 따라 수용과 거부가 결정되기도 한다. 예를 들어, 어떤 경찰정책을 공약으로 내건 정당이 집권한 경우 그것을 이행하기 위한 정책타당성 조사를 전문연구기관에 의뢰하였다. 과학적 방법에 의해 조사한 결과, 정책을 시행하기에 적절하지 않다는 결론을 제시하였으나 정책당국은 조사결과에 의한 논리적 타당성보다는 정치적 타당성을 앞세워 정책을 시행하는 경우가 있을 수 있다.

4. 경찰학연구의 윤리

경찰학연구는 주로 인간을 대상으로 한다. 인간을 대상으로 하기 때문에 경찰학연구는 윤리적인 문제에 직면하게 된다. 경찰학연구가 과학적 엄밀성을 통해 지식을 탐구하고 사회적 개량 및 범죄행동의 제압에 가치를 둔다고 하더라도 기본적 인간의 존엄성과 윤리문제를 초월할 수는 없다. 경찰학연구 수행에 있어서 다음과 같은 윤리문제가 제시된다.

(1) 자발적 참여와 조사목적 및 내용의 고지에 의한 동의

경찰학연구는 조사자가 참여자들에게 조사의 목적과 내용을 알려주어야 하고, 참여자들이 조사에 참여하고 있음을 알고 있어야 하며 조사에 대한 동의를 얻는 자발적 참여이어야 한다. 예를 들어, 경찰학 수업을 듣는 학생들에게 강사가 설문지를 돌리고 응답을 받으려고 하는 경우 강사(조사자)는 학생들에게 전적으로 자발적이라고 알려 주어야 하고 강요를 해서는 안 된다. 만약 조사가 자발적이 아닌 경우 조사결과의 일반화(generalizability)를 위협하게 된다.

(2) 참여자에게 피해를 주지 않는 조사

경찰학연구는 참여자의 자발적 참여와 상관없이 그 외 사람들에게 피해를 주지 않아야 한다. 조사과정에서 사람들이 심리적으로 피해를 줄 수 있는 응답 즉, 사회적으로 평판이 나쁜 일탈행동, 태도를 드러낼 것을 요청받게 되는 경우, 그들은 또 한 번의 사회적 격차를 느끼게 되고 정신적 피해를 받게 된다.

(3) 익명성과 비밀보장하기

경찰학연구는 참여자의 신원이 노출되어서는 안 되며 참여자가 공개하기를 꺼리는 비밀을 보장해야 한다. 익명성 보장은 누가 설문지에 응답했는지 또는 응답하지 않았는지를 구분할 수 없게 하는 것이다. 예를 들어, 사회적으로 평판이 나쁜 일탈행동을 조사할 때 즉, 마약남용, 음주운전, 가정 및 아동폭력 등의 실태를 조사할 때 익명성이 보장되지 않는다면 조사에 응답하려는 사람은 거의 없을 것이다. 설령 응답자가 자발적으로 이름을 알려주었다 하더라도 연구자는 그런 정보를 지워버려야 한다.

사람들은 개인의 사생활이 노출되는 것을 꺼려한다. 비밀보장은 익명성과 함께 개인의 사생활이 노출되지 않게 하는 것과 관련된다. 응답자의 연령, 교육수준, 소득수준, 건강상태, 부부관계 등을 알리고 싶은 사람은 드물다. 그러나 다른 한편에서는 윤리적 고려가 비밀보장을 지키기 못하게 만드는 경우도 발생할 수 있다. 아동학대나 성폭행 피해 여성을 상담하는 경우 응답자가 심각하고 절박한 상황에 놓여 있을 때 경찰관서나 기관에 보고하여 응답자가 적절한 보호조치를 받을 수 있도록 하는 것도 연구자의 책임일 것이다. 이런 경우에도 응답자에게 상담하기 전 고지하고 동의를 얻을 필요가 있다.

(4) 조사대상자를 속이는 일

경찰학연구에서 조사자가 응답자들을 속이는 일은 없어야 한다. 행정기관에서 지역주민들의 생활수준 개선방법을 찾기 위한 목적으로 전문조사기관에 조사를 의뢰하였다고 하자. 그러나 지역주민들이 사실대로 응답해주지 않는다면 그 조사는 효과적인 생활수준 개선에 기여하게 될 정확한 정보를 이끌어내지 못한다. 이를 우려한 조사자는 순수한 목적으로 가장하고 대학의 연구프로그램의 일부라고 응답자들을 속인다. 이럴 경우 조사의 과학적 질은 향상되겠지만 조사과정에서 심각한 윤리적 문제를 일으키게 된다.

(5) 분석과 보고의 진실성

2005년 하반기 한국에서는 자연과학 논문의 진실성 문제에 대해 큰 혼란을 겪었다. 배아줄기세포를 연구했던 연구집단이 국제전문학술지 ≪사이언스≫에 게재했던 논문내용에 거짓이 있다는 것이다. 이 사례는 자연과학의 논문이지만 사회과학의 논문에서도 진실성은 똑같이 적용된다.

어떤 분야의 논문일지라도 연구의 한계 및 약점 그리고 실패는 있는 그대로 독자에게 보고되어야 한다. 연구가 실패한 것을 성공한 것처럼 거짓 보고한다는 것은 실제 세계에 적용할 수 없다는 것이며, 임상적인 경우에는 개선 및 치료가 될 수 없는 잘못된 정보와 지식을 제공하는 것과 같다.

과학은 정직성과 개방성을 통해 진보하고 자기방어를 위한 거짓보고에 의해 지체된다. 연구자 자신의 사회적 지위나 체면을 의식해 연구 성과물을 허위 또는 왜곡시키는 행동은 더 이상 과학자의 직분을 스스로 포기하는 행동이다. 지식의 발전은 연구자가 경험한 모든 문제와 한계를 공개하고 인정할 때 이루어지는 것이다.

(6) 윤리성 문제의 토론 예시

경찰학연구에서 독자들이 경험할 수도 있는 윤리성 문제에 대한 토론 예시를 제시하면 다음과 같다. 아래 문제에 대해 독자들이 수용할 수 있는 것인지 없는 것인지 의견을 제시해보기 바란다.

첫째, 경찰학 수업에서 담당교수가 학술논문을 준비함에 있어 수강학생들에게 논문에 사용할 설문지에 응답해달라고 요청한다.

둘째, 마약복용자와 면담조사 후, 사법당국 공무원이 마약복용자의 신원을 요구한다.

셋째, 아동성폭행피해자 또는 가정폭력 피해자와 면담을 실시한 후, 보호기관에 보호조치를 의뢰한다.

넷째, 성적인 행동에 관한 연구에서, 조사자는 대상자들이 일탈행동으로 여기는 것을 보고하길 꺼리는 것을 극복하려고 "누구나 가끔 자위행위를 한다. 당신은 어느 정도 자위행위를 하는가?"라고 묻는다.

다섯째, 경찰서의 민원실에서 접수서류 일부로 조사설문지를 나누어준다. 민원인들에게 설문지에 응답해야 한다고 말하지는 않지만, 그들이 설문조사에 응답하기를 희망한다. 그리하여 높은 응답률을 확보한다.

여섯째, 가정폭력 경험, 범죄경험이 어느 정도인지 파악하기 위해 인상이 좋지 않다고 생각되는 사람에게 접근하여 과거의 범죄경험이나 가정폭력 경험 여부를 묻는다.

마지막으로, "스탠퍼드 감옥 실험(Stanford prison experiment)"은 '인간의 휴머니티가 악(惡, devil)을 이길 수 있는가, 아니면 악이 인간의 휴머니티를 이길 것인가?'라는 주제로 1971년에 미국의 스탠퍼드 대학 심리학과에서 시행되었다. 과거 정신과적인 병력이나 범죄 경험이 없었던, 지극히 정상적이고 평범한 24명의 지원자를 대상으로, 감옥 상황을 연출한 실험실 내에서 절반은 죄수, 절반은 교도관의 역할을 하게 한 후 이들의 행동을 2주 동안 관찰하고자 했던 실험이다. 그러나, 실험이 시작되고 얼마 지나지 않아 교도관 역할을 맡은 참가자들이 매우 폭력적이고 강압적인 태도로 죄수들을 학대하기 시작했고, 이들로부터 반복적인 구타와 감금을 당한 죄수 역할의 참가자들은 심한 혼란감과 불안, 우울감에 휩싸여 제대로 기능을 못하는 수준이 되어버리고 말았다. 결국 실험은 6일 만에 중단될 수밖에 없었다. 실험 직후 이러한 결과가 학계에 보고되자 미국 사회는 심한 충격과 혼란을 겪었으며, 연구자와 실험실에 대한 관심이 뜨겁게 고조되었다. 당시 실험을 이끌었던 스탠퍼드 대학의 Zimbardo 교수는 여러 TV 프로그램과 라디오 프로그램에 초대되었고, 출판계에서는 이를 소재로 한 소설들이 제작되었으며 심지어 '스탠퍼드 감옥 실험(SPE)'이라는 이름의 락밴드가 등장하기도 했다.

이 실험이 세간에 뜨거운 화제를 불러일으키게 된 데는, 실험이 보여준 충격적인 결과 외에도, 이것이 인간 본성에 대한 근원적인 질문 '인간은 선한가, 악한가'를 과감하게 던지고 과학적으로 증명하려 했던 실험이라는 데 있었다. 실험 결과에서 보였던 극단적인 폭력성과 집단성은 인간의 본성, 휴머니티가 실재하는가에 근본적인 회의를 갖게 했고, 어느 누구도 심지어 도덕적이라고 여겨지는 사람조차도 그가 놓여진 사회적 상황과 주어진 역할에 따라 너무도 쉽게 악마로 돌변할 수 있다는 점을 일깨워 주었다. 그리고 그 악마성에 철저하게 지배당하는 사람들은 헤어날 수 없는 무기력감과 무가치감에 사로잡힌 채 아무런 대항이나 저항조차도 일으킬 수 없는 상태가 된다는 것도 여실히 보여 주었다.

▶ 연습문제 ◀

1. 과학의 목적과 경찰학의 관계를 설명하시오.
2. 지식획득 방법에 대해 설명하시오.
3. 사회복지조사가 왜 과학적 방법이어야 되는가를 설명하시오.
4. 연역적 방법과 귀납적 방법을 경찰문제 사례를 들어 설명하시오.
5. 과학과 상식의 차이점을 설명하시오.
6. 과학적 지식의 특징과 연구조사의 진실성과의 관계를 사례를 들어 설명하시오.
7. 과학적 연구의 목적을 경찰문제에서 설명하시오.
8. 경찰학연구의 특징과 한계를 설명하시오.

제2장
과학적 연구의 유형

1. 탐색적 연구

탐색적 연구(exploratory research)는 좀더 정확한 연구를 위해서 연구문제를 형성하거나 가설을 개발하려고 할 때 사용하는 연구로 형성적 연구(formulative research)라고도 부르며, 주로 질적 자료(qualitative data)를 사용한다. 탐색적 연구는 연구자가 필요로 하는 지식의 수준이 가장 낮은 형태라고 할 수 있으며 유용한 지식이 한정되어 있는 미개척 분야에서 기본적 자료를 제공하기 위한 조사에 적합하다고 할 수 있다. 연구자가 새로운 관심사에 대해 연구하거나, 연구주제가 거의 알려져 있지 않은 새로운 것이거나, 앞으로 보다 중요한 연구를 위해 그 연구의 실행가능성이나 사용할 연구방법 등을 개발하고자 할 때 주로 사용한다. 예를 들어, 경찰문제를 무엇으로 볼 것인가, 경찰문제를 둘러싸고 있는 영향요인은 무엇들이 있는가를 규명하는 연구에 해당된다.

탐색적 연구를 사용해야 하는 경우를 보면, 연구자는 연구대상에 관한 지식이 아주 빈약하기 때문에 어떤 자료를 수집해야 할지를 구체적으로 정하기 어렵다. 이런 경우 탐색적 연구를 통하여 ⓐ 연구해야 할 속성을 개념화(conceptionalization)하고 ⓑ 이들 개념을 조작적으로 정의하여 ⓒ 자료수집을 위한 변수로 전환시키고 ⓓ 독립변수와 종속변수를 구분하고 ⓔ 이들 변수를 서열화 하고 ⓕ 측정할 수 있는 척도를 작성하게 된다. 이렇게 하여 얻어진 지식은 다음에 실시할 본격적인 연구에서 중요한 사전지식으로 활용될 것이다. 탐색적 연구는 본조사(main research)를 위한 예비조사(pilot research)로서 실시되는데 연구문제의 발견, 변수의 규명, 가설의 도출을 위해서 실시한다. 탐색적 조사에 대비하여 본조사는 연구자가 조사 분야와 조사내용에 대한 지식이 많고, 측정대상이 규명되어 있고, 자료수집방법 및 절차가 치밀하게 계획되어야 한다.

탐색적 연구의 예를 보면, 학생들의 일탈행동을 조사하려고 할 경우 일탈행동의 기준을 무엇으로 삼을 것인지에 대한 사전지식이 요구되는데 연구자는 이런 지식을 갖고 있지 못한 경우에 관련문헌이나 전문가들을 통해 그와 관련된 정보와 지식을 얻게 될 것이다. 또 다른 예를 보면, 보다 큰 규모의 연구에서 사용하게 될 설문지를 개발하기 위해서는 설문지에 어떤 질문들을 포함시켜야 하며 어떤 문구나 용어를 사용하여 설문 문항을 만들어야 하는지를 알아보고자 전문가들의 의견을 조사해볼 수 있다. 일반적으로 탐색적 조사는 새로운 문제나 쟁점을 제기하고 해답을 찾아갈 수 있는 '올바른 방법이나 방향'이 무엇인가를 제시해주는 연구이기 때문에, 연구 질문에 대한 만족할 만한 대답을 해주지 못한다는 단점이 있다.

탐색적 조사는 다음과 같은 목적으로 사용된다.
① 다음에 실시할 체계적인 연구의 대상이나 환경에 친숙해지기 위해
② 개념을 보다 분명하게 하기 위해서
③ 다음 연구의 우선순위를 정하기 위해서
④ 많은 아이디어를 생성하고 임시적 가설 개발을 위해서
⑤ 문제를 형성하고 더욱 체계적인 질문을 위한 이슈를 세련되게 하기 위해서
⑥ 미래 연구의 기법을 개발하고 방향감각을 얻기 위해서
⑦ 실제 현실상황에서 연구를 수행할 수 있는지에 관한 정보수집을 위해서

탐색적 연구의 실제에서는 다음과 같은 구체적인 방법으로 수행한다.

1) 유관분야의 관련 문헌연구

연구 대상이나 연구 분야에 대한 지식이 부족한 경우 최초의 연구자로서 관련 분야의 문헌(literature)을 조사한다. 문헌연구는 문제를 규명하고 가설을 정립하기 위한 가장 경제적이고 신속한 방법이다. 근래에는 인터넷을 통한 문헌 검색기능이 편리하게 제공되고 있어 과거에 비해 효율적으로 활용할 수 있다. 문헌연구에 관한 자세한 설명은 제4장 선행연구의 고찰에서 다루기로 한다.

2) 전문가 및 경험자를 대상으로 한 연구

연구문제에 정통한 전문가(expert)나 경험자로부터 정보를 획득하는 방법이다. 문헌연구의 보완적인 수단으로 활용될 수 있는데, 전문가로부터 문제의 해답을 구하기 위하여 연구하는 것이 아니라 연구문제에 대한 의견이나 조언을 구하고자 하는 연구이다. 예를 들어, 사회무질서에 관한 연구를 하려고 한다. 그런데 '사회무질서'라는 문제가 너무 포괄적이고 추상적이다. 이를 구체적으로 접근하는 방법과 문제는 어떤 것들이 있는가에 대해 전문가에게 조언을 구하게 되면 문제의 범위와 가설을 개발할 수 있을 것이다.

3) 통찰력을 얻을 수 있는 소수사례의 분석

소수사례의 분석은 주어진 문제와 유사한 사례(case)를 찾아내어 분석하는 것으로 주어진 문제에 대한 간접적인 경험과 사전지식을 갖게 하여 현 상황에 대한 논리적인 유추에 도움을 주는 방법이다. 그러나 단지 시사적·임시적인 결론에 불과할 수 있으므로 추가적인 조사를 계속 실시하여 가설을 재검증하는 절차가 필요하다. 사례분석은 대표적으로 귀납적 방법으로 수행되며 사회복지조사의 경우 심층적인 관찰이 이루어질 수 있다면 소수의 사례로도 충분히 조사의 가치를 높일 수 있다. 되도록이면 연구자가 관심을 가지고 있는 문제를 잘 나타낼 수 있는 사례를 선택하는 것이 가장 중요하다.

2. 기술적 연구

기술적 연구(descriptive research)는 현상을 정확하게 기술(description)하는 것을 목적으로 하는 조사형태로 가장 중요하게 고려해야 할 사항은 정확성(accuracy)이다. 기술적 연구는 현상을 계량적(숫자)으로 기술하여 정확성을 확보함으로써 수집된 증거의 신뢰성(reliability)을 극대화할 수 있는 연구설계가 필요할 때 이용된다. 경찰문제에 대한 정책적 대안을 마련하기 위한 정책분석적 연구에서는 정확한 실태를 파악하는 것이 가장 중요하기 때문에 기술적 연구는 경찰학연구에서 매우 중요한 비중을

차지한다. 예를 들어, 빈민가구 수, 빈민가구의 소득, 직업, 위생상태, 주거상태, 가족
구조, 실업자 수, 소년소녀가장 수, 영세민가구 수, 청소년비행 건수, 범죄발생 건수,
총기보유자 수 등에 관한 실태를 조사하는 경우나 국가가 시행하는 인구조사, 국세조
사, 물가조사가 여기에 해당된다. 기술적 연구는 시간의 변화에 따라 앞으로 어떻게
될 것인지 예측해보는 것도 기술적 조사에 속한다. 과거의 경향을 토대로 미래를 예측
한다든지, 주기적인 변동이 있었다면 이를 근거로 미래를 예측하는 경우 등이 기술적
조사에 해당된다. 여기에서 주의할 점은 두 변수 간의 관계가 '인과관계'가 아니라 두
요인 간에 관계가 있다는 정보를 제공하는 데 국한된다.

　기술적 연구를 수행하는 연구자는 관찰해야 할 변수가 무엇인지, 독립변수와 종속변
수가 무엇인지를 알고 있어야 하며 수집하여야 할 자료가 어떤 것인지 사전에 정확하
게 규정할 수 있어야 한다. 기술적 연구가 철저한 계획과 체계적인 절차에 의해서 실
시된다는 점이 탐색적 연구와 다른 점이다. 기술적 연구는 특정문제를 해결하거나 가
설검증에 필요한 정확한 정보를 획득해야 하기 때문에 보다 정교한 조사계획이 필요하
다. 정교하고 정확한 연구란 오류를 줄이는 것이며 이를 위해서는 양적(量的)인 연구
가 필요하다. 양적인 기술에는 현상에 대한 모집단의 주요변수의 크기와 분포, 그리고
변수들 간의 관계의 정도와 방향 등이 포함된다. 이러한 것들은 도수분포, 중앙경향
값 및 산포도, 연관도 및 공동변화 등 계량적 형태로 기술된다.

　기술적 연구는 다음과 같은 목적으로 사용된다.
　① 특정 개인, 상황, 집단의 특성에 관하여 정확하게 묘사하는 조사
　　(예) 비행청소년 집단의 정확한 프로파일(profile) 제공
　② 어떤 사건의 발생빈도
　　(예) 학교폭력, 성폭행, 절도, 강도 등 범죄 발생빈도
　③ 사건의 발생빈도와 다른 사건과의 연관정도를 파악하는 조사
　　(예) 강도사건과 살인사건의 연관성 문제
　　(예) 국가의 경제수준과 노숙자 수(count)의 관계
　④ 사건의 카테고리를 만들고 사건유형을 분류하기 위한 조사

3. 설명적 연구

설명적 연구(explanatory research)는 탐색적 또는 기술적 연구결과의 축적을 토대로 어떠한 사실과 사실과의 관계를 파악하여 인과관계(causal relation)를 규명하거나, 이러한 규명결과를 토대로 미래를 예측하는 연구를 의미한다. 즉 일반적 사실을 설명하는 것으로 어떻게(how), 왜(why) 그 사실이 발생했는가를 설명하는 것이다.

예를 들면, 범죄학자들은 강도(crack)와 살인(homicide) 간에 특별한 관계를 설명하려고 한다. 강도사건을 통해 살인사건을 설명하고 예측할 수 있다는 근거에 바탕을 두고 있다. 그렇다면 강도사건이 살인사건과 연관되며 강도사건을 통해 살인사건을 설명할 수 있다는 것이다. 경찰문제에서는 "왜(why)?"라고 하는 의문에 해답을 제공하는 것으로 문제의 원인을 파악하고 '경찰의 개입활동, 규제활동'이 어떠한 효과를 가져왔는지 파악하기 위해 설명적 조사를 실시한다. 예를 들어, 어떤 사람들은 치안서비스(범죄예방프로그램)를 확대하기 위해서는 세금을 더 걷어야 하는 것에 찬성하고, 어떤 사람들은 반대하는가 등도 설명적 조사연구가 필요하다. 이 연구에서 만약 성별, 연령, 소득수준, 직업 등에 따라 어떤 차이만을 보여준다면 이는 기술적 연구에 해당된다. 마찬가지로 어떤 지역은 왜 다른 지역보다 가정폭력이 많은가를 알아보는 것은 설명적 연구이지만, 지역별 가정폭력의 차이를 보는 것은 기술적 연구에 해당된다. 왜 어떤 도시들은 다른 도시들보다 '학교왕따' 비율이 높은지를 알아보는 것은 설명적 연구이나, 단순히 도시별 '학교왕따' 비율을 연구하는 것은 기술적 연구에 해당된다. 또 어떤 연구자가 매 맞는 아내들이 몇 번이나 폭력남편에게 되돌아가는지를 연구하는 것은 기술적 연구이지만 왜 다시 돌아가는지를 밝히고자 한다면 설명적 연구에 해당된다.

설명적 연구는 다음과 같은 목적으로 사용된다.
① 원리(principle) 또는 이론(theory)의 정확성(accuracy)을 판단하기 위해
② 더 좋은 설명력을 확보하기 위해
③ 공통적 진술 아래에서 다른 이슈 혹은 주제를 연계하기 위해
④ 이론을 구축하고 세련되게 함으로써 더욱 경쟁력을 확보할 수 있도록 하기 위해

⑤ 이론과 원리를 새로운 영역이나 이슈로 확장시키기 위해

⑥ 설명(explanation)과 예측(prediction)을 확보할 수 있고 반박할 수 있는 증거를 제공하기 위해

이상과 같이 설명적 연구를 수행하기 위해서는 다음과 같은 사항이 충족되어야 한다.

① 두 변수가 관련성이 크고(공동변화)

② 한 변수가 다른 변수보다 시간적으로 앞서며(한 변수의 시간적 선행)

③ 제3의 변수가 그 관계에 영향을 미치지 않는다는 점을 밝힐 수 있어야 한다 (통제, 경쟁가설 배제의 원칙)

지금까지 연구목적에 따라 과학적 연구유형을 구별하였지만, 일반적으로 대부분의 연구는 이 세 가지 연구목적을 모두 갖는다. 대부분의 연구들이 한 가지 이상의 목적을 갖기 때문에 어떤 특정 연구가 가진 목적이 무엇인지를 명확히 밝힌다는 것은 쉽지 않다. 예를 들면, 연구자의 궁극적 목적은 설명적 연구에 있지만 설명적 연구를 수행 과정에서 탐색적 연구를 바탕으로 기술적 연구가 이루어지고 마지막으로 인과관계를 규명하는 설명적 연구가 수행될 수 있다. 다만 연구의 유형을 살펴보는 것은 자신의 연구목적이 무엇인지를 명확히 해야 한다는 것이다.

〈그림 2-1〉은 기술적 연구와 설명적 연구의 모형을 비교하였다. (a)의 기술적 연구의 경우, 어떤 지역에 거주하고 있는 10,000명의 주민의 생활실태에 관심을 가지고 있지만 연구자는 자신이 접근하기 쉬운 사람 1,000명을 대상으로 연구하여 자료를 분석하였다. 이런 경우 1,000명의 통계량은 관심을 가지고 있는 10,000명에게 적용될 수 있는 것이 아니다. (b)의 설명적 연구모형의 경우에는 연구자가 관심을 가진 10,000명 중에서 무작위 표본추출을 통해 1,000명을 뽑아 연구하고 분석한 다음 그 결과를 모집단에게 적용하고 모수[1]를 추정하게 된다.

---

1) 여기에서 모수는 모집단으로부터 예상되는 측정값을 말하며, 이 값들은 거의 대부분 정확히 알 수 없는 것들이며, 표본의 측정값인 통계량을 통해 추정될 뿐이다.

<그림 2-1> 기술적 연구와 설명적 연구의 비교 모형

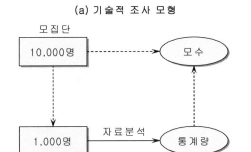

(a) 기술적 조사 모형

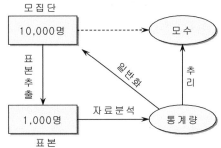

(b) 설명적 조사 모형

*실선은 관련없음을 의미함

〈표 2-1〉 연구목적에 따른 연구유형 요약

연구목적	조사 질문
탐색적 연구 ·현상에 대한 이해 ·중요한 변수를 확인하고 발견 ·미래 연구를 위한 가설 도출	·여기서 무슨 일이 일어나고 있습니까? ·뚜렷한 주제, 패턴, 범주는 무엇입니까? ·이들 패턴이 다른 것들과 어떻게 연결 되어 있습니까?
기술적 연구 ·관심 현상을 상세히 기록	·현상에서 일어나고 있는 뚜렷한 행태, 사건, 신념, 태도, 구조, 과정은 무엇입니까?
설명적 연구 ·질문에 대한 현상의 중요원인을 설명 ·현상에 대한 인과관계를 확인	·현상을 구성하고 있는 사건, 신념, 태도, 정책은 무엇입니까? ·현상의 결과와 이들 국면이 어떻게 상호 작용하고 있습니까?

제2절 연구의 이용에 따른 분류

1. 기초(순수) 연구

기초연구(basic research)는 사회현상에 관한 새로운 지식을 추구하며 현상을 설명할 수 있는 일반원칙을 확립하고자 한다. 기초연구는 변수 간 관계의 발견을 포함한 새로운 지식을 산출하고 다양한 조건 아래에서 결과를 예측할 수 있는 능력을 함양하고자 한다. 따라서 기초연구는 응용연구를 위한 토대를 구축하는 데 기여하게 된다.

기초연구는 응용연구에 적용하게 될 방법(methods), 이론(theories), 그리고 아이디어(ideas) 등의 툴(tools)을 개발하는 토대를 제공하게 된다. 보통 문제의 발견과 지식발달은 기초연구에서 비롯된다. 기초연구는 문제해결에 직접적인 도움을 주지 않는다. 직접적인 도움을 주는 것은 응용연구이고 기초연구를 통해서는 새로운 아이디어나 근본지식만을 제공해준다. 그럼에도 불구하고 기초연구가 갖는 의미는 지식확장과 응용연구의 토대를 제공해주기 위해서 필수적이기 때문이다. 반대로, 응용연구는 문제에 대한 빠른 해답을 얻기 위해 사용되는 경우가 많다.

경찰관들(police officers)과 공무원들(officials)들은 비행(delinquency)을 예방하기 위하여 노력하거나, 청소년범죄 상담자들은 문제의 수준과 범위에 대한 기초정보를 얻기 위해 기초연구를 수행하게 된다. 예를 들어 청소년비행에 관심을 가지는 연구자는 비행문제의 수준과 범위에 대한 기초정보를 얻기 위해 기초연구를 수행하게 된다. "왜 비행행동(deviant behavior)을 하는가?"에 관한 의문을 가지고 비행행동의 원인들에 대한 소스를 찾게 될 때 기초연구에 해당된다.

2. 응용연구

(1) 의 미

응용연구(applied research)는 경찰문제를 포함한 사회문제를 이해하고 해결하기 위한 어떤 행위를 선택하는 데 필요한 지침을 제공하고자 한다. 응용연구는 경찰문제의 제거 또는 완화를 위해 정책결정자가 즉각 이용할 수 있는 원하는 지식을 제공하는 것이 주목적이다. 따라서 응용연구에 관심을 가지는 사람은 연구자보다는 실무자들이다. 실무자들은 직면하고 있는 문제를 당장 해결하는 데 관심을 가지고 그것을 해결하고 개선하는 데 활용할 수 있는 방안과 지침을 원하기 때문이다.

Gagne(1996)은 폭행을 당하고 있는 여성에 관한 연구를 수행하였다. 그는 부모나 남편으로부터 신체적으로 학대받고 있는 여성들을 대상으로 면접을 실시하였다. 이들 여성들은 부모나 남편으로부터 감금을 당하기도 하였고, 그들이 고통받았던 피해에 대해 소름끼치게 생각하고 있다는 점이다. 그녀의 연구는 폭행경험 여성의 법적인 방어와 호소를 불러일으키는 데 제공하였다.

이상과 같이 응용연구는 기초연구의 절차 및 기법의 토대 위에서 이루어지며, 기초연구와 응용연구는 방법론에 있어서 〈표 2-2〉와 같은 다른 지향점을 가지고 있다.

〈표 2-2〉 기초연구와 응용연구의 비교

기초연구	응용연구
1. 연구문제와 주제는 자유롭게 선정한다	1. 연구문제와 주제는 한정적이고 구체적이며 스폰서 또는 연구발주기관의 요구에 따라 선정된다
2. 연구는 과학적 엄밀성에 의해 판단되며 연구자의 높은 수준을 요구한다	2. 연구는 연구사용처에 따라 진행되며 대체로 신속하게 수행된다
3. 주요 관심사항은 논리적이고 엄밀성을 가진 연구설계를 갖추어야 한다	3. 주요 관심사항은 연구비 지원기관이나 스폰서의 요구에 응한다
4. 연구목표는 기초적이고 이론적 지식에 기여할 수 있도록 해야 한다	4. 연구목표는 실제적 활용가능성이 있어야 한다
5. 연구결과는 학술지에 실리고 다른 분야 학자들에게 영향을 미친다	5. 연구결과가 연구비 지원기관이나 스폰서의 의사결정에 사용됨으로써 연구성과를 판단한다

(2) 응용연구의 유형

실무자들에게 있어서 활용되는 응용연구는 실행연구, 평가연구로 구분된다.

1) 실행연구

실행연구(action research)는 실천 활동을 연구 대상으로 하며 연구과정에 연구대상들을 참여시키고, 일반적이고 널리 알려진 지식을 활용하며 의식과 인식의 증대를 추구하고 직접 정치적 행동과 연계시킨다. 실무자들의 연구는 정치적이고 가치중립적이지 않다. 실행연구의 목표는 연구 참여자들의 조건과 생활을 향상시키는 데 관심을 둔다. 또한 실행연구는 경험 특히, 사회적-정치적 행동에 관한 경험으로부터 지식이 발전된다는 가정을 하고 있다. 실행연구는 전형적으로 비판적 사회과학과 관련된다. 예를 들면, Kraska와 Kappeler(1997)는 미국사회에서 군대식 경찰활동(militarization policing)에 관한 연구를 수행하였다. 그들의 연구는 현대 경찰활동의 어두운 측면을 비판적으로 강조하였다. 그들이 비판하게 되는 경찰활동의 요인에는 소수지역주민에 대해 중무장한 준군사조직의 경찰조직을 운영하고 있다는 것이다. 연구자들은 경찰을 강하게 비판하였고 사회통제를 위해 군대모델(military model)을 적용해서는 안 된다고 주장하였다.

2) 평가연구

평가연구(evaluation research)는 정책결과에 대한 정확한 사회적 설명 또는 평가가 주목적으로서, 정책이 본래 의도한 효과를 가져왔는지를 평가하는 것이다. 예를 들면, 범죄예방프로그램의 효과는 무엇인가? 주거안정을 위한 정부의 주택정책의 효과는? 지역사회의 독거노인 안전프로그램의 효과는? 지역사회와 경찰 간의 관계를 개선하려는 경찰활동의 결과는 어떻게 되었는가? 새로운 지역사회 경찰활동 프로그램을 경찰관들이 잘 적용하고 있는가? 지역사회 경찰활동이 범죄행동의 수준을 낮추었는가? 등이 해당된다.

평가연구의 목적은 지식의 획득이 아니라 정책이나 프로그램의 지속, 중단 등의 여부를 평가하는 것이다. 평가연구는 응용연구의 하나로서 경찰관서의 책임성 요구와 관련하여 중요시되고 있다.

평가연구는 다시 형성평가(formative)와 총괄평가(summative)로 구분된다. 형성평가는 치안정책 관리에 사용된 프로그램에 관한 모니터링과 계속적 피드백을 위한 것인데 반해, 총괄평가는 프로그램의 최종 영향(outputs)을 살펴보려는 것이다. 실제 평가에 있어서 이 두 가지 평가는 일반적으로 반드시 필요하며 평가의 목적에 따라 적용을 달리할 수도 있다.

제3절 연구시점에 따른 분류

1. 횡단면적 연구

횡단면적 연구(cross-sectional research)는 특정 시점에서 여러 가지 연구대상을 조사하여 비교하는 방법이다. 여기서 횡단이라고 하는 것은 상이한 특성 즉 연령, 교육수준, 소득수준, 성, 직업 등을 가진 사람들을 표본으로 폭넓게 추출하기 때문이다. 횡단면적 연구는 이러한 상이한 집단 간의 특성의 차이를 비교·분석하는 데 많이 이용된다. 횡단면적 연구는 탐색적, 기술적, 설명적 연구를 적용할 수 있으나, 대부분 기술적 연구로 수행되는 것이 일반적이다. 예를 들면, 우리나라의 전국 중고등학교의 학교폭력 실태 조사, 전국의 범죄율 조사, 전국의 교통사고사망률 조사, 전국 경찰서별 치안서비스 만족도 조사 등이 해당되며 여론조사, 현황조사, 인구센서스 등이 일반적이다.

횡단면적 연구는 다음과 같은 조건 중 어느 한 가지 조건이라도 만족되면 적용할 수 있다.

① 지리적으로 넓게 분포되어 있고

② 연구대상의 수가 많으며

③ 많은 변수에 관한 자료를 수집하여야 할 필요성이 큰 경우

이와 같은 횡단면적 연구 ⓐ 자료수집이 용이하고 짧은 시간에 자료를 수집할 수 있으며 ⓑ 종단연구에 비해 경제적이다. 또한 ⓒ 유사한 목적을 가진 조사결과들끼리 객관적인 비교가 가능하다는 장점이 있지만, 일정 시점의 자료만을 분석대상으로 하기 때문에 시간의 흐름에 따른 변화추이를 파악하기 어렵다는 것이 단점이다.

2. 종단면적 연구

종단면적 연구(longitudinal research)는 동일한 현상에 대해 시점을 달리하여 측정하는 조사방법이다. 따라서 각 기간 동안(시간의 흐름에 따라)에 일어난 변화에 대한 측정이 주된 과제가 된다.

종단면적 연구는 ⓐ 특정현상이 시간의 흐름에 따라 어떻게 변화하는지 그 과정을 일목요연하게 파악할 수 있고 ⓑ 횡단면적 연구에서 파악하기 어려운 변수들 간의 인

과관계를 분석할 수 있다는 장점이 있다. 반면에 ⓐ 오랜 기간에 걸쳐 조사함으로써 비용이 많이 소요되며 ⓑ 응답자들이 첫 번째 조사에서 비교적 객관적 응답을 하지만 두 번째부터는 연구문제를 알고 있어서 선입관이 개입될 수 있으므로 객관적인 자료를 얻기 어려워지는 단점이 있다.

　종단면적 연구는 주로 패널연구(panel study), 추세연구(trend study), 그리고 동시경험 집단연구(cohort study)가 있다.

(1) 패널연구

　패널연구(panel study)는 동일집단 반복연구로도 불린다. 패널연구는 특정한 조사 대상 집단을 사전에 선정한 후 이들을 대상으로 반복적으로 조사를 실시하는 방법이다. 패널이란 인명록, 토의집단을 의미한다. 패널연구는 사회의 어떤 경향을 조사하기 위하여 일부가 반복해서 조사된다는 뜻을 담고 있다. 선거철 유권자들에게 어느 후보를 지지하겠는가를 매달 질문하는 것과 같다.2) 경찰행정학과를 졸업한 학생들 중 일부를 패널로 정해 놓고 이들에 대해 추적조사를 하는 경우도 패널연구에 해당된다. 또한 어느 지역사회의 치안서비스만족도를 조사한다고 하자. 우선 지역주민들 가운데 일부를 사전에 패널로 선정하게 된다. 그리고 이들을 대상으로 3개월 혹은 6개월 단위로 조사하고, 조사결과들을 비교 분석한다. 패널을 이용한 조사의 경우 측정기간 동안 패널이 탈락할 수 있는 단점이 있다. 패널로 선정된 사람이 다른 지역으로 이사를 갔다거나 죽었을 경우 또는 조사에 대해 흥미를 잃어버렸기 때문에 조사에 응하지 않는 경우 패널연구는 의미가 없어진다. 따라서 정확한 조사를 하기 위해서는 패널구성원의 유지가 중요하다. 패널연구가 가지는 또 다른 단점은 조사대상자의 초기 경험이 조사과정 후기의 반응에 영향을 줄 수 있다는 점이다. 예를 들어, 담배를 피고 있던 청소년 집단을 조사하는 경우 1차 조사에서 담배를 피우고 있다고 조사되었고 조사기간에도 여전히 담배를 피우고 있었으나 2차, 3차 조사에서는 담배를 끊었다고 응답하였다.

---

2) 선거에서의 패널조사는 측정간격이 짧아야 한다. 만약 측정간격이 길게 되면 그 기간 동안에 여러 가지 요인이 개입되어 유권자의 투표성향을 정확히 파악하기 힘들다. 유권자의 투표성향 파악은 1주일 혹은 2주일 간격으로 조사하는 것이 적절하다.

이런 경우 실제는 계속해서 담배를 피우고 있었지만 '의지가 없다'라는 말을 듣게 될까봐 2, 3차 조사에서 담배를 끊었다고 응답할 수 있다.

(2) 추세연구

추세연구(trend study)는 경향조사라고도 불린다. 추세연구 조사대상의 변화를 여러 시기를 두고 관찰, 비교하는 연구이다. 예를 들어, 어떤 지역에서 범죄율의 변화는 어떤지, 재범율의 변화는 어떤지, 어떤 도로지점에서 교통사고사망률의 변화는 어떤지, 경찰행정학과 학생들의 고시합격률 등을 조사하는 경우이다. 이 경우 엄격한 의미에서 동일한 대상자는 아니나 조사자가 원하는 동일한 특성을 가진 대상으로 본다. 추세조사는 패널조사와는 달리 사전에 조사대상자를 선정해 두지 않는다.

(3) 동시경험집단연구

동시경험집단연구(cohort study)는 특정한 경험을 같이 한 사람들에 대해 두 번 이상의 다른 시기에 걸쳐 비교하는 것을 말한다. 여기에서 코호트(cohort)란 특정한 시기에 태어났거나 동일시점에 특정한 사건을 경험한 사람들을 지칭하는 말이다. 예를 들어, 386세대, 2차대전 후의 베이비붐 세대, X세대, N세대, P세대, 2005학번, 1980년 출생자 등이 동시경험집단이 된다.

추세연구에서는 조사대상이 되는 집단구성원의 모집단이 변화하는 것과 달리 동시경험집단연구에는 집단구성원의 모집단이 변화하지 않는다. 또한 패널연구는 패널로 선정된 동일한 사람을 조사대상으로 하지만, 동시경험집단연구는 집단구성원의 모집단은 동일하지만 조사시점마다 표본으로 선정된 조사대상은 변할 수 있다.

3. 사례연구

(1) 사례연구의 의의

사례연구(case research)는 특정대상을 연구목적과 관련하여 가능한 모든 각도에서 종합적으로 연구하는 것이다. 사례연구는 하나의 개별적 또는 집단적인 사례(현상)의 실체를 집중적으로 조사하는 것으로, 비교 또는 통제집단이 없고 모집단이 직접적인 연구대상이 되는 연구이다. 사례연구는 명제나 가설의 검증이 아니고 오직 연구대상에 대한 기술과 탐색을 주목적으로 한다는 점에서 설명적 연구와 구별된다. 따라서 새로운 아이디어의 발견을 위한 예비연구와 같은 성격을 지닌다. 그리고 시간의 흐름에 따라 일정기간 동안 연구하는 종단면적 연구방법이다. 하지만 분석단위의 수가 매우 적다는 점에서 연구의 결과에 대해서 일반화를 시도할 수 없으며 보통 문제해결을 제시해 주지 않는다. 예를 들어, 비행학생의 성격, 성장환경, 학교생활, 동료관계, 부모와의 갈등, 가정경제 상황 등을 통해서 그의 비행행동을 설명할 수 있는 요인들을 연구하였다. 연구자는 비행학생이 비행행동을 하게 된 원인이 성장환경과 관계가 있었다고 판단하였다. 연구자는 이런 연구결과를 통해 열악한 성장환경이 비행행동과 관련이 있다고 일반화할 수는 없다. 그것은 그 학생에 해당되는 것이지 다른 학생에게 해당되는 것은 아니다.

(2) 사례연구의 종류

사례연구는 개인에 관한 사례연구와 집단에 관한 사례연구가 있다. 개인에 관한 사례연구는 분석단위를 개인에게 초점을 맞춘 것으로 일기, 편지, 자서전과 같은 개인의 행동 및 사생활에 관한 기록을 검토하여 간접적으로 연구하는 방법과 개인의 행동 및 사생활의 경험을 연구원이 면접·관찰 등의 방법으로 직접 연구하는 임상적 연구방법이 있다. 경찰학연구에서 개인의 일탈행동이나 반사회적 행동을 집중적으로 연구하는 경우가 해당된다.

다음 집단에 관한 사례연구는 분석단위를 집단에 초점을 맞추고 지역집단, 문화집단, 종교집단 등 특정사회집단의 형성과정과 특징을 면밀히 파악하기 위한 연구이다.

(3) 사례연구의 장단점

사례연구의 장점으로는 ⓐ 연구대상의 핵심적 문제를 집중적 연구하므로 사실의 깊이를 파악할 수 있고 ⓑ 탐색을 통해 본연구를 위한 예비연구로 활용할 수 있으며 ⓒ 어떤 상황의 특수성을 명확히 파악할 수 있다. 그리고 ⓓ 개개 상황에 관련된 문화적 환경·배경 등 전체적 연관성을 파악할 수 있다.

그러나 단점으로는 ⓐ 연구결과를 일반화시키기 어렵고 ⓑ 자료의 신뢰성을 확보할 수 없으며 ⓒ 자료를 수집하는 데 시간과 비용이 많이 들고 ⓓ 연구자의 가치·주관이 개입되기 쉬우며 ⓔ 연구방법의 과학성이 부족하다. 그리고 ⓕ 적절한 사례 설정이 어려워 접근 가능한 인접사례가 선정될 가능성이 높다.

〈표 2-3〉 사례연구와 서베이 조사의 비교

사례연구	서베이 조사
조사대상을 질적으로 파악하고 기술	양적인 측면에서 파악하고 기술
소수대상의 여러 가지 복합적 요인에 대한 복합적 관찰	많은 대상의 특정차원을 획일적으로 조사
조사대상 개개의 특수성을 추구	조사집단의 공통분모적인 성질인 대표성을 추구
조사대상의 내면적/동태적 양상을 수직적으로 파고드는 조사	조사대상의 표면적 구조단면을 수평적으로 전개하는 조사
micro적	macro적

(4) 사례연구의 실제

Puri 등(1997)은 인도의 2개 마을 지역에서 발생한 테러에 관한 사례연구를 수행하였다. 펀잡(Punjab)에서 이 두 개 지역은 테러집단이 대규모의 인원을 모집하고 있고 광범

위한 테러활동과 살해가 발생하는 것으로 알려져 있다. 테러리스트, 그들의 가족, 동조자, 감시자, 경찰관들을 대상으로 개방면접을 실시한 결과, 미시적-거시적 수준에서 흥미있는 결과가 제시되었다. 먼저 미시적 분석수준에서, 사례연구는 테러리스트들의 개인별 프로파일을 개발하였다. 테러리스트들이 테러집단으로 들어갈 때는 거의 모든 사람이 25세 미만의 젊은 연령층이었다는 점과 대부분 다른 테러리스트들과 친척관계였다는 점이다. 그러나 일반적으로 알려진 관념과는 달리 테러리스트들은 특별한 정치적 또는 근본적 지향점을 가지고 있지 않다는 것이다. 테러리스트들의 사회경제적 배경은 가난하거나 토지를 소요하고 있지 않으며 농사일을 하고 있다는 점이 거의 비슷하였다.

거시적 분석수준에서는, 테러집단이 활동하고 있는 지역에서 농업경제의 구조적 변화가 나타났다는 것이다. 테러리스트들과 그들 가족들은 그 지역으로 이주를 하였으며, 만약 이주를 하지 않았다면 변화하는 경제 때문에 아픈 고통을 당했을 것으로 생각된다. 그러나 만약 한 가지 이유 때문에 테러리스트로서 일하게 되고 특정 목표를 공격할 것이라고 여긴다면, 대부분의 테러리스트들은 기껏해야 보잘것없는 도둑질하는 사람이거나 나쁜 기질을 가진 사람들에 불과하다는 것으로 분석하였다.

제4절 자료수집방법에 따른 분류

1. 양적 연구

양적 연구(quantitative research)는 사회현상을 연구하기 위해서 연구대상의 속성에 숫자(number)를 부여하여 자료를 수집하며, 그 자료를 분석하는 데 기술통계와 추리통계라는 통계분석기법을 사용한다.

양적연구의 대표적인 방법은 실험(실험설계와 준실험설계 포함)과 서베이(횡단면적설계와 시계열설계 포함), 내용분석, 통계자료 등을 들 수 있으며, 자료수집 수단으로 설문지 또는 구조화된 면접을 사용하여 표본으로부터 수집된 정보를 토대로 모집단에 대한 일반화를 추구한다. 사회과학 분야에서 또는 각종 여론연구에서 사용하는 설문지 기법이 여기에 해당된다.

양적 연구의 특징은 다음과 같다.
① 객관적 사실에 대한 설명과 예측에 중점을 두는 논리실증주의의 입장이다.
② 통제된 실험 및 관찰과 구조화된 면접(정형화/공식적)을 사용한다.
③ 결과지향적이고 안정된 현상을 가정한다.
④ 확인지향적이고 추론적이며 연역적이다.
⑤ 연구자는 연구가 이루어지는 연구대상과는 독립적이고 연구자의 주관을 배제한 객관화된 척도를 사용함으로써 가치중립적이며 편견을 배제할 수 있다.
⑥ 사용하는 언어는 일단의 정의에 기초하고 있으며 공식적이고 일반적으로 합의된 양적 언어를 사용한다.
⑦ 수집된 자료는 신뢰성 있고 반복 가능한 특징을 가지고 있으나, 인위적 조작으로 인해 타당도는 떨어진다.
⑧ 일반화가 가능하다.
⑨ 대규모 분석에 유리하며 자료분석 시간이 적게 걸린다.

2. 질적 연구

질적 연구(qualitative study)에서 자료는 숫자로 표현되는 것이 아니라 단어(words)의 형태로 수집되며, 자료에는 주제와 범주(categories)로 구분하여 분석하게 된다.

질적 연구의 자료수집방법은 현장연구, 참여관찰, 심층면접, 역사적 비교연구, 생활사 등과 관련된 각종 문서, 시청각 자료(사진, 비디오테이프, 예술품, 컴퓨터소프트웨어, 필름) 등이 사용된다.

질적 연구의 특징은 다음과 같다.

① 주관적이며 연구 참여자와 연구자간에 상호작용을 통해 연구가 진행되기 때문에 가치지향적이고 편견이 개입된다.

② 질적 연구에서는 비공식적인 언어를 사용한다.

③ 주관적인 동기의 이해와 의미해석을 하는 현상학적 · 해석학적 입장이다.

④ 비통제적 관찰, 심층적 · 비구조적 면접을 실시한다.

⑤ 발견지향적이고 탐색적이며 서술적이고 귀납적이다.

⑥ 자료수집이 개방적이고 자연적 언어를 사용한다.

⑦ 수집된 자료는 타당성이 있고 실질적이다. 그러나 주관적인 개입으로 신뢰성이 낮고 일반화가 곤란하다.

⑧ 소규모 분석에는 유리하고 자료분석 시간이 많이 소요된다.

〈표 2-4〉 양적 연구와 질적 연구의 특징

구 분	양적 연구	질적 연구
공 통 점	기본적 논리, 경험적 자료를 토대로 특정의 현상에 대한 과학적 추론을 추구	
발 생	전통적, 실증적, 실험적, 경험주의적 패러다임 계승	구성주의적 접근, 해석적 접근, 후기실증주의적 관점 등 다양
분 석	자료분석에 통계분석기법 사용	자료는 주제와 범주로 구분되어 분석
관 심	개인의 주관적 상태에 관심 없다	행위자 자신의 준거 틀에 입각하여 인간의 행태를 이해하는데 관심을 갖는 현상학적 입장
측 정	강제적 측정, 통제된 측정	자연주의적, 비통제적 측정
인 식 틀	객관적	주관적
지 향	결과 지향	과정 지향
자료성질	신뢰성 있는 자료, 반복가능성	타당성 있으며 실질적이고 풍부하며 깊이 있는 자료
일 반 화	일반화 가능	일반화 불가능
가 정	안정적 현상	동태적 현상

제5절 변수통제 가능성에 따른 분류

1. 실험설계

실험설계란 연구에 사용된 독립변수(실험치)를 조작하여 그 조작의 결과가 종속변수 즉, 인간의 행동에 어떠한 영향을 미치는가를 평가하는 방법이다. 실험설계는 변수 간의 인과관계를 밝혀 앞으로의 사건을 예측하는 데 사용된다. 실험설계에 대해서는 제5장에서 자세하게 설명한다.

2. 비실험설계

비실험설계는 독립변수가 연구자에 의해 조작된 것이 아니라 이미 노출된 상태이거나 인위적으로 조절이 불가능한 상태에서 독립변수와 종속변수의 관계를 사후적으로 파악하는 조사설계이다. 비실험설계는 공동의 변화, 한 변수가 시간적으로 우선 실행, 제3의 요인 배제 등 인과관계의 구성요소를 충족하지 못하는 조사설계이다.

〈표 2-5〉 조사유형 정리

연구목적	사용용도	연구시점	자료수집방법	변수통제가능성
탐색적 연구 기술적 연구 설명적 연구	기초연구 응용연구 -실행연구 -평가연구	횡단면적 연구 종단면적 연구 - 패널연구 - 추세연구 - 동시경험집단 연구	양적 연구 - 실험 - 서베이 - 내용분석 - 통계자료 질적 연구 - 현장조사 - 역사적 비교 - 참여관찰 - 심층면접 - 생활사	실험설계 비실험설계

▶ 연습문제 ◀

1. 탐색연구, 기술연구, 설명연구의 차이점을 설명하시오.
2. 청소년의 음주실태 및 금연실태가 범죄행동에 영향을 미치는가를 알아보려고 한다.
   적절한 연구방법은 무엇이며 왜 그 방법을 사용해야 되는가를 설명하시오.
3. 경찰학연구에서 응용연구가 왜 중요한지를 설명하시오.
4. 횡단면적 연구와 종단면적 연구를 비교 설명하시오.
5. 패널연구, 추세연구, 그리고 동시경험 집단연구를 비교 설명하시오.
6. 경찰학연구에서 양적 연구와 질적 연구의 예를 들어 비교 설명하시오.

제3장

과학적 연구의 절차와 계획

1. 과학적 연구의 절차

과학적 연구과정은 일련의 연속적 과정이다. 연구과정이 다양하게 접근되고 제시되고 있지만, 대부분의 연구과정은 다음 〈그림 3-1〉과 같이 7가지 단계로 제시된다.

연구자가 첫 번째로 수행해야 될 과정은 주제 즉, 연구문제를 선정하는 것이다. 주제가 선정되고 나면 연구의 방향을 설명할 수 있도록 주제를 연구 질문으로 구체화시키는 것이다. 예를 들어, "정부형태와 부패와의 관계에 관한 연구"라는 주제로부터 "권위주의 정부가 민주적 정부보다 더욱 부패한가?"로 연구 질문을 이끌어내야 한다. 주제를 연구문제로 구체화하기 위해서 대부분의 연구자는 과거 선행연구(문헌)들을 검토해야 한다. 또한 연구문제 단계에서는 가설이라고 할 수 있는 잠재적인 해답을 개발해야 하는데, 이 단계에서 이론(theory)이 중요한 소스를 제공하게 된다.

주제로부터 연구문제가 제시되고 나면 연구설계를 구축해야 한다. 연구자는 연구를 구체적으로 어떻게 수행해야 될 것인가에 대한 계획을 세워야 한다. 연구설계 단계에서는 실제 연구를 수행할 수 있도록 구체화되어야 한다. 연구질문에 대한 개념을 정의하고 개념을 어떻게 측정할 것인지, 누구를 대상으로 측정할 것인지, 자료수집은 어떤 방법으로 하고 수집된 자료를 어떤 분석방법으로 분석할 것인지, 피실험자들을 어떻게 이용할 것인지, 그들에게 무엇을 질문해야 될 것인지 등이 포함되어야 한다. 연구설계가 구체적이고 체계적이며 명확하지 않게 되면 연구진행은 원활하게 이루어질 수 없게 되며 연구시간과 비용이 계획했던 것보다 초과될 수 있다.

연구설계가 구축되고 나면, 연구자는 자료 혹은 증거를 수집할 준비를 해야 한다. 자료수집 단계에서는 1차 자료로 연구할 것인지 아니면 2차 자료로 연구할 것인지를 결정해야 한다. 1차 자료는 연구자가 직접 수집하는 자료이고, 2차 자료는 다른 사람에 의해 이미 정리되어 있는 자료를 의미한다. 2차 자료는 1차 자료에 비해 경제적이고 편리하게 획득할 수 있으나 연구목적에 직접적인 자료를 제공해 주지는 못한다. 대부분의 의사결정은 1차 자료에 의존하는 경우가 많다. 자료수집 방법은 제8장에서 자세하게 설명한다.

자료가 수집되면, 다음 단계는 자료에 의해 나타나는 패턴을 볼 수 있도록 자료를 분석하는 일이다. 패턴은 연구자가 자료를 해석할 수 있도록 의미를 부여해주는 역할을 한다. 예를 들면, "공공재산을 민영화하는 정부는 그렇지 않는 정부보다 더욱 부패하다"라는 의미를 제공하는 것이다. 마지막으로, 연구결과에 대한 보고서를 작성하고 이해관계자들(연구위탁기관)에게 보고하게 되면 연구가 종료하게 된다.

<그림 3-1> 연구과정의 단계

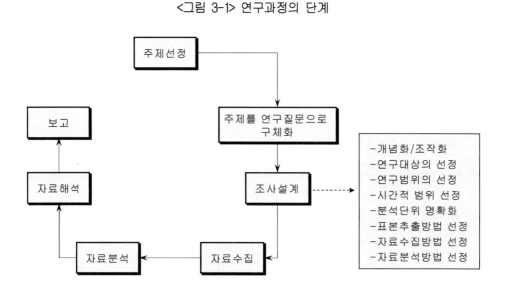

2. 과학적 연구절차 실제

연구과정에 대한 각 단계별 이해를 높이기 위해 1992년 Lonnie Athens가 제시한 "위험한 폭력범죄의 창조"(The Creation of Dangerous Violent Criminals)라고

불리는 연구과정을 소개한다.

■1단계: 주제선정

이 연구는 사회적 경험과 위험한 폭력범죄 유발 간의 관계에 대해 관심을 가지고, 온순한 개인이 어떻게 악한 범죄자로 변모되는가를 발견하고자 하였다.

■2단계: 연구질문

Athens는 널리 알려진 사회학자 Herbert Blumer의 제자로서 Blumer의 상징적 상호작용(symbolic interaction) 이론을 구체화하였다. 상징적 상호작용 이론에 의하면, 범죄자가 처해 있는 상황을 어떻게 정의하는가를 학습하기 위해서는 자신이 가지고 있는 인식 또는 의식의 관점에서 출발해야 한다는 것이다. Athens는 위험한 폭력행동이라고 불리는 충동적 폭력행동의 유형에 관심을 가졌다. 폭력행동은 분노가 약간 있거나 전혀 없을 때도 발생할 수 있다는 것이다.

■3단계: 연구설계

연구방법으로 개인을 심층면접하기로 결심하였고, 경험한 폭력범죄와 생활에서 가장 중요하게 생각하는 것을 이야기하도록 하였다.

■4단계: 자료수집

Athens는 폭력범죄를 저지른 성인 죄수를 대상으로 면접을 실시하였으며, 또한 청소년들도 포함시켰다. 그들은 체포되거나 유죄로 판결을 받기 이전에 폭력범죄행동에 대해 솔직하게 말하도록 하였다.

■5단계: 자료분석

자료분석을 위한 Athens의 구상은 그들의 폭력행사에 대한 발달경험 패턴을 찾고자 하였다. 폭력에는 어떤 사회적 경험이 존재하며, 사회적 경험이 그들의 충동폭력을 유발하게 했을 것이라고 보았다.

■6단계: 자료해석

Athens는 4가지 중요한 사항을 발견하였는데, 공통적으로 응답자의 청소년기 생활경험이 작용하는 것으로 발견되었다. 첫 번째 경험은 누군가로부터 신체적 학대를 포함한 잔인성을 경험했다는 것이다. 즉, 어머니, 가족과 같은 응답자들과 감정적으로 가장 가까운 사람이 신체적 학대를 받는 것을 직접 목격했다는 것이다. 두 번째 경험은 일종의 폭력에 대응하는 내성과 폭력에 대해서는 "눈에는 눈"이란 방법으로 대응한다는 것이다. 세 번째 경험은 누군가와 싸우고 중대한 피해를 끼치려는 난폭성이다. 네 번째 경험은 주변의 사람들이 그들을 "폭력 꾼"이라고 부르는 경우이다. 결국 Athens는 비폭력의 사람들이 위험한 이들을 경험함으로써 이들이 폭력범죄자로 변모된다는 것을 주장하였다.

제2절 과학적 연구의 분석단위

과학적 연구에서 분석단위란 연구자가 그 속성 또는 특징에 관한 자료를 수집하고, 기술, 설명하고자 하는 사람이나 사물로 자료를 수집하는 단위를 말한다. 분석단위는 '누구 또는 무엇을 연구할 것인가'와 관련된 개념이다. 누구 혹은 무엇은 연구주제를 말하는 것이 아니라 조사대상을 말한다. 예를 들어, 경찰공무원들의 연령, 성별, 출생지, 태도를 조사하는 경우 분석단위는 개인이다. 그러나 연구자는 궁극적으로 전체 경찰공무원의 특징으로 나타낸다. 분석단위는 그 단위의 속성을 집계하여 보다 큰 집단을 기술하거나 어떤 추상적인 현상을 설명하기 위하여 자료를 수집하는 단위이다.

1. 과학적 연구의 분석단위

(1) 개 인

사회과학연구에서 전형적인 분석단위는 개인이다. 개개인의 특성에 관한 자료를 집계하여 전체 집단의 특성을 설명하고 예측하려할 때 분석단위는 개인이다. 각 개인의 성, 연령, 출생지, 태도, 성격, 성장배경 등 개인적 특성이 어떻게 차이가 나는지를 기술할 때 개인이 분석단위이다. 사회집단이나 사회적 상호작용을 연구하는 경우에도 개인을 분석단위로 한다. 연구자가 비록 어떤 특성을 다루기는 하지만 분석단위는 개인이다. 예를 들어, 범죄자들, 폭도들, 지역사회주민들, 학생들, 선거유권자들, 공무원들, 회사원들 등 집단으로 표현되지만 분석단위는 개인이다. 이들 집단은 개인들이 모여 이루어진 모집단이라는 의미를 가지고 있다.

분석단위인 개인은 자신이 속한 사회적 집단의 구성원으로 표현되기도 한다. 예를 들어, 어떤 사람을 가난한 계층 혹은 부자계층이라고 표현하기도 하고, 도시에서 학교를 나온 사람과 시골에서 학교를 나온 사람이라고 하는 경우 이 때 분석단위는 가정이나 지역이 아니라 개인이 된다.

(2) 집 단

사회집단도 분석단위가 될 수 있다. 분석단위로서 사회집단은 집단 속의 개인을 연구하는 것과는 다르다. 예를 들어, 폭력조직의 구성원들에 대해서 연구하기 위해 폭력조직에 속한 사람들을 조사하고자 한다면 분석단위는 개인이다. 반면에, 어떤 지역에서 활동하고 있는 모든 폭력조직을 조사대상으로 하여 폭력조직 간의 여러 가지 특징을 연구하고자 한다면 그 때는 폭력조직이라는 사회집단이 분석단위가 된다.

사회적 집단이 분석단위가 되는 경우 집단을 구성하고 있는 개인별 특성이 그 집단의 특성으로 묘사되기도 한다. 예를 들어, 가정을 분석단위로 하는 경우 가장(아버지)의 연령이나 소득, 교육수준 등을 가지고 그 가정을 특징지을 수 있다. 학력이 높은 가장이 있는 가정과 학력이 낮은 가장이 있는 가정 간의 소득수준을 비교해 볼 경우에는 가정이 분석단위이다. 만일 대졸 이상인 사람이 그렇지 않은 사람보다 소득이 더 많은지를 알고자 한다면 분석단위는 개인이다.

(3) 프로그램, 정책, 사업

응용조사에 해당되는 평가조사의 경우 프로그램, 정책, 사업이 분석단위가 되는 경우가 있다. 범죄예방프로그램을 운영하고 있는 경우 프로그램 자체가 분석단위가 된다. 이 경우에도 프로그램 대상자인 개인이 분석단위가 되는 경우와 프로그램 그 자체가 분석단위가 되는 경우는 구분되어야 한다. 전국 시도에서 동일한 프로그램으로 운영되고 있고 그 성과를 비교분석하고자 하는 경우 프로그램 자체가 분석단위가 된다.

(4) 공식조직

회사, 학교, 군부대와 같은 공식조직이 분석단위가 되는 경우가 있다. 사회복지에서 대표적인 예가 경찰서이다. 여기에서 경찰서라는 말은 전국의 모든 경찰서를 모집단으로 보는 것이다. 각각의 경찰서는 경찰공무원수, 예산규모, 범죄검거율, 사건발생 건수, 지역주민의 치안서비스 체감도 등을 기준으로 나타낼 수 있다. 또한 대학별로 취업자 수를 조사하는 경우, 회사별로 연간 매출실적을 조사하는 경우에는 공식조직이 분석단위가 된다.

(5) 지역사회, 지방정부, 국가

사회과학조사에서 지역사회, 지방정부나 국가 등을 분석단위로 선정하는 경우도 있다. 예를 들어, 지역마다에서 사건발생 건수를 조사 비교하는 경우, 지방자치단체별로 자치경찰의 서비스 수준을 조사하는 경우, 국가별로 경찰예산 비율을 조사하는 경우 등이 여기에 해당된다.

(6) 사회적 생성물

사회적 생성물에는 모든 종류의 책, 시, 그림, 노래, 자동차, 건물, 도자기, 주택 등 문화항목이라고 불리는 여러 형태의 사회적 매체가 포함되는데 사회적 생성물의 분석단위는 주로 내용분석에서 사용된다. 사회적 생성물을 분석단위로 하는 경우 조사자는 이들의 규모, 무게, 길이, 가격, 내용, 그림의 수, 판매고, 저자에 관한 기술 등에 관해 초점을 맞추게 된다.

예를 들어, 어느 한 신문의 사설들 가운데 농민집회에 대한 경찰의 대응에 관한 사설만을 골라 그 내용을 분석함으로써 사설을 쓴 사람의 농민집회에 대한 경찰의 대응에 대한 견해가 어떻게 바뀌어 왔는지를 기술 또는 설명할 경우, 한 편의 사설을 분석단위라고 할 수 있다. 사회적 상호작용 자체가 분석단위가 될 수 있다. 주먹다짐을 하는 사례를 보자. 어느 한쪽은 윗옷을 훌훌 벗어 던지고 싸우는 경우와 다른 한쪽은 그렇지 않은 경우에 주먹다짐에서 어떤 쪽이 기선을 제압하는가를 알아보려고 한다. 이때 분석단위는 싸우는 개인이 아니라 주먹다짐이라는 상호작용이다. 마찬가지로 부부싸움의 정도가 이혼으로 치닫는 경우를 알아보려고 한다. 부부가 싸우는 과정에서 입에 담지 못할 심한 욕을 하면서 하는 경우와 가정의 물건을 내던지고 파손하면서 하는 경우, 손찌검을 하면서 싸우는 경우에 부부싸움이 분석단위가 된다. 이 밖에 사회적 상호작용에 해당되는 분석단위로는 친구 선택하기, 결혼, 이혼, 소송사례, 교통사고, 비행기 납치, 청문회 등을 생각해 볼 수 있다.

지금까지 사회과학에서 생각해 볼 수 있는 분석단위들을 살펴보았다. 사회과학 연구에서 연구자가 자신의 연구에서 분석단위가 무엇인지를 확실히 이해하고 있지 못하다면 누구 또는 무엇을 연구하기 위해서 어떤 관찰이 필요하다는 것을 결정할 수 없기 때문에 반드시 분석단위를 결정해야만 한다. 분석단위가 결혼(이혼)인지 아니면 결혼(이혼)하는 당사자인지, 청소년 비행인지 아니면 비행 청소년인지, 경찰관인지 아니면 그 경찰관 소속 공무원인지, 대학인지 아니면 대학의 구성원인지, 지방정부인지 아니면 지방정부의 공무원인지, 병원인지 병원의 간호사인지를 반드시 구별할 수 있어야 한다.

실제 연구에서 보면 연구에 따라서는 하나 이상의 분석단위에 대해 기술하거나 설명하는 경우도 있을 수 있다. 이런 경우, 연구자는 자신이 어떤 분석단위에 대해서 어떤 결론을 내리고자 하는지를 반드시 이해하고 있어야만 한다.

- 여자들은 남자보다 TV를 더 많이 본다(개인)
- 흑인들은 백인보다 하루에 평균 약 45분 정도 TV를 더 많이 본다(개인)
- 경찰관의 경사계급과 경위계급 간에 직무만족도에 차이가 있다(집단)
- 수사권에 대한 검찰과 경찰 간 입장 차이가 있다(집단)
- 아동성범죄예방프로그램의 효과에 관한 평가를 연구하였다(프로그램)
- 경찰서별로 치안서비스 수준에 차이가 있었다(공식조직)
- 대학별로 취업자 수에 차이가 있다(대학)
- 전국의 도시 가운데 범죄율이 최근 3년 동안 0%에 해당되는 도시는 6개에 불과하다 (도시)
- 배아줄기세포에 관한 신문사설을 조사 비교하였다(사설)
- 집회에 대한 경찰의 대응에 관한 신문사설을 조사하였다(사설)
- 가정폭력에 대한 실태를 조사하였다(가정폭력)
- 학교폭력 조직이 사회폭력 조직으로 어떻게 연계되는가를 조사하였다(집단)

---

2. 분석단위 선정과 해석상의 오류

실제 연구에 있어서 분석단위의 선택과 식별이 항상 절대적이고 배타적이지 않다는 것과 개인에 대한 자료를 종합하여 모집단에 대해 기술할 경우 오류를 범할 가능성이 있다. 이런 문제는 분석단위에 대한 이해가 명확하지 않았을 때 조사연구 과정에서 표본을 추출하는 문제, 연구결과를 해석할 때 논리적으로 오류를 범할 수 있다는 것이다. 대표적인 논리적 오류가 생태학적 오류와 환원주의적 오류이다.

(1) 생태학적 오류

생태학적 오류(ecological fallacy)란 어떤 분석단위(주로 집단)를 채택하여 조사·

연구한 결과에서 얻은 결론을 다른 분석단위(개인)에 적용시킬 때 범할 수 있는 오류이다. 생태학적 오류의 예는 분석단위가 집합적인 경우에 범하기 쉽다. 예를 들어, 도시지역의 고등학교에는 농촌지역의 고등학교보다 부모의 경제적·사회적 지위가 높은 학생이 많다고 한다. 조사결과 도시지역의 고등학교 학생들의 탈선이 농촌보다 많다고 한다면, 부모의 경제적·사회적 지위가 높을수록 탈선하는 학생이 많다고 결론을 내릴 수 있을까?

(2) 환원주의적 오류

분석단위에서 또 하나는 개별수준의 연구결과를 집단수준의 연구결과로 환원시킬 때 발생하는 오류와 변수 및 개념의 종류를 지나치게 한정시키거나 한 가지로 환원시키려는 경향을 환원주의적 오류 또는 축소주의적 오류(reductionism fallacy)라고 말한다.

환원주의적 오류의 예를 보면, 탈선이 높은 학생들에 대한 부모의 거주지역과 경제적·사회적 지위를 조사한 결과 학생들은 농촌지역 고등학교에 다니며 그 부모들은 경제적·사회적 지위가 낮은 것으로 나타났다. 농촌지역 고등학교 학생은 도시지역 고등학교 학생에 비해 탈선이 높다고 단정 지을 수 있을까?

<그림 3-2> 생태학적 오류와 환원주의적 오류

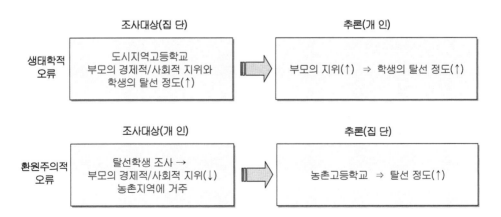

제3절   연구계획서 작성

1. 연구계획서의 의의

연구를 수행하기 위해서는 먼저 연구계획서를 작성해야 한다. 본인이 비용을 들여 연구를 수행하든 정부기관 및 단체로부터 연구비를 지원 받아 연구를 수행하든 간에 연구를 체계적으로 수행하기 위해서는 연구계획서를 작성해야 한다.

연구계획서는 연구의 목적과 내용, 대상, 자료수집방법, 조사도구, 연구일정, 비용 등을 체계적으로 밝힘으로써 이해관계자들이 연구의 방향을 이해하고 연구수행에 필요한 사항이나 자원을 미리 준비하는 데 필요한 정보를 제공하는 문서이다.

2. 연구계획서의 내용

일반적으로 연구계획서에 포함되어야 할 내용은 다음과 같다. 이러한 내용은 원칙 또는 법칙이 있는 것이 아니라 연구자, 연구수행기관, 연구발주기관 등에 따라서 다를 수 있다.

(1) 연구계획서 작성 시 고려사항

1) 연구주제의 독창성

연구주제는 독창성이 있어야 한다. 독창성은 연구주제 간의 독창성과 연구방법의 독창성으로 구분된다. 연구주제의 독창성은 ⓐ 지금까지 연구되지 않았던 주제인가, ⓑ 새로운 지식 또는 이해를 창출하는가, ⓒ 새로운 해석이나 적용을 가능하게 하는가 등을 검토해야 하며 연구방법의 독창성에는 ⓐ 독창적인 연구 방법론을 모색하는가, ⓑ 새로운 자료수집 방법(도구)을 시도하는가, ⓒ 새로운 분석 기법을 활용하는가 등이 고려되어야 한다.

2) 연구내용의 적절성

연구내용이 적절한가를 검토하기 위해서는 ⓐ 연구내용 범위가 적절한가, ⓑ 연구되어야 할 핵심적인 내용들을 포괄하는가, ⓒ 포함된 내용들은 연구목적 달성에 필수적인 것들인가 등이 고려되어야 한다.

3) 연구방법의 타당성

연구방법이 타당한가를 검토하기 위해서는 ⓐ 연구문제 해결에 적합한 접근방법인가, ⓑ 자료수집 방법은 적절한가, ⓒ 자료분석(실험 또는 이론계산) 및 결과해석 방법은 적절한가 등이 고려되어야 한다.

4) 연구 실행계획의 구체성

연구를 구체적으로 실행하는 데 있어서 ⓐ 연구 추진과정이 체계적으로 계획되어 있는가, ⓑ 자료수집, 분석, 해석 방법과 도구가 구체적으로 기술 되어 있는가 등이 고려되어야 한다.

5) 선행연구

연구와 관련하여 선행연구를 검토함으로써 이론의 탐색과 연구의 방향을 설정할 수 있다. 선행연구의 검토는 ⓐ 중요한 선행연구들이 정확하고 치밀하게 분석되었는가, ⓑ 참고문헌이 정확하게 제시되어 있는가 등이 고려되어야 한다.

6) 연구비의 적정성

연구목표 대비 연구비 규모가 적절해야 한다. 과도하게 계상되면 연구비가 남용될 것이고 너무 과소하게 계상되면 연구목표를 충실히 수행할 수 없게 된다. 연구비는 각 항목별로 조정 액수를 쓰고, 그 일치 정도를 비율로 환산한다.

〈표 3-1〉 연구비 항목

항 목	내 용

① 인건비	· 연구참여 수당
	  - 연구보조원 수당
	  - 연구원 수당

② 연구 활동 경비	· 연구활동비
	· 연구회의비
	· 여비
	· 유인물비(인쇄비, 수용비)
	· 공공요금 등 잡비
③ 직접성 경비	· 조사연구비
	· 문헌구입비
	· 재료구입
	· 장비사용료(임차료)
	· 연구기기비
계	

(2) 연구계획서 작성 순서

1) 제 목

제목은 연구내용을 함축하여 연구를 대표하는 이름이다. 일반적으로 흔히 쓰는 제목은 「~에 관한 연구」, 「~이~에 미친 영향」등이 사용되며, 제목이 긴 경우에는 소제목(부제)을 붙인다.

2) 연구의 필요성

연구의 필요성은 연구자가 "왜"라는 의문을 가진 것에 대한 질문이기도 하다. 질문은 체계적이어야 하는데, 만약 질문이 황당한 경우에는 질문에 대한 이해관계자의 동의를 얻지 못하게 된다. 질문이 체계적이고 새롭다는 것을 알리기 위해서는 다음과 같은 내용이 포함되어야 한다.

① 연구내용과 관련된 국내·외 환경 및 동향

② 연구수행의 필요성

③ 연구의 독창성

　가. 기존 내용의 현황(직접 관련된 연구내용 및 결과)

　나. 기존 내용과의 차별성

3) 연구목표 및 주요 핵심내용

연구의 필요성에서 질문이 제시되었으면 그에 따른 잠정적 해답이 제시되어야 한다. 연구내용과 관련된 이해관계자들은 실제 연구결과를 통해 무엇을 가져올 수 있는지에 많은 관심을 가지게 되고 그것이 달성될 수 있을 것이라는 기대 속에서 연구가 수행되어야 한다는 당위적 가치를 부여한다. 또한 그 연구결과가 누구에게 얼마만큼의 효과를 주고 영향을 미칠 수 있는지를 암시해 주어야 한다. 이에 대한 해답으로서 연구목표를 명확히 밝혀야 하며 어느 때 어느 지역에서 누구를 대상으로 어느 수준에서 조사할 것인가에 대한 윤곽이 제시되어야 한다.

① 연구목표

② 연구의 내용 및 범위

③ 연구대상

④ 연구방법

⑤ 예상되는 결과물

4) 추진체계 및 전략

추진체계에서는 연구를 실질적으로 수행하는 사람이나 단체가 연구단계별로 어떤 역할을 하는지를 밝혀야 한다. 그런 다음 연구목표 달성을 위한 추진전략과 전략별 세부 추진방법을 기술해야 한다.

① 추진체계

② 추진전략

　가. 연구목표 달성을 위한 추진전략

　나. 추진방법(추진전략별 세부 추진방법)

5) 전문가 활용방안

연구를 하다보면 연구성격상 관련 전문가의 도움을 받을 필요가 있다. 이런 경우 연구협력팀이나 국내외 전문가 그리고 세미나나 토론회 등을 통해 연구수행에 도움을 받고자 계획한다면 구체적인 운영계획이 포함되어야 한다. 예를 들면, 전문가집단을 어떻게 구성하고 무슨 내용의 도움을 받을 것인지, 운영기간은 언제부터 언제까지 할 것인지, 그리고 소요예상금액은 얼마나 될 것인지 등을 밝혀야 한다.

6) 연구결과에 대한 세미나/공청회 계획

연구성과물은 학회의 세미나 이해관계자의 공청회를 통해 공개적으로 발표되어야 한다. 연구성과물을 발표하는 경우 언제, 어느 학회 또는 어떻게 공청회를 개최하여 발표할 것인지를 밝혀야 한다.

7) 기대성과 및 활용방안

연구결과가 제시되었으면 성과물을 어떻게 활용할 수 있는지에 대한 방법론을 제시하여야 한다. 실천적·응용적 연구에서는 연구결과의 적용을 통해 문제가 해결될 수 있어야 하기 때문에 현장 실무자들이 업무에 쉽게 활용할 수 있도록 매뉴얼이나 지침 등을 통해 전달되어야 한다. 기대성과 및 활용방안에는 세부적으로 다음과 같은 사항이 제시되어야 한다.

　① 정책활용가능성

　② 경제·사회적 기여도

　③ 연구결과 활용방안

　④ 관련분야 예상파급효과

8) 추진계획

추진계획은 추진단계별 추진일정표로 이해관계자들에게 예정된 연구추진상황을 알려주는 것이며, 연구자들에게는 차질 없이 연구가 수행될 수 있도록 하는 방향타 및 지침이 되는 것이다.

〈표 3-2〉 연구추진계획표(예시)

추진단계		추진일정									
		2005년 1월	2월	3월	4월	5월	6월	7월	8월	9월	10월
■ 연구설계											
■ 문헌고찰											
■ 연구 협력 팀회의	- 1차회의										
	- 2차회의										
	- 3차회의										
■ 자료 수집 및 분석	- 사례조사										
	- 현황조사										
	- 면접조사										
	- 자료분석										
■ 분석결과 해석											
■ 학회 및 세미나 발표											
■ 새로운 방안 제시											
■ 개선방안 종합 및 보고서 작성											
■ 보고서 인쇄 및 납본											
주요 Milestone 완성점에서의 수행결과											
예산집행계획(천원)											
추진실적 제출시기											

▶ 연습문제 ◀

1. 과학적 연구의 절차를 설명하시오.

2. 생태학적 오류에 대해 사례를 들어 설명하시오.

3. 환원주의적 오류에 대해 사례를 들어 설명하시오.

4. 연구계획서 작성 시 고려사항을 설명하시오.

5. 연구계획서 작성 순서에 의하여 임의의 주제에 관한 연구계획을 작성하시오.

제4장
연구문제와 가설

과학적 연구의 출발은 사회현상에서 문제라고 생각되는 것에 대해 '왜(why) 저런 문제가 발생되었는가?' '저런 문제를 해결하기 위한 원인(cause)은 무엇인가'라고 하는 의문과 궁금증에서 출발한다. 의문과 궁금증이 제기되고 나면 그와 관련된 이론과 문헌을 통해 잠정적 해결책(가설)이 제시되어야 하고 이러한 문제와 가설은 경험적으로 검증이 가능해야 한다.

1. 연구문제의 선정

(1) 연구문제의 정의

사회과학에서 조사연구는 수많은 사회현상 중에서 자기가 관심을 갖는 분야나 사회적 요청으로 당면문제에 대한 바람직한 대안을 제시하기 위하여 연구주제를 선정하는 것으로부터 시작된다. 연구문제(research question)란 둘 혹은 여러 변수들 사이의 관계를 파악할 수 있도록 의문문 형식으로 기술한 것으로서 '둘 또는 그 이상의 변수 간의 관계에 대한 의문형의 문장'을 말한다.

연구문제는 변수 간의 관계로 형성되어야 하고, 명백하고 간결한 의문문 형태로 기술되어야 하며 경험적 검증이 가능하도록 작성되어야 한다. 연구문제는 '변수 A의 크기는 어느 정도인가?', '변수 A와 변수 B는 관련이 있는가?', '변수 A는 C의 조건하에서 B와 어떤 관계가 있는가?' 등으로 제시되어야 한다. 예를 들어, 치안질서에 효과를 미치는 프로그램의 영향은 어느 정도 될까? 치안서비스 프로그램 개입 및 규제로 문제는 개선되었는가? 부모의 감독과 자녀의 비행은 관계가 있을까? 가정생활의 만족은 직장생활의 만족과 관계가 있을까? 등과 같이 우리 주변의 모든 현상들이 연구문제의 대상이 될 수 있다.

(2) 연구문제의 정의과정

일반적으로 연구문제를 정의하는 과정은 〈그림 4-1〉과 같은 절차로 진행된다.

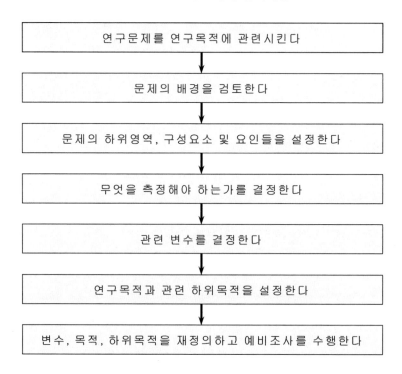

<그림 4-1> 연구문제의 정의과정

연구문제를 연구목적에 관련시킨다

문제의 배경을 검토한다

문제의 하위영역, 구성요소 및 요인들을 설정한다

무엇을 측정해야 하는가를 결정한다

관련 변수를 결정한다

연구목적과 관련 하위목적을 설정한다

변수, 목적, 하위목적을 재정의하고 예비조사를 수행한다

연구문제를 정의하는 과정은 연구문제가 설정되면 문제를 통해 해결하고자 하는 연구목적과 관련시키며, 연구문제와 관련된 이론탐구 및 선행연구를 통하여 이론적 배경을 제시한 후, 문제의 하위영역과 문제를 구성하고 있는 요인과 요소들을 설정한다. 다음으로 무엇을 측정해야 하는가와 관련변수를 결정하고 연구목적과 관련 하위목적을 명확히 밝히며 변수, 목적, 하위목적을 재정의(redefining)하고 예비조사(pilot study)를 수행한다. 여기에서 연구목적이라 함은 연구문제와 관련된 가설을 공식적으로 진술하고 연구문제를 통해 달성될 수 있거나 또는 해결될 수 있는 것이 무엇이고 어느 정도인가를 좀

더 명확히 하기 위해서이다.

2. 연구문제의 원천

연구문제의 원천(source)은 문제를 어디서 구할 것인가, 무엇을 연구할 것인가에 관한 것으로서, 다음과 같은 원천으로부터 연구문제가 도출된다.

(1) 기존이론이나 지식체계의 미비

연구자는 기존 이론이나 지식체계에서 미진한 부분이나 부족한 부분이 있다거나 기존의 연구결과들이 상호 모순되었을 때 또는 기존 지식체계로는 어떤 새로운 사실을 설명할 수 없는 경우에 연구문제를 도출하게 된다. 예를 들어, 청소년의 비행에 대해 기존 연구에서는 부모의 감독관계를 통해 살펴봤지만 부모감독이 원인변수로서 설명력이 낮다는 판단 아래 교우관계, 학교감독, 주변환경 등을 추가하여 청소년 비행을 살펴보려는 경우이다. 또 다른 예를 들면, 학교 내에서 학생들 간 폭력이 발생되고 있고 폭력의 정도가 성인폭력을 모방하는 경우가 많아 학교폭력에 대한 심각성이 우려되고 있다. 이에 대해 일부에서는 학교폭력을 예방하기 위해 학교경찰(school police)을 도입해야 한다고 주장하는 반면, 다른 한쪽에서는 학교에 경찰이 상주하게 되면 교권의 자율성이 침해될 우려가 있고 학교폭력이 그렇게 심각한 수준이 아니라는 주장을 내세우고 있다. 이럴 경우 연구자는 어느 쪽 주장이 사실을 가장 잘 설명해주는지를 알아보기 위해 '학교폭력의 실태'를 과학적으로 조사하려고 할 것이다.

(2) 사회적 요청

사회적으로 이슈가 되는 문제는 이의 해결을 위한 요청이 있게 됨으로써 연구문제로 형성하게 된다. 사회과학의 경우 정부나 사회복지재단, 각종 연구단체에서 특정의 연구문제에 대한 경험적 조사연구를 요청하는 경우가 있다. 예를 들어, 지역차별을 해소할 수 있는 방안에 관한 연구문제, 지역이기주의를 극복하고 지역간의 화합과 상호협력을 증진할 수 있는 방안에 관한 연구, 공무원들의 사기를 진작시킬 수 있는 방안, 지역사회 경찰활동을 통해 지역사회의 치안을 확보할 수 있는 방안에 관한 연구, 경찰공무원들의 사기를 진작시킬 수 있는 방안 등이 있을 수 있다.

(3) 개인의 취향과 경험

연구자들이 개인적으로 관심을 가지고 있는 분야나 일상생활에서 또는 직장생활에서 겪은 개인적 경험을 토대로 연구문제를 도출한다. 사회과학에서는 자신이 직접 경험한 현상에 대한 문제점이나 개선되어야 할 문제라고 생각하는 것에서 연구문제의 아이디어를 얻게 된다. 예를 들어, 직장생활에서 일찍 출근한 사람이 승진이 빠르다는 것을 관찰했다면, 출근과 승진 간에 어떠한 관계가 있는지를 연구주제로 정할 수 있다.

3. 연구문제의 고려사항과 평가기준

연구문제를 설정하는데 있어서 '좋은 연구문제'라고 평가할 수 있는 사항들을 제시하면 다음과 같다.

(1) 창의성 및 독창성

연구문제는 기존 지식체계에 대하여 새로운 쟁점, 다른 관점, 다른 접근방법을 제시하는 연구이어야 한다. 따라서 기존의 동일한 연구문제에 대하여 새로운 쟁점, 다른 관점, 다른 접근방법을 통해 살펴보고자 하는 경우에도 연구의 독창성 및 창의성(originality)이 있다고 말할 수 있다. 창의성 및 독창성은 기존 연구와 차별화한다는 뜻이 강하게 포함되어 있다. 예를 들어, 직무만족과 직무성과에 관한 기존에 많은 연구들이 있다. 연구자는 직무만족과 직무성과에 관한 문제가 경찰공무원들에게 적용되고 의미 있는 결과가 나오는가에 관심을 가지고 경찰공무원들을 대상으로 직무만족과 직무성과를 알아보려고 하는 경우 연구문제에 창의성이 있다고 말할 수 있다.

(2) 검증가능성

좋은 연구문제는 검증 가능해야 한다. 연구문제가 아무리 독창성이 있다고 하더라도 문제로 제시되는 질문은 실증적으로 검증 가능해야 하며, 검증결과 최종적으로 참(true) 또는 거짓(false) 여부의 판단이 가능해야 한다. 이를 위해서는 무엇을 검증해야 될 것인가에 대한 적절한 가설이 도출되어야 하고, 가설의 타당성 여부를 개연성(the degree of probability)에 의하여 판단할 수 있어야 한다.

(3) 도의적 배려

연구자가 어떤 분야의 문제에 대한 의욕과 관심이 높다고 하더라도 윤리적 문제를 고려하지 않을 수 없다. 연구문제가 사람들이 통상적으로 생각하는 윤리나 규범을 벗어나 개인의 사생활 침해가 예상되고, 조사대상자가 정신적 또는 신체적으로 손상을 입을 수 있는 것은 고려해야 한다. 사회과학의 목적은 바람직한 사회현상을 구현하는 데 있기 때문에 어떤 연구가 바람직하지 못한 사회현상을 가져올 수 있는 것이라면 좋은 연구문제라고 볼 수 없다. 가상적인 예이지만 예를 들어, 음주정도와 가정폭력 간의 관계를 알아보려고 피실험자들에게 술을 마시게 한 다음 음주자가 가정폭력을 어떻게 하는지를 관찰하는 경우이다.

(4) 실행가능성

연구는 현실적으로 실행할 수 있어야 한다. 연구를 위한 자료의 획득이나 구체적인 연구설계와 관련된 실행상의 문제로 시간·비용의 제약, 연구대상자의 확보가능성, 연구에 필요한 시설·기구 등 제반조건의 구비문제도 고려해야 한다.

(5) 이론적 의의

연구문제 해결을 통하여 관련된 사회현상을 이해하고 설명할 수 있어야 하며 미래예측을 위한 지식을 축적할 수 있을 때 이론적 의미가 있다고 하겠다. 이론에 근거하지 않는 연구문제는 모래 위에 건물을 짓는 것과 마찬가지다.

(6) 연구문제의 구조화

연구문제는 보다 구체적이고 명확하게 구조화되어야 한다. 연구문제가 구체적이고 명확하게 되어 있지 않으면 연구의 관찰가능성은 낮아지고 문제의 해결가능성 또한 낮아진다. 따라서 문제가 명확히 구조화되어 관찰가능성이 높아지면 해결가능성도 높아지게 된다. 특히, 연구문제가 추상적이고 너무 광범위하게 되면 실행가능성과 해결가능성도 낮아지게 된다.

(7) 용어의 명확화

연구문제에 포함된 용어의 정의가 명확히 규정되어 있지 않을 경우 모호성을 증대시켜 문제의 해결가능성을 저해하게 된다. 따라서 연구에서 사용되는 경험적 용어에 대한 명확한 조작적 정의를 통해 명확하고 구체적으로 규정해야 한다.

(8) 연구문제의 현실 처방성

연구결과가 현실 세계에서 발생하는 실제 문제의 해결에 얼마나 도움이 되는가를 고려해야 한다. 경찰학은 사회질서와 안녕을 해치는 경찰문제를 해결하기 위한 응용학문으로써 처방책을 제시해야 하는 실천성이 강조되고 있다.

제2절 이론의 의의

　경찰학연구에서 과학적 방법으로 무엇을 알기 위해서는 '현재까지 알고 있는 것'을 무시할 수는 없다. 우리가 무엇을 알고 싶어 한다는 것은 현재까지 알고 있는 것이 현실에 잘 맞지 않아 새로운 개선방법이라는 지식을 얻고자 함이다. 그렇다면 기존의 지식이 무엇 때문에 현실을 잘 설명해 주지 못했는가를 이해하기 위해서는 기존 지식의 보편적 원천이라고 하는 이론을 탐구해야 한다. 이론탐구는 연구주제의 결정 및 연구문제의 선정에서뿐 아니라 가설설정과 변수의 조작화 등 연구설계의 전 과정을 통해 기반이 되는 연구의 뿌리이며 뿌리에 자양분을 주고 보호해주는 토양 역할을 한다. 토양이 오염되어 자양분이 원활하게 공급되지 못하면 뿌리가 썩어 결국 나무 전체가 말라죽게 되는 것처럼 조사연구에 있어서도 이론의 기반이 튼튼하지 못하면 연구수행은 원활하게 진행되지 못하고 연구결과의 생존력(적용가능성)도 떨어지게 된다.

1. 이론의 정의

(1) 이론이란 무엇인가

　이론(theory)이란 사실 간의 관계를 유의미적으로 관련지은 것 또는 사실과 사실과의 관계에 논리적 연관성을 부여하여 그 타당성을 경험적으로 입증한 것을 의미한다. 이론은 현실세계에서 경험적으로 입증된 결과로서 제시되는 것이기 때문에 현실세계와 동떨어져서 생각할 수 없다. 그러므로 이론은 경험적으로 적용될 수 있어야 하고 어느 정도 법칙적인 일반성을 가져야 하는 것으로서, 그 구조가 체계적으로 상호 연결된 일련의 진술 또는 명제이어야 한다. 여기에서 명제(proposition)란 둘 이상의 개념들의 관계에 관한 진술로서 경험적 근거가 확인된 가설이라고 할 수 있다. 따라서 명제는 두 개 이상의 개념을 포함하는 것으로 개념 간의 관계에 의하여 실세계를 나타낼 수 있어야 한다. 명제에 관한 가장 일반적인 예를 들면,

명제 1: A이면 B이다.

명제 2: B이면 C이다. 따라서

명제 3: A이면 C이다.

경찰문제를 구성하고 있는 범죄이론은 사회이론의 특별한 형태로 범죄이론은 사회이론에 속한다. 사회이론(social theory)은 범죄와 정의 그리고 질서 이외에 사회현상의 광범위한 분야에 접근하게 된다. 사회이론을 통해 사회문제에 대한 개선과 해결이 범죄문제를 해결하는 데 실마리를 제공하게 된다. 따라서 경찰문제는 사회이론을 중심으로 사회문제의 큰 틀 속에서 접근되면서 구체적인 경찰문제에 초점을 맞추는 방법론이 요구된다.

(2) 이론에 대한 오해

사회과학의 중요기능이 실제를 잘 설명해 줄 수 있는 이론의 발전에 있다는 데는 모두 동의하지만, 이론의 의미에 대해서는 오해를 갖고 있는 경우도 있다.

1) 이론과 실제는 다르다는 인식

우리는 흔히 학자는 이론을 탐구하는 사람, 실무자는 현실의 문제를 해결하는 사람으로 인식하고 있다. 그러면서 이론은 학자들의 고유 영역이고 몫인데 반해 현실을 실천하는 것은 현장 실무자의 몫이라고 생각한다. 이런 생각을 가지게 되는 것은 근본적으로 이론과 실제를 별개의 것으로 인식하고 있다는 것이다. 이론은 실제의 경험적 증명을 통해 일반화된 것으로 실제와 별개의 것으로 생각할 수 없다.

그러나 많은 사람들이 "이론은 맞을지 모르나 실제는 다르다"라고 하는 표현은 좋지 않은 이론이라는 말이다. 좋은 이론은 실제에 잘 맞아야 한다. 좋은 이론이란 시공을 초월해서 많이 적용될 수 있는 이론이어야 하며, 반대로 실제에 맞지 않은 이론은 좋지 않은 이론이다. 더 나아가 실제에 맞지 않은 이론은 이론으로 개발하였다고 하지만 이론의 개발과정이 과학적 검증을 거치지 않았거나 조사설계가 잘못되었다는 것을 말해주는 것이다. 경찰학이 응용학문으로서 실제 경찰문제를 해결하는 데 기여할 수 있어야 되기 때문에, 실제에 적합하지 않은 이론은 좋지 않은 이론이다.

2) 이론과 철학의 혼동

철학이란 우리가 세상을 살아감에 있어 가장 중요하다고 생각되는 것을 탐구하는 학문이다. 세상을 살아감에 있어 가장 중요하다고 생각되는 것은 대개의 경우 인생관이나 세계관이다. 따라서 철학이란 인생관·세계관을 탐구하는 학문인 셈이다. 그러나 철학이 바로 이론이 되는 것은 아니다. 이론은 과학적으로 검증을 거친 것이지만 철학은 이론 이전의 단계이다.

2. 이론의 역할

과학적 연구에서 이론의 역할은 다음과 같다.

첫째, 연구의 주요 방향을 결정하는 토대이다. 연구자는 기존의 이론체계를 배경으로 하여 어떤 주제나 문제에 대해 조사함으로써 그 결과를 예측할 수 있는 연구의 방향을 결정할 수 있다.

둘째, 현상을 개념화하고 분류하도록 한다. 이론은 개념 관계를 제시함으로써 연구대상에서 필요한 사실의 제개념(諸槪念)을 쉽게 설명해주며, 현상을 적절히 분류하고 체계화하여 상호 연관짓게 하는 데 기초를 제공해준다. 예를 들어, 조사대상을 성별·연령별·교육수준별·경제수준별 등 어느 것에 의해 분류할 것인가의 문제는 기존 이론체계에 의해서 결정하게 된다.

셋째, 사실을 예측하고 설명해준다. 이론은 사실과 사실의 관계를 논리적으로 설명해 주기 때문에, 이론을 탐구하게 되면 탐구된 이론을 통해 새로운 사실을 예측할 수 있다. 예를 들어, 도시의 환경적 요소가 범죄예방에 영향을 미치는 요인으로 설명된다면, 도시의 환경을 개선하면 범죄율이 감소된다는 것을 예측할 수 있을 것이다.

넷째, 지식을 확장하게 해준다. 이론은 새로운 가설을 제시하고 그것을 과학적 검증도구로 관찰하여 일반화된 것이다. 따라서 새로운 가설이 채택되어 이론으로 성립되었다는 것은 지식의 확장을 의미하는 것이다. 이론의 구성 당시에는 알려지지 않았던 현상을 예측·설명할 수 있게 하여 지식과 이해의 폭을 넓혀준다.

다섯째, 지식의 결함을 지적해준다. 이론은 기존의 사실을 요약하여 일반화한 것이므로 우리가 잘못 알고 있는 지식을 조사·검증하여 올바른 지식으로 이해할 수 있도록 해준다. 연구문제의 원천 중의 하나가 기존 지식체계의 결함 또는 쟁점에서 출발한다. 연구자가 현실 개선을 위해 제시하는 연구문제나 가설은 기존에 사실과 사실이 논리적으로 연관되어 있다고 설명하는 지식체계가 미흡하거나 잘못 연결되어 있다는 판단과 의문점에서 출발하게 되는데, 그러한 판단과 의문점을 갖게 도와주는 것이 이론의 역할이다.

3. 이론의 분류

이론분류는 적용범위, 분석수준, 구체화 정도 등에 따라 구분할 수 있다.

(1) 적용범위에 따른 분류

1) 소범위이론

소범위이론(narrow-rang theory)은 좁은 범위의 현상에만 적용되는 이론이다. 과학적 연구에서 일상적인 연구에서 사용하는 연구가설 또는 작업가설(working hypothesis)이 대표적인 소범위이론에 해당된다. 예를 들어, 경찰관들의 치안서비스 제공 행태와 계급과의 관계에 관한 가설을 들 수 있다. 이러한 소범위이론은 다른 이론들과 결합하여 경찰관들의 서비스행태와 같은 중범위이론으로 발전할 수 있다.

2) 일반이론

일반이론(general theory)은 적용범위의 측면에서 가장 광범위한 것으로 하나의 학문분야 또는 전체 학문분야의 지식을 통합하기 위하여 제시된 이론을 말한다. 예를 들면, 파슨스의 사회체계론은 일반이론을 추구하려고 시도한 사례에 해당된다. 이러한 이론은 사회적 행태, 조직, 그리고 사회변화에 관한 모든 관찰된 현상을 설명하려고 시도한다.

3) 중범위이론

중범위이론(middle-range theory)은 소범위이론과 일반이론의 중간단계의 이론으로서 사회현상의 한정된 측면에만 적용된다. 사회학분야에서 중범위이론은 준거집단이론, 사회적 이동성이론, 역할갈등이론, 사회적 규범의 형성이론 등이 대표적이다.

중범위이론은 다음과 같은 특징을 가지고 있다. ⓐ 중범위이론은 구체적 가설을 논리적으로 도출하고 경험적 조사에 의하여 확증할 수 있는 제한된 수의 가정들로 이루어진다. ⓑ 중범위이론은 사회적 행태와 사회구조의 상이한 영역(differing spheres)을 다룰 수 있다. 따라서 중범위이론은 단순한 진술이나 경험적 일반론을 초월한다. 예를 들어, 사회갈등이론은 종족 및 인종갈등, 계급, 갈등, 그리고 국제적 갈등에 적용된다. ⓒ 이러한 유형의 이론은 소집단연구에서 찾아볼 수 있는 미시적 사회문제와 사회적 이동성 및 공식조직, 그리고 사회제도들의 상호의존성에 관한 비교연구에서 찾아볼 수 있다. ⓓ 많은 중범위이론들은 다양한 사회학적 사고의 체계와 조화된다. ⓔ 중범위이론은 지식획득의 기반을 마련하기 위해서 학습할 필요가 있는 것이 무엇인지를 분명하게 인식할 수 있도록 한다. 여기에서는 동시대의 모든 급박한 문제들에 대하여 이론이 명료화될 수 있도록 다루고자 한다.

(2) 분석수준에 따른 분류

1) 거시수준 이론

거시수준 이론(macro-level theory)은 국가, 사회 등 거시수준에서 작용하는 과정에 관한 이론으로, 추상화의 수준이 너무 높기 때문에 구체적인 특정 영역 또는 분야에 관한 경험적 연구에서는 적용가능성이 제약된다. 거시수준 이론은 특정 분야의 정책이 복지국가의 성장, 자본주의 경제에서 국가의 역할, 또는 사회에서 권력의 배분과 같은 사회적 현상의 결과로 대두된다고 보는 입장이다. 예를 들어, 실업과 범죄관계를 설명하는 것은 거시수준의 이론에서 접근하고 있다.

2) 중위수준 이론

중위수준 이론(meso-level theory)은 정부기관, 이익집단 등 집단의 수준에서 작용하는 과정에 관한 이론으로, 특정분야의 정책을 그 결정에 관련된 정부기관의 특성이나 관련 집단들의 상호작용 등 중간단계에서 개입하는 단위들의 영향을 받는 것으로 보는 입장이다. 예를 들면, 특정지역에 거주하는 특정집단의 사람들이 가지고 있는 이념과 지역사회의 범죄와의 연관성을 살펴보는 연구가 이에 해당된다.

3) 미시수준 이론

미시수준 이론(micro-level theory)은 개개인의 행동에 초점을 맞추고 있는 이론으로 사제지간의 행동, 배심원의 평결, 연인 간의 데이트 행동, 경찰공무원, 정치인, 소비행위자 등 개인의 선호와 이해관계를 분석하여 현상을 설명하는 데 적용된다. 예를 들면, 택시운전자들은 매일 기계적이고 정형화된 생활을 하는 동시에 현금을 취급하고 택시에 혼자 있는 경우가 대부분이다. 이들은 범죄피해와 높은 연관성을 지니고 있을 수 있는데, 이들에 대한 행동과 관련된 접근이 이에 해당된다.

(3) 구체화 정도에 따른 분류

1) 실질적 이론

실질적 이론(substantive theory)은 사회적 관심사항 중 특수한 영역(specific area)에 적용하기 위해 개발된 이론으로서, 마약 및 약물복용에 관한 살인, 유독성 폐기물 무단투기 등에 관한 이론이 이에 해당된다.

만약 연구자가 실질적 이론을 검증, 확장하기를 바란다면 동일한 실질적 영역 속에서 연구사례를 검토해야 할 것이다. 따라서 연구과정에서 연구대상과 관련된 몇몇 다른 영역을 비교하는 것이 아니라 연구대상을 포함하고 있는 영역만을 집중 연구해야 한다.

2) 공식적 이론

공식적 이론(formal theory)은 일반적 이론 중에서 광범위한 개념적 영역 (conceptual area)을 위해 개발된 이론으로서, 부패, 폭력범죄, 환경범죄 등과 같은 이론이 해당된다.

만약 연구자가 공식적 이론을 검증, 도출, 확장하기를 바란다면 같은 공식적 영역 속에서 연구사례를 검토해야 한다. 예를 들면, 폭력범죄(예, 폭력행동, 폭력조직과 관련된 폭력, 살인)에 대한 다양한 형태를 조사하는 경우, 실질적 영역(예, 폭력범죄에 대한 공유된 사회적 경험)에 대한 자세한 내용을 참고하지 않고 연구를 수행할 수 있게 된다.

그러나 실제연구에서는 실질이론과 공식이론은 상호 연계될 수 있기 때문에, 하나의 이론에만 치우칠 필요는 없다. 이론은 다양한 실질이론과 공식이론의 축적과정이기 때문이다.

4. 이론평가의 기준

이론이 올바른 이론인가를 평가하는 기준은 다음과 같다.

① 정확성(accuracy): 가능한 한 많이 설명하고 예측할 수 있어야 한다.

② 일반성(generality): 적용되는 사회현상의 범위가 넓어야 한다.

③ 간명성(parsimony): 설명변수(독립변수)의 숫자가 적으면 적을수록 간명한 이론이다.

④ 인과성(causality): 설명하는 원인변수 이외에 새로운 변수들이 첨가되어도 설명유형에는 변화가 일어나지 않은 경우이어야 한다.

5. 이론과 관련된 개념

(1) 이론과 사실의 관계

사실(fact)은 인간의 관찰행위에 의해서 형성되는 객관 또는 대상으로, 우리의 감각에 의해 받아들여진 것을 말하며, 감각에 의해 받아들여진 것을 나타나게 하는 것을 현상(現象)이라고 한다. '사람이 걷는다'라는 현상이 경험적으로 입증된 것이면 사실이라고 하는데, 이때 이 사실을 구성하는 것은 '사람'이라는 개념과 '걷는다'는 개념이 결합된 것이다. 사실의 역할은 이론을 형성하게 하고 현존하는 이론을 거부하거나 재정립하게 하며 이론을 재규정(redefine)하거나 기존이론을 명확하게 해준다. 즉 사실은 이론의 증거인 것이다.

오랫동안 사회과학에서 논쟁이 지속되어왔던 것이 사실(fact)과 이론(theory)에 관한 것이었다. 먼저 이론과 사실은 별개의 문제라는 주장을 보면, 이론은 소프트하고 모호하며 정신적 이미지, 가치 그리고 생각에 속하지만, 사실은 하드적이고 확립적이며 관찰할 수 있는 경험적 세계에 속한다는 것이다. 특히 경험주의자들은 이론이 환상, 꿈, 상상, 사색, 그리고 미개념(misconception)의 속성을 가지기 때문에 경험적으로 검증되어야 한다고 주장한다.

이론과 사실은 밀접한 연관성을 가진다. 사실은 이론을 구성하거나 기존 이론을 확인·재구성하게 해주며 새로운 연구를 가능하게 해주지만 단순한 한 개의 사실 또는 무질서한 사실의 결합체만으로 학문이 성립되지 못하고, 그것이 이론화되어야 학문체계로 성립한다. 사실은 그것이 가지는 공통성에 의하여 일반화·추상화·분류·정리되어 어떠한 설명 내지 지식체계에 이를 때 이론 또는 학문으로 성립되는 것이다.

(2) 이론과 조사와의 관계

이론은 관념적·추상적 세계와 관련되어 있으며, 조사는 경험적·구체적 세계와 관련되어 있다. 관념적 세계에서 다루어지는 이론을 경험의 세계에서 일어나는 현상과 연결시키거나 경험적 세계에서 일어나는 현상을 관념적 세계의 이론으로 연결시키는 과정이 조사연구이다.

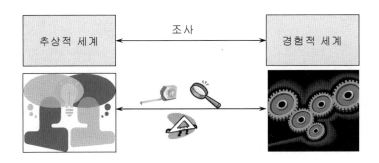

<그림 4-2> 이론과 조사의 관계

(3) 기타 이론과 관련된 개념

1) 모 형

모형(model)이란 어떤 이론이나 현상들을 가능한 한 그대로 모방 또는 압축한 것으로서, 실체의 중요한 특성을 나타내면서 우리에게 그 실체를 질서 있고 간결하게 보여준다(representation of reality).

모형은 다음과 같은 속성을 지닌다.

① 현실세계의 일부를 간결하게 묘사하는 것이다.

② 현실세계의 어느 부분의 특성을 가지나 모든 속성을 다 나타내지는 못한다.

③ 모형은 대체로 현실보다 간단하다.

④ 모형은 실체(reality)의 일부만 갖기 때문에 하나의 실체에 대하여 각각 다른 관점을 갖는 여러 가지 다른 모형이 있을 수 있다.

⑤ 모형은 실물도 있지만 기호(symbol)로 나타내기도 한다.

모형을 통해서 조사연구를 수행하는 것은 모형이 가지는 다음과 같은 기능이 있기 때문이다.

① 연구 중인 문제와 관련된 실제상의 어느 측면을 간결하게 묘사하게 해준다.

② 그 측면들의 중요관계를 명백히 한다.

③ 그 관계들에 대한 검증이 가능한 가설을 형성하게 해준다.

④ 검증 뒤 그 실제상에 대한 이해를 증진하게 한다.

하지만 모형을 작성하는 경우 ⓐ 지나친 상징적 기호를 강조하거나 ⓑ 실질과 너무 거리가 먼 형식을 지나치게 강조하거나 또한 ⓒ 지나친 단순화와 ⓓ 정밀에 대한 지나친 강조를 하는 것에 유의해야 한다.

2) 패러다임

패러다임(paradigm)이란 미국의 과학철학자 Thomas Kuhn이 그의 저서 「과학혁명의 구조」에서 제시한 개념으로, 어떤 한 시대 사람들의 견해나 사고를 지배하고 있는 이론적 틀이나 개념의 집합체를 말한다. 조사연구에서 패러다임의 의미는 특정 과학 공동체의 구성원들이 공유하는 세계관, 신념체계 및 연구과정의 체계로서 개념적, 이론적, 방법론적, 도구적 체계를 지칭한다.

패러다임은 특정 과학 공동체에서의 문제선정, 자료평가, 이론개발 등의 지침이 되지만, 패러다임 자체가 직접 경험적 연구의 지침이 될 수는 없다. 이에 반해 이론은 경험적 연구의 방향과 지침을 제공하는 것에서 차이점이 있다.

<그림 4-3> 개념, 명제, 모델, 이론, 학문과의 관계

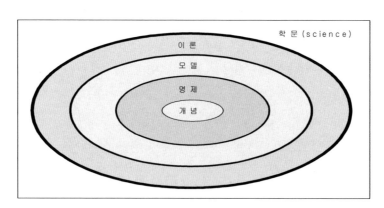

제3절 선행연구의 고찰

연구자는 연구주제의 결정 및 연구문제의 선정에서뿐 아니라 가설설정과 변수의 조작화 등 조사설계의 전 과정에 관한 이론탐구를 수행해야 한다. 이론탐구는 선행연구를 고찰하는 것이며 선행연구를 고찰하는 도구는 문헌을 검토하는 것이다. 여기에서 문헌검토의 의의와 방법론에 대해서 살펴본다.

1. 문헌검토의 의의

문헌을 검토하는 것은 축적된 지식에 근거한다는 것이며 다른 선행연구자들이 수행한 연구로부터 배운다는 것이다. 과학적 연구는 선행연구자들이 수행한 연구성과물을 무시하는 은둔자와 같이 격리된 활동이 아니다. 과학적 연구는 서로 연구성과물을 공유하며 지식을 추구하는 많은 연구자들 간의 협동적 노력의 산물이다. 비록 어떤 연구가 특별히 중요할 수도 있고 개인에게는 훌륭한 것일지 모르나, 특별한 연구프로젝트는 지식을 창출하는 전체 과정의 일부분에 해당된다. 오늘날의 연구는 어제의 연구를 기반으로 구축되는 것이다.

연구자가 문헌을 검토하는 것은 다음과 같은 네 가지 목적을 가지기 때문이다.

첫째, 지식의 실체(body)에 친숙하고 신빙성을 확립하기 위해서이다. 문헌검토를 통해 어떤 영역에서 연구를 했는가를 알게 되고 주요 이슈들을 알게 된다. 좋은 문헌검토는 선행연구자들의 전문 연구역량, 능력, 그리고 배경을 통해 연구자들에게 확신을 갖게 해준다. 연구자는 연구 분야에 대한 확실한 지식을 가지고 있는 경우도 있지만 그렇지 않은 경우도 있다. 후자인 경우에 연구자가 연구에 필요한 지식을 어떻게, 어디서 얻고, 어느 정도 수준의 지식을 가지고 있어야만 연구를 진행할 수 있다. 이런 경우에 선행연구의 검토를 통해 연구자가 수행하고자 하는 연구 분야에 자신감을 얻게 된다.

둘째, 선행연구의 경향을 볼 수 있고, 현재 수행하고자 하는 연구 및 프로젝트가 선행연구의 경향과 어떻게 연계되어 있는가를 알게 해준다. 문헌검토는 질문 및 의문에 대한 연구의 윤곽을 잡게 해주며 지식발전의 원천으로 제공하게 된다. 좋은 문헌검토는 수행하고자 하는 연구프로젝트를 상황에 맞게 해주며 지식의 실체와 연계시켜줌으로써 연구프로젝트의 관련성(relevance)을 설명해준다.

셋째, 연구영역에서 알려진 지식을 통합하고 요약하는 데 있다. 문헌검토는 다른 결과들을 묶어주고 종합화하게 해준다. 좋은 문헌검토는 수행하고자 하는 연구프로젝트가 선행연구와 어느 부분이 일치되고 일치되지 않는가, 그리고 어느 부분에서 주요 이슈가 있는가를 나타내준다. 선행연구는 그런 부분들이 시기적으로 적절하며 미래 연구에 도움을 줄 수 있는 실마리를 제공하게 된다.

넷째, 선행연구로부터 배우게 하며 새로운 아이디어를 자극하게 한다. 연구자는 선행연구자들의 노력과 결과물을 통해 연구를 쉽게 수행할 수 있는 정보와 새로운 아이디어를 얻을 수 있는 자극을 받게 된다. 좋은 문헌검토는 체계성이 없고 맹목적인 연구프레임워크를 지적, 확인해주며 가설을 제시해준다. 따라서 선행연구의 검토는 연구자에게 발전적 가설과 새로운 관점을 얻도록 연구절차(procedures), 기법(techniques), 연구설계(research designs)를 제시해준다.

2. 문헌검토의 유형

일반적으로 연구자가 문헌을 검토하는 유형은 다음과 같다.

(1) 연구배경과 맥락 검토

연구배경(background)과 맥락(context)을 검토하는 방법으로, 문헌검토를 통해 연구의 토대가 무엇이고 선행연구가 연구문제와 어떤 관련성이 있는지를 소개하게 된다. 또한 연구자에게 이 프로젝트가 이 분야의 로드맵과 얼마나 조화되고 있는가를 말해주고 지식발전을 위해 어떤 함의 및 시사점(implications)이 있는가를 알려준다.

그리고 문헌검토는 현재 수행하고자 하는 연구를 어떻게 발전시킬 수 있는지, 선행연구와 어떤 부분에서 합치되고 불일치되고 있는가를 알게 해준다.

(2) 역사적 검토

역사적 검토(historical review)는 어떤 사상(idea)의 발전과정을 추적하며, 특별한 이슈와 이론이 그동안 어떻게 전개되어 왔는가를 보게 된다.

(3) 이론적 검토

이론적 검토(theoretical review)는 동일 대상을 다르게 설명하는 이론의 특징은 무엇이고, 그것을 통해 각 이론들을 평가하게 된다. 이론적 검토는 각 이론들이 주장하고 있는 가정(assumptions), 논리적 일관성(logical consistency), 그리고 설명의 관점 등을 비교하게 된다. 이론적 검토를 수행하는 연구자는 여러 이론들을 통합하게 될 것이고 그것을 통해 새로운 이슈를 개발하기 위한 이론으로 확장시킨다. 때로는 역사적 검토와 이론적 검토를 병행하기도 한다.

(4) 통합적 검토

통합적 검토(integrative review)는 현재의 지식상태를 나타내고 과거에 진행된 연구 분야의 다른 지식들을 통합하는 것이다.

(5) 방법론적 검토

방법론적 검토(methodological review)는 통합적 검토의 특수형태이다. 연구자는 과거 연구에 대한 방법론적 강도(strength)를 평가하게 된다. 또한 과거 불일치되고 있는 연구결과들을 기술하고, 다른 연구들이 어떻게 설계되고 표본을 선정하였으며 측정하였는가를 보여주게 된다.

(6) 메타분석을 통한 검토

메타분석(meta-analysis)은 통합적 검토 또는 방법론적 검토에서 특별하게 이용하는 방법이다. 연구자는 많은 연구결과물에 대한 상세한 내용들을 수집한다. 예를 들면, 표본크기, 발표연도, 변수의 영향정도 등을 조사하고 이들 정보를 통계적으로 분석하는 것이다.

▶ 메타분석의 실제

Cox & Davidson(1995)은 대안교육프로그램(alternative education programs)이 비행청소년 (juvenile delinquents)을 도울 수 있는지에 관한 연구결과물을 조사하였다. 이 프로그램은 괴롭힘을 당하고 있는 청소년을 위해 특별하게 설계되었다. 즉 학생과 선생의 비율을 낮추고 비구조화된 조사환경을 마련하였으며 개별적인 학습이 진행되도록 하였다. 이들은 먼저 1966년부터 1993년까지 그동안 수행된 연구결과물 세 가지 즉, ERIC(Educational Resources Information Circuit), PSYCHLIT, 그리고 NCJRS(National Criminal Justice Reference Service) 등을 컴퓨터를 통해 검색하였다. 그들은 청소년들을 위한 대안교육프로그램에 관해 언급한 241개 인용문을 찾았다. 다음으로 그들은 논문을 ① 별도의 커리큘럼, ② 별도의 소재, ③ 프로그램 결과에 대한 양적 측정 등 세 가지 기준에 포함되는지를 살펴보았다. 241개 논문 중 87개 논문이 이 세 가지 범주에 포함되었다. 연구자들은 이들 연구들이 특별한 통계측정방법과 검증방법으로 사용되었는지를 확인하였고, 이 중 57개 연구는 통계적 방법을 사용하였다. 따라서 57개 연구결과를 통계적으로 분석한 후 대안교육프로그램이 학업성과(school performance)와 자아존중감 (self-esteem) 향상에 약간 도움을 주고 있다는 것을 알게 되었다. 그러나 청소년들의 비행행동 (delinquent behavior)을 직접적으로 감소시키지는 않은 것으로 제시되었다.

---

3. 문헌검토 대상

연구자들은 연구결과물을 신문, 대중잡지, 라디오, 텔레비전 뉴스 등을 통해 접하게 되지만, 이들 매체들은 과학적 연구결과를 충실하게 보고하지는 않는다. 따라서 연구자들이 이들 매체들을 통해 선행연구의 내용과 지식을 획득하기란 어려운 일이다. 그러므로 연구자들은 연구결과물이 충실하고 빠짐없이 제시되어 있는 학술저널(scholarly journals), 책(books), 학위논문(dissertations), 정부문서(government document), 정책보고서(policy reports) 등을 검토하게 된다.

(1) 학술저널

학술저널(scholarly journals)은 해당 분야의 전문가 또는 연구집단들로 구성된 학회에서 발행하는 것이 대부분이다. 각 분야의 전문가와 연구자들이 본인의 연구성과물을 학술저널을 통해 게재, 발표하기 때문에 전문분야에 대한 자세한 내용을 볼 수 있다. 따라서 연구자는 특정분야의 연구경향과 흐름을 통해 연구방향을 잡을 수 있다.

우리나라의 경찰학분야 학술저널은 한국형사정책연구원의 「형사정책연구」, 한국공안행정학회의 「한국공안행정학회보」, 한국경찰발전연구학회의 「한국경찰발전연구학회보」, 한국피해자학회의 「피해자학연구」, 한국경찰학회의 「한국경찰학회보」등이 있으며, 이밖에 한국행정학회의 「한국행정학보」, 한국정책학회의 「한국정책학회보」, 서울행정학회의 「한국사회와 행정연구」, 한국행정연구원의 「한국행정연구」 등 기존 행정 분야에서도 경찰학 관련 논문을 다루고 있다.

이와 같은 학술저널은 도서관의 학술검색도구를 이용하여 원하는 결과물을 온라인 및 오프라인상태에서 볼 수 있다. 오늘날은 인터넷이 연결되어 있는 어느 곳이든 대부분 검색과 출력이 가능하도록 되어 있다.

(2) 책

책(books)은 많은 형태의 정보를 제공하고 생각을 깨우치게 하며 즐겁게 한다. 책의 형태는 그림책, 교과서, 전문서적, 단편소설, 장편소설, 대중소설, 종교서적, 아동도서, 기타 다른 유형의 많은 책들이 있다. 여기에서 연구자들이 관심을 가져야 하는 유형은 독창적인 연구내용을 담고 있거나 연구논문을 모아놓은 책이다. 여러 책에서 연구중심으로 내용을 담고 있는지를 구별하기란 쉬운 일이 아니다. 이런 경우에는 전문가 및 학자의 자문을 받거나 추천을 받는다면 쉽게 구별하게 된다.

(3) 학위논문

대학(대학원)을 졸업하는 학생은 독창성을 갖춘 연구성과물, 즉 학위논문을 제출하게 된다. 학위논문은 대학도서관에 비치되어 있기 때문에 도서관을 방문하여 검색, 열람해 볼 수 있고 인터넷 온라인상에서 해당 도서관 사이트에 접속하여 검색, 출력해 볼 수 있다.

(4) 정부문서

어느 국가를 막론하고 정부(중앙정부, 지방정부)에서는 연구보고서를 발표하게 된다. 대학도서관에서도 정부문서를 분류, 비치하고 있기 때문에 도서관 사서의 도움을 받을 수 있고 인터넷 검색도구를 사용하여 검색, 열람해 볼 수 있으며 해당 정부기관의 사이트에서도 검색, 출력해 볼 수 있다.

(5) 정책보고서

정책보고서는 특정 과제에 대하여 전문가들이 연구한 결과물이다. 정책보고서는 당장 현실을 개선하는 데 적용될 수 있는 실질적 활용방안을 담고 있기 때문에 가장 최근의 실태를 반영하고 있다.

이상과 같이 문헌검토의 대상은 연구자의 연구 분야와 연구목적, 연구프레임에 따라 달리할 수 있으나, 실제 연구에서는 특정 대상에 국한하지 않고 이들 모두를 문헌검토의 대상으로 삼는 경우가 일반적이다.

4. 문헌검토 절차

문헌을 검토하는 방법은 연구가 원활하게 진행될 수 있고 체계화시킬 수 있도록 검토되어야 한다. 여기에서는 실제 문헌을 검토하는 절차에 대해 살펴본다.

(1) 검토하는 주제의 정의와 명확화

연구를 시작하게 되면 연구자는 연구계획을 수립하고 주제(topic)와 연구문제(research question)를 명확히 해야 한다. 주제와 연구문제가 명확히 설정되어야만 문헌검토를 일관되게 진행할 수 있고 체계적이고 경제적으로 수행할 수 있다. 검토하는 주제(review topic)가 연구문제와 맥락을 같이하고 초점이 맞추어져야 한다. 예를 들어, 수사개선의 주제는 너무 광범위하다. 더욱 한정적이고 구체적이며 적절한 주제를 검토하기 위해서는 '유비쿼터스컴퓨팅 기술을 적용한 경찰수사의 개선방향'이 되어야 할 것이다.

(2) 검색설계 구축

연구문제가 선정된 후 다음 단계는 검색전략을 세워야 한다. 검색전략은 체계적이고 조직적이어야 하며 세심하게 구축되어야 한다. 예를 들어, 어느 정도 시간을 할애할 것인가, 찾고자 하는 문헌 수, 도서관에 언제 어떻게 방문할 것인가, 온라인 또는 오프라인으로 검색하고, 어떻게 내용물을 얻을 것인가 등이 포함되어야 한다.

(3) 연구결과물의 소재파악

검색설계가 체계적이고 구체적으로 구성되었다면 다음 단계는 찾고자 하는 연구성과물이 어디에 있는가를 파악해야 한다. 찾고자 하는 문헌형태가 학술저널, 학술도서, 학위논문, 정부문서, 정책보고서인가를 확인한 후 이들 문헌들이 어디에 소장되고 비치되어 있으며 쉽게 접근가능한지를 살펴보아야 한다. 어떤 문헌은 집에서 또는 연구실에서 온라인상태에서 접근하여 연구성과물을 얻을 수 있지만 다른 문헌형태는 직접 도서관을 방문한다거나 복사 또는 대출하거나 서점에 주문해야 한다.

(4) 기 록

문헌소스의 장소가 파악, 확인된 후 연구자는 참고사항(저자이름, 제목, 권·호, 페이지, 출판연도 등)을 자세하게 기록해야만 된다. 연구자는 색인카드 형태로 만들 수도 있고 컴퓨터 파일로 기록·정리할 수 있다.

(5) 개요 및 요약물의 조직화

선행연구 내용의 개요와 요약물을 체계화해야 한다. 개요 및 요약에는 접근방법, 가정, 방법, 결과, 시사점 등을 저자이름별, 주제어별, 출판연도별로 정리해야 한다. 어느 기준으로 정리해야 될 것인가는 연구자의 편의에 따라서 정할 수 있을 것이다.

(6) 최종 작성

문헌검토의 최종 단계는 검토한 결과물을 작성해야 한다. 검토사항을 작성할 때는 연구목적을 명심해야 하고, 분명하게 식별하고 이해할 수 있도록 해야 한다.

〈표 4-1〉 저널논문 읽는 방법

1. 마음속으로 분명한 목적 또는 목표를 가지고 읽는다. 기본지식을 읽고 그것을 특별한 문제에 적용할 수 있는가를 염두에 두어야 한다.
2. 논문주제, 요약문, 주요결과, 방법, 주요결론으로부터 배울 수 있는 것이 무엇인가를 생각해야 한다.
3. 연구자 자신이 지향하고 있는 것을 고려해야 한다. 주제, 방법, 출판사항 등에 관해 연구자 자신이 가지고 있는 선입견은 무엇인가를 고려해야 한다.
4. 표면으로 드러나는 지식을 정리해야 한다. 연구에 사용된 주제와 방법 등을 정리해야 한다.
5. 논문을 평가해야 한다. 현재 무엇이 잘못되었는가? 결과가 자료를 따르고 있는가? 내용이 당초 내세웠던 가정을 따르고 있는가?
6. 요약, 방법, 결과에 관한 정보를 요약해야 한다. 결과에 대한 실제 정확성을 사정한다.

□ 학술논문의 문헌검토 실제

■ 참고문헌 색인사항

Kraska, Peter B., and Louis J. Cubellis. (1997). Militarizing Mayberry: Making sense of American paramilitary policing. Justice Quarterly. 14: 607-627.

■ 요약카드

Kraska and Cubellis, 1997   주제어: paramilitary policing,
                                                     Swat teams, state violence

1. 연구문제
일선경찰서에서 준군사 경찰조직 단위(예, SWAT 팀)가 어느 정도 사용되고 있는가?

2. 연구방법
주민이 2만 5천명에서 5만 명이 거주하고 있는 지역의 경찰서를 표본으로 선정하였다. 연구대상 경찰서는 770개이다. 1996년 3월, 40개 문항으로 구성된 설문지를 우편방식으로 배부하였다. 응답자 비율은 72%(n=552)이다. 하지만 회수된 응답자 중에서 79개 경찰서는 연구에서 제외하였다. 또한 질적 자료를 얻기 위해 40개 경찰서에 대해서는 전화면접을 30분간 실시하였다.

3. 연구결과
미국의 소규모지역의 경찰서 65% 이상이 준군사 경찰조직단위를 가지고 있었다. 28%도 몇 년 안에 준군사 경찰조직단위로 전환시킬 계획을 가지고 있었다. 대부분 반자동엽총, 저격소총, Flash-bang Grenades, 전투용유니폼 등의 장비를 비치하고 있다.
경찰서 17% 정도는 범죄율이 높은 지역에서 예방순찰 인력으로서 수상한 자를 심문하는 역할을 수행하고 있다. 대부분 SWAT 팀은 보통 영리를 목적으로 하는 전술훈련학교에서 군사훈련을 받고 있다.

제4절 가설의 설정

우리는 연구문제 선정 시 고려사항으로 연구문제가 경험적으로 검증 가능해야 된다고 말하였다. 연구문제를 검증한다는 것은 가설을 검증한다는 것이다. 가설이 실증적인 검증과정을 통하여 진실이라고 받아들여진다면 그 가설은 연구문제에 대한 해답을 제공해 줄 수 있으나 가설이 진실이 아닌 것으로 판명되면 그 문제에 대한 해답을 제공할 수 없다. 가설은 두 변수 간의 관계에 대한 잠정적인 해답을 제시해주는 것이므로, 이를 경험적으로 검증함으로써 특정 현상에 대한 설명을 가능하게 해주고 연구자가 제시한 문제의 해답을 제공해 주게 된다.

1. 가설의 정의

연구문제를 해결하기 위해서는 해답이라고 생각되는 것을 제시하고 경험적으로 그 진위를 확인하는 절차를 거친다. 가설(hypothesis)은 일반적으로 "두 개 이상의 변수 또는 현상 간의 관계를 검증 가능한 형태로 서술한 문장"이라고 정의할 수 있다. 의문문인 연구문제를 서술문의 진술 형태로 바꾸어 놓은 것이다. 여기에서 관계를 검증한다는 것은 독립변수와 종속변수의 관계를 검증한다는 의미이며, 독립변수와 종속변수 간에 정(+)의 관계인지 부(-)의 관계인지 더 나아가 독립변수가 종속변수에 어느 정도 영향을 미치는지를 살펴본다는 것이다. 예를 들어, '가정생활의 만족은 직장생활의 만족과 관계가 있을까?'라는 연구문제를 가설로 바꾸어 보면, '가정생활의 만족도는 직장생활의 만족도에 영향을 미칠 것이다'로 진술할 수 있다.

2. 가설의 문장구조와 종류

(1) 가설의 문장구조

가설의 표현은 두 변수 간에 일어날 수 있는 문장을 조건문 형태로 나타낸다. 일반적으로 가설의 문장구조는 '만약~할수록~할 것이다'와 같은 가정적 형태와 '만약~하면~하다'와 같은 단정적 형태로 진술한다. 가정적 형태는 독립변수가 증가(또는 감소)할수록 종속변수가 증가(또는 감소)할 것으로 예견하는 것으로, '가정생활에 만족할수록 직장생활에 만족할 것이다'라는 표현과 '가정폭력의 경험은 청소년 비행에 유의적 영향을 미칠 것이다'라는 표현의 경우이다. 단정적 형태는 선행조건이 진실(또는 거짓)

이면 결과조건도 진실(또는 거짓)이라는 표현으로, '돈만 있으면 행복하다' 또는 '열심히 공부하면 성적은 올라간다'라는 표현의 경우이다.

> 가설의 표현: 가정적 형태 '......는....할 것이다'
> 단정적 형태 '......는.....하다'

(2) 가설의 종류

1) 설명적 가설과 식별가설

설명적 가설(explanatory hypothesis)은 인과관계를 규명하기 위한 가설로, 왜(why)란 물음에 대답할 수 있도록 두 변수 간에 실제로 일어날 수 있는 관계를 나타내는 문장형식으로 나타낸다. 예를 들어, '가정폭력을 경험할수록 비행률은 높을 것이다.' '프로그램의 참여는 자아존중감을 향상시킬 것이다.' '직무에 대한 동기가 높을수록 직업에 대한 만족도가 높을 것이다.' '경찰공무원의 승진가능성이 높을수록 직업에 대한 만족도가 높을 것이다.' '일에 대한 성취도가 높을수록 직업에 대한 만족도가 높을 것이다.' 등과 같은 표현이 이에 해당된다.

> '만일....하면....할 것이다', '....할수록 ....하다'
> 앞의 '....하면'또는'...할수록'만 주어지면 그 결과를 예측할 수 있다는 말이다

식별가설(identification hypothesis) 또는 기술가설(descriptive hypothesis)은 현상의 정확한 기술 및 사실을 밝히는 무엇(what)에 대한 해답을 구하는 문장형식으로, 그 기능이 어떠한 것이든 간에 사실을 밝혀내는 작업에 쓰이는 가설이다. 식별가설은 그것이 무엇이냐에(what) 대한 잠정적 해답으로 'what~is', '무엇은~이다'라는 표현으로 나타낸다. 식별가설은 어떤 사실의 묘사에 대한 가설. 즉 문제에 대한 해답이 나와 있고 조사자는 여러 대답 가운데 그 문제가 어디에 해당되는지를 식별하고 선택하게 하는 가설이다. 예를 들어, 환자에 대한 의사의 진찰활동을 볼 수 있는데, 의사는 환자의 질병위치, 불편과 이상한 점을 발견하여 암이 아닌가를 짐작(잠정적 해답: 식

별가설)하고 정밀의료기기를 통해 사실여부를 판단하는 경우이다. 범죄사건에 대한 범행용의자를 지목하고 과학적 수사와 입증을 통해 피의자로 확인하는 경우이다. 일반적으로 식별가설은 자연과학 분야에서 많이 이용되는 가설이다.

2) 연구가설과 영 가설

경험적 연구의 진행과정에서 가설을 검증하기 위하여 연구가설(research hypothesis)과 영 가설(null hypothesis)로 구분한다. 연구가설이란 연구문제에 대한 잠정적인 대답으로 연구자가 제시한 가설로 작업가설(working hypothesis) 또는 대립가설(alternative hypothesis)이라고 부르기도 한다(표현: H1). 즉 연구자가 연구문제의 해답이 입증될 때까지 제시한 잠정적인 해답이다.

반면, 영 가설은 수집된 자료에서 나타난 차이나 관계가 진정한 것이 아니라 우연의 법칙(laws of chance)으로 생긴 것으로 진술한다. 영 가설을 귀무가설로 부르기도 한다(표현: Ho). 영 가설은 변수들 간의 관계가 없다거나 혹은 집단들 간에 차이가 없다는 식으로 서술한다. 영 가설이 필요한 이유는 전수조사가 아니라 표본조사에 의존할 때 표본추출오차(sampling error)가 발생할 수 있기 때문이다.

▶연구가설, 대립가설
· 경찰관의 직무만족도는 계급에 따라 차이가 있다.
· 변수 A는 변수 B에 영향을 미친다.
▶영 가설, 귀무가설
· 경찰관의 직무만족도는 계급에 따라 차이가 없다.
· 변수 A는 변수 B에 영향을 미치지 않는다.

---

3. 가설의 도출과정

지식은 하나의 가설이 검증됨으로써 발전한다. 가설이 채택되고 현실에 적용가능성이 높아지게 되면 하나의 지식으로 축적되며 이론에 대한 설명력과 설득력을 높여주게 된다. 연구자가 제시하는 모든 가설이 채택되거나 기각되는 것은 아니며, 또한 채택된 가설도 시대변화에 따라서 기각될 수도 있다. 종전에 채택된 가설이 시대변화에 따라 기각되었다는 말은 사회현상 즉, 인간행동이나 의식에 변화가 있었다는 것을 의미한다.

〈그림 4-4〉는 시대변천에 따라 가설의 변이과정을 나타내고 있다. 1960년에는 8개의 경쟁가설(contending hypotheses)이 있었고 1970년대에 그것을 검증한 결과 4개 가설이 기각되고 4개 가설은 채택되었다. 다음 1980년대에 채택된 4개 가설에 대해 검증한 결과 2개만 채택되었고, 1990년에는 1개의 가설만 남게 되었다.

<**그림 4-4**> 가설변이 과정

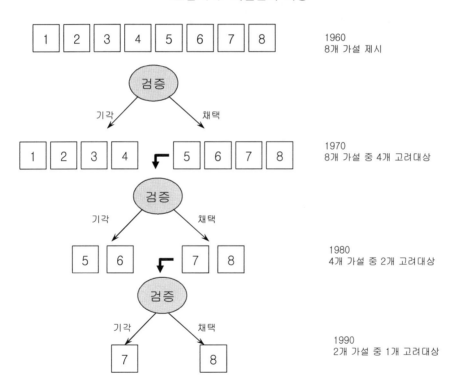

4. 가설의 성립조건

연구문제 해결을 위해 경험적으로 검증하도록 진술된 가설의 문장구조는 다음과 같은 조건을 갖추어야 한다.

첫째, 가설이 채택되면 문제를 해결해줄 수 있어야 한다. 가설이 참(채택)이라고 밝혀지면 문제가 해결되어야 한다.

둘째, 가설의 1개 문장구조는 최소한 2개 이상의 변수를 가져야 한다. 가설은 변수 및 현상 간의 관계로 구성되며, 관계를 이루는 변수 및 현상은 최소한 2개이어야 한다.

셋째, 변수간의 관계가 인과적 관계이어야 한다. 가설의 문장구조는 변수 간의 관계로 설정되어 있으며, 가설을 구성하고 있는 2개의 변수는 인과관계(causal-effect relationship)로 표현되어야 한다.

넷째, 가설은 미래 결과를 예측할 수 있는 것으로 표현되어야 한다. 가설의 표현은 예측 또는 기대하는 미래결과로써 표현될 수 있어야 한다. 가설은 조건문 형식으로 선행조건만 주어지면 결과조건이 달성된다는 것으로 미래를 예측하는 표현이어야 한다.

다섯째, 가설은 연구문제 및 이론과 논리적으로 연관되어야 한다. 가설은 이론에서부터 출발하고 이론과 쟁점 및 이슈를 통해 연구문제가 형성되기 때문에, 연구문제와 별개의 가설은 있을 수 없다.

여섯째, 가설은 변수 간의 관계가 경험적으로 검증할 수 있는 것이어야 한다. 가설에 포함되어 있는 변수 간의 관계를 검증하기 위해서는 변수를 조작적으로 정의(측정가능한 지표로 전환)할 수 있어야 하며, 측정지표를 통해 직접 관찰하거나 측정할 수 있어야 한다. 또한 경험적 검증을 통해 진실과 거짓을 보여줄 수 있어야 한다.

범죄집단의 마약배급네트워크와 범죄집단의 응집력간의 관계에서, "구성원들 간의 강한 응집력을 가진 범죄집단은 응집력이 약한 범죄집단보다 마약배급네트워크를 확대해 나갈 것이다"라는 가설을 제시할 수 있다. 이와 같은 가설을 검증하기 위하여 집단 구성원들의 응집력에 관한 이론적 논의가 논리적으로 연계되어야 하고, '범죄집단의 응집력'과 '마약배급네트워크'라는 2개의 변수가 관계를 가지고 이들 변수 간의 영향정도를 경험적으로 검증할 수 있어야 한다.

인과관계 진술을 도출하게 된 문제인식
1. 조직원들이 많으면 범죄집단의 마약배급네트워크는 확대된다.
2. 범죄집단의 응집력이 크면 마약배급네트워크는 확대된다.
3. 법집행기관(검찰과 경찰 등)간의 협력정도는 마약배급네트워크 활동과 관련되어 있다.
4. 국제마약거래집단 수와 대응법률은 마약배급네트워크 활동에 영향을 미친다.
5. 범죄집단의 재정상태가 튼튼하면 마약배급네트워크 활동을 넓혀나간다.
6. 마약단속에 대한 대중의 지지가 크면 클수록 범죄집단의 마약배급네트워크는 감소될 것이다.

---

5. 가설의 유용성

(1) 이론의 검증과 제시

사회현상을 설명하기 위해 이론을 개발하나 이론 그 자체를 직접 검증할 수 없다. 그러므로 이론에서 도출한 가설을 통해 이론을 검증하게 된다. 가설은 이론을 검증 가능한 형태로 진술한 문장이다.

가설을 검증한 결과를 토대로 이론이 구성되기도 한다. 가설들 중에서 현상을 설명할 수 있는 잠재력이 큰 가설을 선택하여 이를 토대로 현상과 설명을 연결시키는 명제·가정·정의에 대한 논리체계를 구성할 수 있다.

(2) 사회현상의 기술

가설이 경험적으로 검증될 때마다 가설과 관련된 현상에 대한 정보를 얻게 된다. 그러므로 현상을 측정하기 위해서는 현상을 있는 그대로 기술하여야 한다.

(3) 지식의 축적

가설의 검증결과로 축적된 정보는 사회현상의 발생원인에 대하여 연구자가 가지고 있는 지식을 증가시킨다.

(4) 현실의 개선

가설검증의 결과 인간의 행태에 대한 특정한 '상식적' 관념이 잘못된 경우에 이를 수정할 수 있게 되며, 또한 가설검증 결과 얻은 지식으로 사회정책을 수립하고 여러 사회문제의 해결방법을 찾아서 집행하는 등 현실 문제를 개선하는 데 도움을 준다.

6. 가설의 평가기준

가설이 설정되면 가설이 적절한지 여부를 평가해볼 필요가 있다. 설정된 가설이 연구문제 및 이론과 관련되지 않고 검증가능한가를 살펴볼 필요가 있다. 물론 좋은 가설을 설정하기 위해서는 관계 문헌의 고찰과 전문가의 협조를 구하는 것이 가장 좋은 방안이나, 일반적으로 다음과 같은 사항을 고려하여 가설의 적절성을 평가해야 한다.

가설의 평가기준
ⓐ 실제 자료를 통하여 진위가 입증될 수 있어야 한다. (경험적 입증가능성)
ⓑ 동일분야의 다른 이론과 연관성이 있어야 한다.　　(이론과의 연관성)
ⓒ 간단명료하게 표현되어야 한다.　　　　　　　　　(명료성)
ⓓ 논리적으로 간결하여야 한다.　　　　　　　　　　(간결성)
ⓔ 가설에 포함된 변수의 계량화가 가능해야 한다.　　(계량화 및 수량화)
ⓕ 검증결과를 광범위하게 이용할 수 있어야 한다.　　(일반화)
ⓖ 동의어가 반복적이지 않아야 한다.　　　　　　　　(한정성)

또한 가설 설정 시 주의해야 할 사항은 다음과 같다.

첫째, 너무 일반화되거나 특수화되어서는 곤란하다. 지나치게 일반적이면 검증이 곤란하고, 너무 특수하면 검증은 쉬우나 내용이 사소하여 이론적 의미가 부족하다. 예를 들어, '지식 정도가 높은 사람은 사회에의 적응도가 높다.'라는 가설일 경우 너무 일반적이어서 검증이 곤란하고, '박사학위를 가진 홍길동은 기숙사 생활에 쉽게 적응한다.'

는 가설은 너무 특수적이어서 가설로서 의미가 없다.

둘째, 가급적 가치중립적인 표현을 사용해야 한다. 가설표현은 '……해야 한다, 옳다, 나쁘다, 그르다' 등의 용어사용은 피해야 한다.

▶ 나쁜 가설
· 정치적 행위는 근본적으로 인간이 결정한다. →너무 명백함
· 시험점수가 좋으면 학점이 좋을 것이다. →내용이 반복
· 얼굴이 예쁘면 미인이다.   →내용이 반복
· 공부시간과 성적은 관계가 있다.   →특정화가 안 됨. 즉 성적이 어떻다는 말인가?

▶ 연습문제 ◀

1. 개념, 명제, 모델, 이론과의 관계를 설명하시오.
2. 이론이 실제를 잘 설명하기 위해서는 어떻게 해야 하는가를 설명하시오.
3. 이론의 역할을 설명하시오.
4. 소범위이론에 해당되는 사례를 소개하시오.
5. 중범위이론에 해당되는 사례를 소개하시오.
6. 경찰학분야에서 하나의 이론을 선정한 후 이론평가 기준에 의해 그 이론을 평가하시오.
7. 이론과 사실, 이론과 조사의 관계를 사례를 들어 설명하시오.
8. 경찰학분야의 이론을 선정한 후 선행연구를 요약 정리하시오.
9. 경찰학분야에 대한 연구문제를 10가지 이상 찾아보고 문제배경과 연구목적을 제시하시오.
10. 기존이론의 쟁점이나 지식체계의 미비에서 이끌어낼 수 있는 연구문제를 제시하시오.
11. 사회적 요청에서 이끌어낼 수 있는 연구문제를 제시하시오.
12. 개인의 취향과 경험으로부터 이끌어낼 수 있는 연구문제를 제시하시오.

제5장

실험설계

사회문제는 인간의 욕구불만족 상태를 의미한다. 사회과학은 응용과학으로서 인간의 욕구불만족 상태를 해결, 충족시켜 사회문제를 해결하는 데 의의를 두고 있다. 욕구불만족 상태를 해결하는 가장 기본적인 것은 문제를 발생시키는 원인을 찾아 그 원인을 제거해 주거나 부족한 부분을 채워주는 방법이다. 경찰조사연구에서도 문제라고 생각되는 원인을 찾아 원인과 결과 간의 관계를 밝히고 원인을 조작함으로써 의도하는 결과를 예측(개선)할 수 있어야 한다. 이러한 인과관계를 규명하기 위해 사용되는 방법이 실험설계이다.

1. 실험설계의 개념

실험설계(experimental design)는 실험으로부터 기대되는 가장 합리적인 결과를 얻기 위하여 관계되는 여러 변수를 통제하여 서로 일정하게 관련시키는 계획구조의 전략이다. 실험설계는 연구자가 엄격한 외생변수의 통제하에서 독립변수를 조작하여 종속변수에 미치는 영향정도, 즉 인과관계를 밝히는 조사설계이다. 여기에서 독립변수의 조작이란 변수의 크기나 영향력 또는 강도를 연구자가 임의로 변화시키는 것을 말한다. 또한 연구자는 실험변수의 노출시기, 노출대상, 실험효과의 측정시기를 통제할 수도 있다. 이를테면, 실험설계는 과학적 연구의 전형적인 방법으로 통제된 연구(controlled inquiry)의 정신에 가장 충실하게 따르며, 엄격히 통제된 상황하에서 두 변수 사이의 인과관계를 검증하는 조사설계이다. 이러한 실험설계는 ⓐ 외생변수를 통제하여 순수 독립변수의 효과만을 측정할 수 있고, ⓑ 조사대상의 무작위화를 통해 역시 외생변수를 통제할 수 있으며, ⓒ 동일한 조건만 주어지면 재현가능성이 높고 명확한 인과관계를 검증할 수 있다는 장점이 있다. 반면, 실험설계는 ⓐ 인위성·부자연성이 높아 외적타당성(실제 적용가능성이 낮음)이 저해되고, ⓑ 윤리적인 문제로 실험이 불가능한 경우도 있을 수 있으며, ⓒ 실제 세계에서는 많은 요인들이 작용하기 때문에 독립변수의 강도가 실제 세계에서만큼 크게 작용하지 못한다는 단점이 있다.

2. 실험설계의 조건과 구성요소

(1) 실험설계의 조건

실험설계는 엄격한 실험환경의 통제와 실험조건을 갖추고 변수 간의 관계를 엄정한 방법으로 규명하는 조사설계로, 완벽한 실험이 되기 위해서는 다음과 같은 세 가지 조건들이 갖추어져야 한다.

1) 실험변수의 조작

실험변수의 조작이란 원인이 되는 독립변수를 인위적으로 조작함으로써 조작으로 인한 독립변수의 크기 및 영향 정도를 통해 종속변수의 변화결과를 관찰하는 것을 말한다. 예를 들어, 학교폭력 예방프로그램이 어떠한 영향을 미치는가를 알아보려고 A학교 학생들에게는 프로그램을 실시하지 않고 B학교 학생들에게만 프로그램을 실시한 후 A, B학교 간의 성과를 조사하려고 한다. 이때 예방프로그램이 독립변수가 되고 B학교 학생들에게만 프로그램을 개입시키기 때문에 연구자가 인위적으로 조작한 것이다.

2) 외생변수의 통제

외생변수의 통제는 독립변수의 이외의 어떠한 요인이 종속변수에 영향을 미치지 못하도록 통제한다는 뜻이다. 독립변수 이외의 제3의 변수들이 종속변수에 영향을 미쳤음에도 불구하고 이를 고려하지 못한 채 독립변수가 종속변수의 진정한 원인이라고 주장하는 것은 오류를 범하는 것이다. 따라서 독립변수가 종속변수에 영향을 미치는 순수한 원인이라고 주장하기 위해서는 외생변수가 엄격히 통제되어야 하며 그런 경우에 인과관계가 있다고 말할 수 있다. 예를 들어, 앞에서 언급한 학생들에게 프로그램의 영향을 관찰하는 동안 TV에서 외국 학생들의 학교폭력 예방프로그램을 소개하는 것을 접하고 스스로 따라하였는데도 불구하고 연구자는 프로그램 개입이 순수한 영향요인이라고 말할 수 없다.

3) 실험대상의 무작위화

실험대상의 무작위화(randomization) 또는 무작위배정(random assignment)은 전체집단에서 각 대상들이 실험대상으로 뽑힐 확률이 모두 동일하도록 배정하는 것을 말한다. 무작위로 선발하게 되면 하나의 집단이 또 다른 집단으로 분류될 수 있는 가능성이 있으며 모든 사례들이 하나의 집단이나 또 다른 집단으로 배정될 수 있는 기회가 동등하다는 것이다. 즉, 어떤 한 대상이 실험집단이나 통제집단으로 배정될 확률이 동등하게 된다는 것이다. 이러한 방식으로 두 집단을 구성하게 되면 이들 두 집단은 실험변수 이외의 조건들이 완전히 동일하게 된다는 것이다. 따라서 연구자가 어느 한 집단을 실험집단으로 선택하고 나머지 하나를 통제집단으로 선택한다면 이들 두 집단은 동질적인 집단이 되고 제3의 변수가 통제된다는 것이다.

(2) 실험설계의 구성요소

실험설계는 전형적으로 인과관계를 규명하기 위한 과학적 조사방법이다. 실험설계를 구축하여 관찰을 수행하기 위해서는 다음과 같은 구성요소를 가지고 있다.

① 실험처리(experimental treatment) 또는 독립변수(independent variable)

② 종속변수(dependent variable)

③ 사전검사(pre-test)

④ 사후검사(post-test)

⑤ 실험집단(experiment group)

⑥ 통제집단(control group)

⑦ 무작위 배정(random assignment)

⑧ 관찰(observation)

3. 실험설계의 기본모형

실험설계는 관련된 변수들 간의 인과관계를 밝히기 위한 과학적 조사방법이다. 변수 간의 인과관계를 밝히기 위해서는 실험집단과 통제집단을 비교하여 두 집단의 특성이 동일한가를 관찰한 다음 통제집단에는 실험치(독립변수)를 개입시키기 않고 실험집단 에만 실험치(독립변수)를 개입시킨 후 두 집단의 종속변수를 비교하여 차이가 있게 되면 그 차이를 가져온 원인은 실험치(독립변수)가 개입되었기 때문이라고 설명한다. 이 때 실험치가 순수한 원인이라고 말하기 위해서는 실험치 이외의 어떤 요인도 개입되지 않았다는 점과, 실험집단과 통제집단이 무작위로 배정되었다는 것이다. 〈그림 5-1〉은 실험설계의 전형적인 모형을 제시하고 있다.

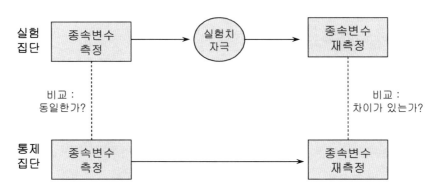

〈그림 5-1〉 기본적인 실험설계 모형

4. 실험설계의 수행과정

실험설계에 의한 실험을 수행하기 위해서는 앞에서 언급한 기본조건과 구성요소를 갖추고 일정한 절차에 따라 진행해야 한다. 연구자가 반드시 정해진 절차를 거쳐 수행해야 하는 것은 아니지만 실험연구의 방향을 잡고 연구를 원활하게 진행하기 위해서는 다음과 같은 절차에 따라 수행해야 할 것이다.

- 1단계: 실험연구의 적절한 가설을 세운다.
- 2단계: 현실적 실제 한계를 감안하는 가설이 검증 될 수 있도록 실험설계를 구축한다.
- 3단계: 실험치 도입방법을 결정하거나 독립변수를 유발하는 상황을 어떻게 만들 것인가를 결정한다.
- 4단계: 독립변수에 대한 타당성과 신뢰성이 있는 측정도구를 개발한다.
- 5단계: 실험환경을 설정하고 실험치와 종속변수에 대한 예비검사를 수행한다.
- 6단계: 적절한 대상 혹은 사례를 정한다.
- 7단계: 집단을 대상으로 무작위로 배정한다.
- 8단계: 모든 집단의 종속변수에 대한 사전검사의 데이터를 수집한다.
- 9단계: 실험집단에 대한 실험치를 도입하고 모든 집단을 모니터한다.
- 10단계: 종속변수에 대한 사후검사 측정치의 데이터를 수집한다.
- 11단계: 수집된 데이터를 검토하고 다른 집단들을 비교한다.
  이 단계에서는 통계나 그래프를 사용한다.
- 12단계: 가설의 지지여부를 결정한다.

제2절 실험설계와 인과관계

실험설계는 인과관계를 밝히는 전형적 연구설계이다. 사회적 현상과 사회구성원의 문제를 발견하고 그 원인과 결과 간의 관계를 규명함으로써 경찰학연구의 목적인 치안정책의 수립 내지 경찰행정 이론이 형성되는 것이다.

1. 인과관계의 의미

사회현상에 대한 과학적 설명에서의 핵심적인 과제는 인과관계(causal relation)를 밝히는 것이다. 인과관계는 원인과 결과 사이의 관계로서 이 관계를 통해 나온 결과를 통해 현상을 설명·예측하고자 한다. 사회과학에서 인과관계를 규명하는 것은 독립변수가 이론에 나타난 대로의 방향과 크기로 종속변수의 변화와 크기에 영향을 미칠 수 있을까라고 하는 의문을 밝히는 것이다. 과학적 연구는 이와 같은 의문에 대한 대답을 얻고자 하는 것이 주요 목적이다.

어떤 특정한 현상에 대한 변수가 다른 변수와 밀접한 관계를 가지고 있다고 해서 반드시 인과관계가 성립되는 것은 아니다. 사회현상에서는 문제 또는 결과를 초래하게 하는 원인을 몇 개의 현상으로 한정짓기 곤란하다. 어떤 사회현상은 다른 많은 현상들과 상호작용을 하면서 복합적인 결과로서 나타나기 때문에 연구자가 특정한 변수를 원인이라고 정확히 단정 짓기란 어려운 일이다. 예를 들어, 경제가 나빠지면서 자살률이 높아지는 현상이 있다고 해서 경제의 하락이 자살률의 원인이라고 단정을 짓기 어렵다. 자살충동을 일으키게 하는 원인에는 자살충동의 상호교류, 개인의 명예를 지키는 수단, 우울증과 같은 정신적 병력 등 여러 가지가 있을 수 있기 때문에, 이런 요인들을 완벽하게 통제하지 않는 상황에서 경제의 하락을 원인으로 규정하기란 곤란하다. 이렇게 명확하게 꼭 집어서 무엇이 절대적인 원인이라고 말하기 어렵기 때문에 사회과학에서는 명확하고 결정론적인 표현보다는 확률적인 표현을 사용한다.

2. 인과관계를 위한 조건

사회과학에서 인과관계가 성립되기 위한 조건으로 여러 가지를 제시하고 있지만, 대부분의 사회과학 연구에서는 다음과 같은 세 가지 조건이 충족될 때 인과관계가 있다고 말한다.

(1) 시간적 순서

어떤 현상이나 문제의 원인을 규명하기 위해서는 원인이 되는 요소인 독립변수가 먼저 발생하든지 먼저 변화되어야 한다. 즉 한 사건(현상)이 다른 사건에 시간적으로 앞서야 한다. 반대로 미래의 상황이 현재나 과거의 상황을 결정할 수 없다는 것이다.

흡연비율 → 폐암 발생률
부모의 지위 → 자녀의 교육수준
실업 → 소득감소
교육수준 → 소득증가
심리적 좌절 → 자살률,   경제하락 → 자살률
동기부여 → 성취감,
도시화 → 주택문제(교통문제, 쓰레기 문제 등)

(2) 공동변화

공동변화(covariation) 또는 연관성(association)은 둘 또는 그 이상의 변수가 상호 관련되어 있지 않다면 한 변수가 다른 변수의 원인이 될 수 없다는 것이다. 다음과 같은 예를 들어 설명한다.

· '교육을 많이 받을수록 소득이 많다'는 공변관계이다.
  만일 교육수준의 변화에 따른 소득의 변화가 없으면 양자는 공변관계가 아니다.

· '어린아이에게서 어머니의 애정을 박탈하면 비행을 저지른다'도 공변관계이다.
  만일 어머니의 애정을 충분히 받은 아이와 애정이 결핍된 아이가 똑같이 비행을 저지른다면 공변관계가 아니다.

· '지능이 낮으면 범죄를 저지른다'도 공변관계이다.
  만일 지능이 낮은 사람과 높은 사람이 똑같이 범죄를 저지른다면 지능은 범죄의 원인이 될 수 없다.

그리고 공변은 과학적 연구에서 상관관계로 나타난다. 상관관계가 존재해야 인과관계가 있다고 말할 수 있다. 예를 들어, 상대적 박탈감의 크기와 폭동의 정도 간에 상관관계가 없으면 양자 간에는 인과관계도 없다고 말할 수 있다. 물론 상관관계가 있다고 하여 모두 인과관계가 있는 것은 아니다. 상관관계는 인과관계의 필요요건이지 충분요건은 아니다. 상관관계는 변수와 변수 간에 관련이 있다는 것이지 어떤 변수가 시간적으로 앞서서 발생하는가를 알 수 없다.

키와 몸무게	→ 상관관계 ○
나이와 건강	→ 상관관계 ○
키와 영어실력	→ 상관관계 ×
물리학과 수학성적	→ 상관관계 ○
물리학과 미술성적	→ 상관관계 ×
교육수준과 소득	→ 상관관계 ○
흡연과 폐암발생률	→ 상관관계 ○

이상과 같이 공변을 알아보기 위하여 독립변수에 노출된(영향을 받은) 사람과 그렇지 않은 사람을 비교하거나(실험, 통제의 양 집단 비교) 독립변수의 영향을 받기 전후를 비교(단일 집단비교)하는 방법이 있다.

(3) 진실한 관계(non-spuriousness)

진실한 관계(non-spuriousness) 또는 비허위적 관계는 두 개의 변수 관계가 제3의 변수(허위변수)에 의해 설명되어지지 않는 경우, 즉 다른 모든 변수(제3의 변수)의 영향을 배제하여도 두 변수 간의 관계가 유지되면 그 관계는 진실한 관계라 할 수 있다. 예를 들어, 흡연과 폐암의 관계에서 남성과 여성, 농촌과 도시주민, 고소득층과 저소득층 등에서 차이가 없다면 그 관계는 진실한 관계이다. 즉 모든 관련 변수의 효과가 제거되었다면 그 관계는 인과관계가 있다고 말할 수 있다.

또한 진실한 관계가 있다고 말하기 위해서는 제3의 변수를 통제하여도 독립변수와 종속변수의 관계가 변화하지 않아야 되는데, 이를 위해서는 외생변수를 통제할 수 있는 인위적 실험상황을 만드는 것이 가장 좋은 방법이다.

제3절 실험설계의 타당성

실험적 조사연구의 핵심은 원인변수와 결과변수의 사이에 인과관계가 존재하는지를 추론하는 일이다. 따라서 인과관계 존재여부를 경험적으로 검증해야 하는데, 연구에서 인과관계의 추론이 정확하게 이루어지면 그 조사연구는 타당성이 높다고 말할 수 있다.

실험설계에서 타당성(validity)은 경험적 조사연구를 통하여 인과관계를 얼마나 진실에 가깝게 추론하느냐의 정도를 나타내는 개념으로 조사연구의 어느 한 과정에서 살펴보는 측정의 타당성만을 지칭하는 것이 아니라, 모든 단계에 걸쳐 문제가 된다. 즉 조사설계 단계에서부터 자료의 수집, 분석, 해석 및 연구결과의 일반화 등 연구의 전 과정에 걸쳐서 인과적 추론을 왜곡하는 요인이 배제되었을 때 타당성은 높아진다. 실험설계에서 타당성은 내적 타당성과 외적 타당성으로 구분된다.

1. 내적 타당성

(1) 내적 타당성의 의미

내적 타당성(internal validity)이란 측정된 결과가 실험처리(독립변수)의 진정한 변화 때문에 일어난 것인가에 관한 문제이다. 만약 실험처리의 변화 이외의 다른 요인들이 개입되었다면 실험처리를 진정한 원인이라고 말할 수 없을 것이다. 내적 타당성을 높이기 위해서는 순수하게 독립변수의 영향만으로 결과에 변화 또는 차이가 있었다고 말할 수 있어야 하기 때문에 외생변수들의 통제를 철저히 하는 실험환경이 구축되어야 한다.

(2) 내적타당성의 저해요인

내적 타당성을 저해한다는 의미는 추정된 원인 이외의 종속변수(결과)를 설명할 수 있는 외생변수 또는 경쟁가설이 존재한다는 것을 의미한다. 따라서 조사 중인 변수 간의 관계의 설명에서 외생변수 또는 경쟁가설이 제외되어야 하며, 반대로 외생변수가 끼어들거나 경쟁가설이 존재하게 되면 변수 간 관계 의 추론에 문제 즉, 오류가 발생한다. 이렇게 되면 독립변수가 정말 종속변수의 원인이라고 하는 주장은 정확하지 않는 것이 된다.

1) 선발요인

선발요인은 실험집단과 통제집단으로 나눌 때 편의적으로 선발하거나 편견을 가지고 선정하거나 또는 편향된 선별을 하여 관찰을 하는 경우 이미 처음부터 특정한 속성이 특정집단으로 편중되어 있기 때문에 실험처리가 결과에 영향을 미치는 진정한 효과라고 볼 수 없다.

내적타당성 저해요인으로서 선발요인은 정책이나 프로그램 집행 후에 실험집단과 비교집단 간의 결과변수에 대한 측정값의 차이가 정책집행의 효과라기보다는 처음부터 두 집단구성원들이 다르기 때문에 나타나는 경우이다. 예를 들어, 아동학대 방지 프로그램의 효과성을 알아보기 위해서 자발적으로 프로그램에 참여한 사람들 집단과 참여하지 않은 사람들의 집단을 비교해 본 후, 프로그램 참여자들이 학대 예방 관련 점수가 높게 나타났다고 해서 방지 프로그램이 효과가 있었다고 말할 수는 없다. 이것은 원래 프로그램에 참여한 사람들이 아동학대에 대한 의식이 높았기 때문에 다르게 나타났다고 볼 수 있다.

2) 역사요인

역사요인(history)은 조사기간 중에 연구자의 의도와는 관계없이 일어난 사건이 결과변수에 영향을 미치는 것이다. 조사기간 중에 정치·경제·사회 및 자연환경의 변화를 가져오는 사건이 발생한 경우에 이 사건이 종속변수에 영향을 미치기 때문에 실험처리가 종속변수에 변화나 차이를 가져오게 하는 진정한 원인이라고 말할 수 없다. 실험설계에서는 사전검사(pre-test)와 사후검사(post-test)간에 일어나는 사건(event)으로 인하여 발생하는 문제점으로 실험실 내의 실험에서는 통제가 가능하지만 현지실험에서는 매우 힘들다. 역사요인은 실험 간격이 클수록 더 크게 작용한다.

예를 들어, 흑색선전이 특정정당 지지율에 미치는 영향을 알아보기 위하여 실험·통제집단을 선정한 경우, 특정정당에 대한 양 집단의 (전후의) 지지율의 변화는 단지 흑색선전만이 아닌, 세금, 국제문제, inflation 등에 영향을 받았을 가능성이 크다.

3) 성숙요인

성숙요인은 시간의 흐름에 따른 생리적·심리적 변화가 종속변수에 영향을 미쳐 잘못된 결론을 유도하는 경우에 발생하는 문제로 나이, 지식, 체력, 경험 등이 종속변수에 영향을 미치는 경우이다. 예를 들어, 우유급식에 따른 초등학생의 체력증가를 알아보려고 하는데 검사기간 동안의 우유급식보다는 나이가 체력을 증가시키는 원인이 될 수 있다. 또한 경찰관들에게 3개월 교육훈련프로그램 효과에 따른 문제해결 능력을 측정한 경우 조사기간 동안 능력이 자연적으로 향상될 수 있다.

4) 실험도중 탈락 또는 상실요인

조사기간 중 실험대상에서 특정인들이 탈락·상실됨으로써 남아있는 대상이 처음의 관찰대상 집단과 다른 특성을 갖게 되는 현상으로, 이렇게 되면 비교집단이 서로 이질적일 수밖에 없다. 예를 들어, 끝까지 실직자재취업프로그램에 남아 있는 사람은 중도 포기한 사람보다 성취동기가 높은 경우나 금연프로그램에서 중도 탈락자보다 수료자는 성공률이 높은 경우이다. 또 다른 예를 보면, 자아존중감 향상 프로그램에 참여하고 있는 학생이 다른 학교로 전학을 가는 경우 전학을 간 학생은 사전 검사에는 참여했지만 사후 검사에서 빠지기 때문에 결과에 영향을 미치게 된다.

5) 측정도구요인

사전 사후의 측정에서 측정자의 측정도구(검사도구)가 달라져서 생기는 문제로 정책이나 프로그램의 경우 그 효과가 왜곡될 수 있다. 예를 들어, 경찰관교육프로그램이 효과가 있는가를 알아보기 위해 프로그램 참여 전에는 난이도가 높은 시험문제로 측정하고 프로그램이 끝난 후에는 난이도가 낮은 시험문제로 측정하는 경우 그 결과를 통해 프로그램이 효과가 있었다고 말할 수는 없다. 이 같은 문제는 신뢰도(reliability)와 관련된다.

6) 검사요인

검사요인(testing)은 실험대상이 동일(또는 비슷한) 측정을 여러 번 받을 때 발생하는 문제로, 조사의 실시 전·후에 유사한 검사가 반복됨으로써 프로그램 참여자들이 검사에 친숙해져서 측정값(결과)에 영향을 미치는 현상이다. 예를 들어, 경찰관교육프로그램이 효과가 있는지를 알아보기 위해 프로그램 참여 전과 참여 후에 측정하는 문제를 동일한 시험문제로 측정하는 경우 참여자들은 시험문제에 익숙해져 있을 수도 있기 때문에 프로그램에 참여하여 두 번의 시험을 치른 사람은 높은 점수를 얻을 수도 있다.

7) 회귀요인

회귀요인(regression)은 종속변수의 극단적인 측정값(최고값 또는 최저값)을 갖는 사례들을 재측정할 때, 평균값으로 회귀하여 처음과 같은 극단적 측정값을 나타낼 확률이 줄어들게 된다. 회귀요인은 종속변수의 값이 가장 높거나 가장 낮은 사람만을 실험집단으로 선택했을 경우 다음 검사에서는 독립변수의 효과가 없더라도 높은 집단은 낮아지고 낮은 집단은 높아지는 현상으로 나타난다. 예를 들어, 양로원 수용자에게 좌절감 정도가 얼마나 큰지에 대하여 사전검사를 실시한 후 좌절감 정도가 큰 사람에게만 상담서비스를 실시한다. 그러나 사전검사를 받은 사람의 일부는 사전검사 당일에 컨디션이 아주 나빴기 때문에 비정상적인 낮은 점수를 받았을지도 모른다. 그 이유는 전날 잠을 제대로 못 잤거나, 갑자기 이가 아파서 기분이 몹시 좋지 않았거나, 친한 친구나 친척이 멀리 떠나버려서 컨디션이 아주 나빴을 경우도 있을 수 있다. 이런 경우 상담서비스를 실시하고 사후검사를 통해 좌절감 정도가 사전검사에 비해 높아졌다고 하여 좌절감 정도가 낮게 된 것은 상담서비스를 받았기 때문이라고 말할 수 없다.

8) 모 방

실험집단과 통제집단에 속한 사람들이 서로 대화하거나 만날 가능성이 있는 경우 실험집단에 속한 사람들이 통제집단의 사람들에게 자신의 실험경험을 알려줄 수 있다. 이 때 통제집단의 사람들은 실험집단의 사람들을 모방하려 하게 됨으로써 실험효과를 알 수 없게 되는 것이다. 예를 들어, 작은 단위의 지역사회에서 범죄예방프로그램을 몇 년간에 걸쳐 실시하였다. 최근에 이 프로그램의 효과를 알아보려고 다른 지역사회와 비교해 보았다. 조사결과 다른 지역사회와 별 차이가 없게 나타났다. 이때 다른 지역사회에서도 범죄예방프로그램을 뒤따라 도입함으로써 두 집단 간의 차이가 줄어들었을 가능성이 높다.

(3) 내적타당성 저해요인의 통제방법

내적타당성 확보를 저해하는 요인을 통제하는 방법은 주로 짝짓기와 무작위 배정의 방법이 많이 사용된다.

1) 짝짓기

짝짓기는 실험집단과 통제집단에 똑같은 특성을 가진 사람들로 할당하는 방식이다. 짝짓기는 다음에 설명하게 될 무작위화와 함께 사용될 때 진정한 의미가 있게 된다. 만약 무작위화를 고려하지 않고 짝짓기만을 하게 된다면 누가 어느 집단에 배정되는지를 결정하면서 발생할 수 있는 모든 편견을 통제하지 못하게 된다. 짝짓기 방법은 다시 정밀통제방법과 빈도분포통제방법이 있다.

첫째, 정밀통제(precision control)방법은 양 집단(실험집단과 통제집단)의 모든 사례(case)가 똑같은 특성을 지니도록 배정하는 방법이다. 예를 들어, 성별과 나이를 통해 짝짓기 한다면 양 집단에 똑같이 배정되도록 해야 한다.

<그림 5-2> 성별과 나이에 대한 정밀통제방법

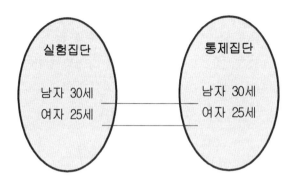

그러나 이런 정밀통제방법도 문제점이 있을 수 있다. 그것은 ⓐ 수많은 변수에 대하여 어떻게 일일이 짝짓기를 할 것인가? 에 관한 문제로 예를 들어, 나이, 성, 종족, 교육정도, 수입 등등이 통제되어야 한다면 30세, 남자, 흑인, 대학교육, 월소득 300만원의 모든 조건을 갖춘 사람이 양 집단에 똑같이 배정되어야 한다는 점이다. ⓑ 어떤 변수가 중요한 것인지 사전에 알아야 되는데 그것을 결정하기가 곤란한 경우가 있다.

둘째, 빈도분포통제(frequency distribution control)는 양 집단(실험집단과 통제집단)에 일대일 대응이 아니라 중앙경향치(central tendancy)를 중심으로 유사하게 짝짓기를 하는 것이다. 예를 들어, 성이 문제이면 양 집단의 남녀비율을 같게 한다든지, 나이가 문제이면 양 집단의 평균나이를 같게 한다든지, 또한 교육이 문제이면 양 집단의 교육수준을 같게 하는 방법이다.

이 방법은 정밀통제보다는 쉬우나 모든 변수를 다 통제하였는지 여부를 알 수 없고 알더라도 현실적으로 통제가 불가능한 경우가 많다는 것이 문제이다.

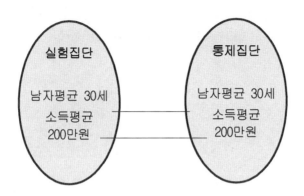

<그림 5-3> 성별과 소득에 대한 빈도분포통제방법

2) 무작위배정의 방법

무작위배정(random assignment)은 통계적(statistical) 혹은 수학적(mathe-matical) 의미를 가진다. 확률이론에서 무작위(random)가 가지는 의미는 '모든 각각의 사례가 뽑힐 수 있는 기회를 가진다'는 의미이다. 앞에서 설명한 짝짓기는 한정된 수에만 변수의 통제가 가능한 데 반해, 무작위배정은 연구자가 의식하지 않고 모든 변수를 통제할 수 있다는 점이다. 이 방법은 주로 난수표나 동전을 사용할 수 있다.

실제에서 무작위배정은 매우 단순하다. 먼저 연구자가 사례를 수집하고, 무작위 과정을 통해 두 개 혹은 그 이상의 집단으로 구분한다. 예를 들어, 연구자가 32명을 16명씩 두 개 집단으로 구분하려고 하는 경우 무작위 방법은 종이에 각자의 이름을 쓰게 하고 모자에 넣은 다음 눈을 감고 섞은 후 '집단1'에 16개의 종이를 끄집어내고 '집단2'에 다시 16개의 종이를 끄집어낸다. 다음은 무작위 방법의 예시이다.

■1단계: 다양한 특징을 가진 사례들을 수집한다.

A, B, C 의 특성(예: 납세자의 연령, 사회계급, 결혼상태 등)을 가진 30개의 사례가 무직위로 나열되어 있다고 가정한다.

A B B C A C A B C A C B A C A B C A B C A C A A B B C A B C

- 2단계: 임의적으로 각 집단의 동등한 사례수가 선정될 수 있도록 기계적 절차를 밟는다.

【방법1】다음과 같이 사례에 다른 이름을 할당한다.

A B B C A C A B C A C B A C A B C A B C A C A A B B C A B C
1 2 1 2 1 2 1 2 1 2 1 2 1 2 1 2 1 2 1 2 1 2 1 2 1 2 1 2 1 2

배정결과

집단1	집단2
A 7	4
B 3	6
C 5	5

【방법2】사례집단을 두 개로 쪼갠다.

A B B C A C A B C A C B A C A B C A B C A C A A B B C A B C
1 1 1 1 1 1 1 1 1 1 1 1 1 1 1 2 2 2 2 2 2 2 2 2 2 2 2 2 2 2

배정결과

집단1	집단2
A 7	5
B 4	5
C 5	5

【방법3】동전을 던져서 앞면이 나오면 "H", 뒷면이 나오면 "T"로 표시한다.

A B B C A C A B C A C B A C A B C A B C A C A A B B C A B C
H H T H T T T H T H T T T H T T T H T H H H H T H T T T H T H

배정결과

집단1	집단2
A 5	6
B 3	6
C 7	3

3) 짝짓기와 무작위배정의 관계

무작위배정의 목적이 사례의 특징을 두 개(그 이상)의 동등한 집단으로 나누려고 한다면, 각 집단에 사례의 특징을 짝짓기 한다는 것은 쉬운 일이 아니다. 연구자는 연령, 성별과 같은 어떤 특징들을 각 집단에 똑같이 짝짓기 하려고 한다. 짝짓기는 무작위로 배정하는 한 가지 방법이지만 자주 사용하는 방법은 아니다.

왜냐면 짝짓기에는 다음과 같은 문제가 있다. 먼저 관련된 어떤 특징으로 짝을 이루게 할 것인가, 또는 그 특징을 정확하게 짝짓기 할 수 있느냐 하는 문제가 남는다. 개인 사례의 경우 많은 특징들이 있지만 연구자는 관련된 특징이 무엇인지를 정확히 알 수 없다. 예를 들어, 납세자는 왜 소득세를 교묘한 방법으로 적게 납부하거나 회피하는가에 대한 실험을 수행하려고 할 때, 연구자는 납세자들을 비교 가능한 두 개의 집단으로 짝짓기 해야만 한다. 하지만 특징이 문제이다. 두 개의 집단을 연령으로 할 것인가? 직업으로 할 것인가? 성별로 할 것인가? 정치적 이념으로 할 것인가? 이런 문제를 안고 있기 때문에 진정한 짝짓기를 수행한다는 것은 어려운 일이다.

2. 외적 타당성

(1) 외적 타당성의 의미

외적 타당성(external validity)이란 관찰한 결과로 밝혀진 독립변수의 효과를 다른 상황에서도 적용했을 때 동일한 효과가 나타날 것인가, 즉 일반화할 수 있는가에 관한 문제이다. 특정집단을 대상으로 특정정책을 특정시기에 특정상황에서 적용하여 조사한 결과를 다른 집단·시기·상황에 보편적으로 적용시킬 수 있을 때 외적 타당성이 있다고 말한다. 외적 타당성을 높이기 위해서는 가능한 현실과 맞는 조건에서 실험이 이루어져야 한다.

(2) 외적타당성의 저해요인

1) 사전검사에 대한 반응적 효과

사전검사에서 응답자들에게 개입되는 실험처리는 응답자들이 일상생활에서 보편적으로 경험한 현상이 아니므로 평상시와 다른 반응을 나타낼 수 있다. 이런 이유 때문에 실험에 참여한 사람들의 관찰결과를 가지고 실험에 참여하지 않은 사람들에게 일반화한다는 것은 문제가 있다.

이 문제는 사전검사를 하는 과정에서 실험처리가 개입하게 되면 실험대상들은 실험처리에 대한 사전지식을 갖게 된다. 따라서 사전지식을 갖춘 사람과 그렇지 않은 사람을 비교한다는 것은 문제가 있다.

2) 실험대상자 선발편견

실험대상자의 선발편견으로 나타난 결과를 일반화한다는 것은 문제가 있다. 예를 들어, 범죄예방 프로그램 효과를 알아보기 위해 저소득층 지역의 주민들을 대상으로 프로그램을 적용하여 관찰한 결과를 부유층 지역의 주민들에게 적용하였을 때도 동일한 결과를 가져올 것이라고 주장하는 것은 문제가 있다.

3) 실험절차에 대한 반응적 효과

실험에 참여한 사람들이 실험을 당하고 있다는 것을 알게 되면 평상시와 다른 의식적 행동을 할 수 있다. 따라서 실험과정을 아는 사람들과 모르는 사람들이 나타내는 반응은 다르다는 것이다.

4) 다양한 실험처리의 복합적 영향

동일한 사람들에게 여러 가지 실험처리를 적용하는 경우 이전 실험처리의 효과가 나중 실험처리의 효과에 영향을 미치게 된다. 이런 사람들의 측정결과를 아무런 실험처리 경험이 없는 사람들에게 적용한다는 것은 문제가 있다. 예를 들어, 범죄예방 프로그램이 미치는 효과를 알아보려고 한다. 실험집단의 주민들은 이전에 경찰서 및 교육기관으로부터 범죄예방 프로그램을 경험한 바 있다. 이처럼 이전에 경찰서 및 교육기관으로부터 경험한 범죄예방 프로그램이 실험집단 주민들에게 영향을 미칠 수 있기 때문에 이전에 범죄예방 프로그램을 경험하지 못한 다른 지역주민에게 범죄예방 프로그램을 운영하면 동일한 결과가 나타날 것이라는 주장은 문제가 있다.

(3) 외적타당성 저해요인의 통제방법

외적 타당성 확보를 저해하는 요인을 통제하는 방법은 주로 무작위 추출방법, 의도적으로 이질적인 요소를 포함시키는 방법, 그리고 대표적 사례만을 표본으로 선정하는 방법이 사용된다.

1) 무작위 추출방법

연구결과의 적용가능성을 높이기 위해서는 무작위 추출법(random sampling)을 활용하여 대상집단을 추출한다. 연구결과를 일반화시키고자 하는 모집단을 규정한 다음 무작위추출로 조사하는 경우 조사결과를 모집단에 일반화시킬 수 있게 된다.

2) 계획적으로 이질적인 요소를 포함시키는 방법

이 방법은 연구결과를 일반화시키고자 하는 집단, 상황, 그리고 시기를 규정한 다음 여기에 포함되는 여러 가지 이질적인 사례들이 포함될 수 있도록 표본을 설계하는 방법이다. 예를 들어, 농촌, 소도시, 대도시 등 여러 지역의 학생들을 골고루 표본에 포함시키면 서로 다른 환경에 처한 학생들에게 교육프로그램의 효과를 일반화시킬 수 있다.

3) 대표적 사례만을 표본으로 선정하는 방법

연구자가 연구결과를 적용시키고자 하는 집단, 상황 및 시기의 유형을 미리 세밀하게 규정한 다음 그와 같은 집단, 상황 및 시기, 계층 중에서 최소한 하나의 사례가 포함될 수 있도록 표본을 선정하는 방법이다. 예를 들어, 어떤 지역에 교육프로그램을 실시하기 전에 그 효과를 사전평가하고자 할 때, 그 지역의 여러 학교 중에서 학생수의 크기, 학생의 평균성적, 부모의 소득수준 등 여러 면에서 그 지역을 대표할 수 있는 학교들을 선정하여 연구대상으로 활용하는 방법이다.

제4절 실험설계의 종류

연구자가 실험설계를 구축할 때는 연구목적, 관찰대상, 조사상황, 조사시기 등을 종합적으로 고려하여 이에 적합한 실험설계방법을 선택해야 한다. 실험설계는 실험설계의 조건 즉, 실험처리의 조작화, 외생변수 통제, 관찰대상의 무작위화 등에 따라 진실험설계, 준실험설계, 비실험설계로 구분된다.

1. 진실험설계

진실험설계는 인과관계를 규명하는 전형적인 설계방법으로 앞에서 제시하는 실험설계의 조건을 모두 충족시키는 실험방법이다. 진실험설계의 유형에는 통제집단 사후측정설계, 통제집단사전사후설계, 솔로몬의 4집단설계, 요인설계 등이 있다.

(1) 통제집단 사후측정설계

통제집단 사후측정설계(posttest only control group design)는 무작위배정에 의해서 동질성을 가진 연구대상을 실험집단과 통제집단으로 구성한 다음 실험집단에 대해서는 실험변수를 개입시키고 통제집단에 대해서는 실험변수를 통제하는 실험설계이다. 이는 두 집단 모두에 사후측정을 실시하여 실험변수의 효과(E)는 실험집단의 관찰값과 통제집단의 관찰값의 차이로 나온 것으로 본다.

		독립변수(실험처리)	사후검사
실험집단(RG)	R	X	O_1
통제집단(CG)	R		O_2

$$E = (O_1 - O_2)$$

이 같은 실험상황은 사전측정이 문제를 일으킬 수 있는 경우 또는 사전측정이 불가능한 경우에 사용되며 역사요인, 성숙요인, 회귀요인 등 내적 타당성의 저해요인이 제거된다. 또한 사전측정을 하지 않아 사전검사에 대한 반응적 효과에 의한 외적 타당성 저해를 방지할 수 있고 시간과 비용이 절약되는 장점이 있다. 반면, 사전검사를 하지 않기 때문에 O_1과 O_2의 차이가 과연 독립변수(실험처리) X로 인한 것인지를 알 수가 없다.

예를 들면, 영화가 인종에 대한 편견에 미치는 영향을 조사하기 위하여 학생들을 두 집단으로 나누고 한 집단에서는 인종차별적인 영화를 보여준 뒤 영화상영 후 면접을 실시하고 영화를 보여주지 않은 다른 집단에 대해서는 평소 인종에 대해 어느 정도 편견을 가지고 있는지를 면접하였다. 이와 같이 영화를 본 집단과 보지 않은 집단 간에 인종의 편견에 차이가 나타났다면 차이를 가져온 원인은 영화상영의 효과라고 판정한다. 그러나 영화상영의 결과가 유의미하게 나왔다고 하더라도 사전측정을 하지 않아 영화상영이 결과에 영향을 미치는 진정한 원인이라고 단정할 수 있는지 의문이다. 또한 성차별 의식교육에 대한 효과를 알아보기 위해 성차별 강의가 끝난 뒤 면접을 하고 성차별 의식교육을 받지 않는 집단과 비교했을 때 유의한 차이가 나타났다고 하더라도 그 결과를 단지 성차별 강의로만 설명할 수 있는지 의문이다.

(2) 통제집단 사전사후설계(고전적 설계)

통제집단 사전사후설계 또는 고전적 실험설계(pretest-posttest control group design classic experimental design)는 무작위화를 통해 선정된 두 집단에 대하여 실험집단에는 독립변수의 조작을 가하고 통제집단에는 독립변수의 조작을 가하지 않는 방법으로 사전측정이 설계에 통합되어 있는 것이 통제집단 사후측정설계와 차이점이다.

		사전검사	독립변수	사후검사
실험집단(EG)	R	O_1	X	O_2
통제집단(CG)	R	O_3		O_4

$$E = (O_2 - O_1) - (O_4 - O_3)$$

이 같은 실험상황은 독립변수가 개입되기 전에 실험집단과 통제집단의 상태가 동일한지의 여부를 점검해 볼 수 있다. 반면, 실험집단과 통제집단 모두에 검사요인을 통제할 수 없다는 단점이 있다. 즉 실험집단과 통제집단에 속한 대상들이 사전측정에 의하여 정상과는 다른 민감한 반응을 보일 수도 있고 또한 연구자의 의도를 파악하거나 시험양식에 익숙해져 실제의 독립변수의 효과와는 다른 결과를 보일 수도 있다.

이 같은 실험상황의 예를 보면, 경찰교육 프로그램의 효과를 알아보려고 교육생을 무작위로 두 개의 집단으로 나누고 사전검사를 실시한다. 실험집단에는 교육프로그램을 실시하고 통제집단에는 교육프로그램을 실시하지 않는다. 교육기간에 끝난 뒤 실험집단과 통제집단에 대한 측정을 실시한 결과 실험집단과 통제집단에서 차이가 있었다고 한다면 차이의 원인은 프로그램이라고 말할 수 있다.

(3) 솔로몬 4집단설계

솔로몬 4집단설계(Solomon four-group design)는 앞에서 설명한 고전적 실험설계를 통제집단사후설계와 혼합한 것이다. 이 설계는 두 집단이 아니라 4개의 집단으로 연구대상을 무작위배정한다. 이 중 두 집단은 통제집단, 두 집단은 실험집단이다. 통제집단과 실험집단 중에 각 한 집단에는 사전검사와 사후검사를 실시한다. 나머지 통제집단과 실험집단에는 사후검사만을 실시한다. 만약 사전검사가 특별한 효과를 야기한다면 그 효과는 두 실험집단의 결과를 서로 비교하고, 두 통제집단의 결과를 서로 비교하여 발견할 수 있다.

		사전검사	독립변수	사후검사
실험집단(A)	R	O_1	X	O_2
통제집단(B)	R	O_3		O_4
실험집단(D)	R		X	O_5
통제집단(C)	R			O_6

이러한 설계방법은 실험집단간의 비교(O_5 - O_1)와 통제집단간의 비교(O_6 - O_3)를 통한 상대적 효과를 파악함으로써 사전검사에 의한 민감도의 반응효과를 파악하고 있다. 실험집단의 비교(O_5 - O_2)에서는 독립변수 X에 의한 종속변수의 효과(O_2)가 사전검사에 의해서 나타난 민감한 반응효과가 있는 경우와 그렇지 않는 경우와의 차이점을 의미하고 있다. 만일에 사전검사에 의한 민감성의 효과가 거의 없으려면 (O_5 - O_2) 및 (O_6 - O_4)의 차이가 거의 없어야 할 것이다. 이렇게 되면 독립변수 X는 사전검사를 받지 않은 집단에도 일반화가 가능하다.

이 같은 설계방법은 각 변수별로 효과의 분리가 가능하고 철저하게 외생변수를 통제할 수 있다는 장점이 있는 반면, 실험집단과 통제집단의 선정과 관리가 어렵고 비경제적인 것이 단점이다. 조사방법론에서 학자들은 이 설계를 높이 평가하지만 실제연구에서는 거의 사용되지 않는다.

(4) 요인설계

지금까지는 한 개의 독립변수가 종속변수에 미치는 영향에 관한 설계였다. 그러나 만일 여러 개의 독립변수가 동시에 종속변수에 영향을 미칠 때 하나의 독립변수만의 효과를 가지고 이를 일반화시킨다면 인과관계의 외적 타당성에 문제가 있다. 이러한 문제를 제거하기 위한 것이 요인설계(factorial design)이다. 요인설계는 2개 이상의 독립변수가 종속변수에 영향을 미치는 상황을 알아보려는 설계방법으로 다른 설계에 비해 일반화의 정도가 크다. 즉 "다른 조건이 같다면"의 가정이 감소된다.

예를 들면, 경찰조직 규모에 따라서 경찰관의 사기(士氣)에 영향을 미치지만, 경찰조직의 유형도 사기에 영향을 미친다. 경찰조직 규모를 大, 小로, 유형을 자치경찰, 국가경찰로 나누면 다음과 같다.

	大	小
자치경찰	1	2
국가경찰	3	4

R	X_1	O_1	X1: 대, 자치경찰
R	X_2	O_2	X2: 소, 자치경찰
R	X_3	O_3	X3: 대, 국가경찰
R	X_4	O_4	X4: 소, 국가경찰

요인설계는 다른 설계에 비해 일반화의 정도가 크다. 즉 "다른 조건이 같다면"의 가정이 감소된다.

2. 준실험설계

준실험설계(quasi-experimental design) 또는 유사실험설계는 무작위배정에 의하여 실험집단과 통제집단의 동등화를 꾀할 수 없을 때 사용하는 설계방법이다. 준실험설계는 무작위배정 대신에 다른 방법을 사용하여 실험집단과 유사한 비교집단을 구성하는 설계이다. 준실험설계의 유형은 비동질적 통제집단설계, 단절적 시계열설계, 상호교체 단절적 시계열설계, 통제-시계열설계 등이 있다.

(1) 비동질적 통제집단설계

비동질적 통제집단설계(non-equivalent control group design)는 실험조건상 조사대상을 실험·통제집단으로 나눌 수 있으나 무작위배정을 통한 동질화가 이루어지지 않는 경우이다. 이런 경우에는 짝짓기(matching) 등의 방법을 통하여 가능한 범위 내에서 실험집단과 유사한 비교집단을 구성하여 측정하려는 경우이다.

	사전검사	독립변수	사후검사
실험집단	O_1	X	O_2
통제집단	O_3		O_4

$$E = (O_2 - O_1) - (O_4 - O_3)$$

예를 들어, 담배, 술, 약물의 사용을 줄이고자 하는 프로그램을 평가하기 위해 두 개의 고등학교를 선정하였다. 통제집단 학교는 인구학적으로 유사한 인근학교를 선정했다. 실험집단 학교에 대해서는 건강교육프로그램을 실시하였고 통제집단 학교는 프로그램을 실시하지 않았으며 사전·사후측정을 통해 실험집단 학교의 학생들의 담배, 술, 약물사용이 현저하게 줄었다면 연구자는 그 원인을 건강교육프로그램이라고 주장하게 된다. 이런 경우 연구대상을 무작위로 배정하지 못했기 때문에 두 학교가 비교가 능한지 의문을 가질 수 있다. 그러나 사전 측정을 통해 실험집단과 통제집단(비교집단)의 흡연정도가 거의 동일하다는 사실을 알게 되면 프로그램이 학생들의 행위에 영향을 미쳤다고 볼 수 있다.

(2) 단절적 시계열 설계

단절적 시계열 설계(interrupted time-series design)는 여러 시점에서 관찰되는 자료를 통하여 실험변수의 효과를 추정하기 위한 방법이다. 이 방법이 각 시점에 대하여 하나의 자료가 주어져 있기 때문에 시계열이라고 하고, 독립변수가 조작되는 점에서 분명한 구분선이 존재하기 때문에 단절적 시계열이라 한다. 단절적 시계열 설계는 특정 정책개입의 효과를 평가하기 위하여 고속도로 사고 사망률, 범죄증가 및 감소율, 의료사고 사망률 등 정책결과의 측정에 유용한 도구이다. 예를 들어, 교통사고사망률을 줄이기 위해 속도규제를 실시하였다. 규제를 실시한 전후의 교통사고사망률의 변화를 분석하는 경우이다. 또한 범죄를 예방하기 위해 어떤 지역에 CCTV를 설치하였다. 설치 전후 그 지역의 범죄증감률을 조사해 보는 경우이다.

$$O_1 \quad O_2 \quad O_3 \quad O_4 \quad O_5 \quad X \quad O_6 \quad O_7 \quad O_8 \quad O_9 \quad O_{10}$$

이 방법은 정책이나 프로그램이 개입 전후의 여러 시점에 걸쳐서 어떤 변화를 보이는지를 관찰하는 방법이다. 또한 조사대상을 실험·통제집단으로 나눌 수 없고 동일한 대상에 대하여 실험변수에 노출되기 전·후의 종속변수에 대한 측정을 실시하여 변화의 추세를 파악하고 실험효과를 분석하는 방법이다. 이 방법은 한 실험집단을 실험처리 전후로 여러 번 관찰하는 것으로 기간이 길면 길수록 좋다. 그러나 측정기간에 우발적인 사건의 영향을 배제할 수 없고 측정수단의 변화와 같은 외생변수의 영향을 받을 가능성이 많다는 것이 단점이다.

(3) 상호교체 단절적 시계열 설계

상호교체 단절적 시계열 설계(interrupted time-series with switching replications)는 두 개 집단에 대하여 두 집단이 같은 정책을 다른 시기에 각각 적용해 보는 것이다. 이 방법의 가장 큰 장점은 두 집단이 서로 실험·통제집단으로서의 역할이 가능하다. 예를 들어, A지역과 B지역의 범죄증감을 비교하기 위해 CCTV 설치연도를 달리하여 비교하는 경우가 이에 해당된다.

$$O_1 \quad O_2 \quad O_3 \quad O_4 \quad O_5 \quad O_6 \quad X \quad O_7 \quad O_8 \quad O_9 \quad O_{10}$$
$$O_1 \quad O_2 \quad O_3 \quad X \quad O_4 \quad O_5 \quad O_6 \quad O_7 \quad O_8 \quad O_9 \quad O_{10}$$

(4) 통제-시계열설계

통제-시계열 설계(control-time series design)는 단절적 시계열 설계에 하나 또는 그 이상의 통제집단을 부가한 것이다. 예를 들어, A지역에는 범죄예방프로그램을 실시하고 B지역에는 실시하지 않았다. 두 지역에 대해 범죄예방 프로그램 도입 전·후의 관찰값을 측정한 결과 A지역의 범죄발생률이 현저하게 감소되었다면 범죄감소의 원인을 새로운 범죄예방 프로그램의 도입이라고 말할 수 있다.

실험집단	O_1	O_2	O_3	O_4	X	O_5	O_6	O_7	O_8
통제집단	O_1	O_2	O_3	O_4		O_5	O_6	O_7	O_8

3. 비실험설계

비실험설계(non-experimental design) 또는 전실험설계(pre-experimental design)는 비교집단이 없고 연구자가 실험변수를 조작하기 어려우며 실험대상을 무작위화할 수 없는 실험설계로 정확한 의미에서는 실험설계라고 할 수 없다. 따라서 인과적 추론의 세 가지 조건을 모두 갖추지 못하기 때문에 내적 타당성이나 외적 타당성의 저해요인을 거의 제거하지 못한다. 비실험설계는 가설의 검증보다는 문제의 도출을 위하여 순수한 실험설계 전에 시험적으로 실시하는 탐색조사의 성격을 띠게 된다.

(1) 단일집단 사후측정설계

단일집단 사후측정설계 또는 단일사례연구(one group posttest only design, one shot case study)는 단일집단을 한 번만(사건 뒤에) 관찰하는 방식으로 대부분의 사회실험이 여기에 해당된다. 이 설계는 사전측정이 없어 실험의 순수한 효과를 측정했다고 볼 수 없고, 외생변수의 통제도 불가능함으로 내적·외적 타당성이 모두 결여된다. 예를 들어, 비행청소년들에게 단 1회의 상담서비스를 실시한 후 태도변화를 측정하는 경우가 이에 해당된다. 경찰정보관리시스템이 완성된 후에 경찰의 업무관리 효과를 측정하는 경우에 여기에 해당된다.

$$X \quad O_1 \quad \rightarrow \quad E = O_1$$

(2) 단일집단 사전사후측정설계

단일집단 사전사후측정설계(one group pretest-posttest design)는 단일집단에 대하여 실험처리 전후를 측정한 뒤 이를 비교하는 방식이다. 이 방법은 O_1이 있어서 비교가 가능하다는 것이 장점이나, (O_2 - O_1) 간의 차이가 X 이외의 다른 요인(외생변수)으로도 설명 가능하기 때문에 인과관계를 추론하기가 곤란하다. 또한 O_2 - O_1 간의 시간 차이가 길수록 문제가 있다.

$$\text{실험집단(EG)} \quad O_1 \quad X \quad O_2$$
$$E = (O_2 - O_1)$$

예를 들어, 감독스타일(supervisor style)의 변화가 업무생산성(범인검거율)에 미치는 영향을 조사하는 경우, O_1 X O_2 에서 O_2 - O_1 간의 증가가 크다고 하여 독립변수인 감독스타일로 차이가 있다고 말할 수 없다. 이 같은 진술은 다음과 같은 요인을 안고 있을 수 있다.

첫째, 역사요인이다. 경찰조직의 변화, 경찰노조 설립, 새로운 범인검거 훈련 프로그램 도입 등의 변화로 인하여 차이가 났을 수도 있다.

둘째, 근본적으로 범인검거율이 낮을 수밖에 없는 경우이다. 범행 흔적이나 범인에 대한 정보가 전혀 없는 경우 범인검거율이 낮을 수밖에 없을 것이다. 이런 경우 감독스타일이 범인검거율에 영향을 미쳤다거나 미치지 않았다고 말하기 어렵다.

셋째, 성장요인으로 새로운 경찰장비개발, 범죄경험이 증가되어 감독스타일과 무관하게 범인검거율이 증가되었을 수도 있다.

(3) 비동질적 집단 사후측정설계(비교집단 설계)

비동질적 집단 사후측정설계(posttest only design with non-equivalent group)는 실험대상을 두 개의 집단으로 나누어 실험변수를 조작하는 집단과 그렇지 않은 집단으로 구분한 후 사후측정 결과의 차이로 실험변수조작의 효과를 측정하는 설계이다. 이 방법은 무작위로 배정이 되지 않아 두 집단의 동질성을 확보하기 어렵기 때문에 내적 타당성과 외적 타당성이 낮다.

	독립변수	사후검사
실험집단(EG)	X	O_1
통제집단(CG)		O_2

$$E = (O_1 - O_2)$$

〈표 5-1〉 실험설계의 요약·정리

구 분	진실험설계	준실험설계	비실험설계
연구대상의 무작위화	가능	불가능	불가능
독립변수(시험처리)의 조작가능성	가능	일부가능	불가능
외생변수의 통제정도	가능	일부가능	불가능
측정시기 및 측정대상 통제	가능	가능	불가능

▶ 연습문제 ◀

1. 실험설계가 기본조건을 갖추어야 되는 이유를 설명하시오.

2. 실험설계의 장단점에 대해 설명하시오.

3. 임의로 연구문제와 연구대상을 선정한 후 실험설계의 수행과정을 제시하시오.

4. 사회과학에서 인과관계를 확률적으로 표현하는 이유를 설명하시오.

5. 인과관계 조건을 설명하시오.

6. 실험설계에서 내적 타당성 저해요인의 통제방법을 사례를 들어 설명하시오.

7. 실험설계에서 외적 타당성 저해요인의 통제방법을 설명하시오.

8. 진실험설계에서 통제집단 사전사후설계를 사례를 들어 구축해 보시오.

9. 진실험설계에서 통제집단 사후측정설계를 사례를 들어 구축해 보시오.

10. 요인설계를 사례를 들어 설명하시오.

11. 준실험설계에서 비동질적 통제집단설계를 사례를 들어 구축해 보시오.

12. 준실험설계에서 단절적 시계열 설계를 사례를 들어 구축해 보시오.

13. 준실험설계에서 상호교체 단절적 시계열 설계를 사례를 들어 구축해 보시오.

제6장

개념과 측정

1. 개념의 정의

개념(concept)이란 관심의 대상이 되는 경험세계에서의 사물, 사건 및 현상의 속성을 추상화시킨 표현을 말한다. 개념은 현상을 실제적으로 경험하는 대상이 아니라 어떤 경험적인 현상을 전체적으로 대표하는 하나의 상징인 것이다. 연구문제가 선정되면 연구문제에 포함된 추상적 개념을 구체화하여야만 개념의 속성이 지닌 의미를 전달할 수 있다. 물론 사회과학에서 사용하는 용어는 대부분 추상적 속성을 지니고 있으며 의미의 모호성이나 다양한 해석이 가능하다. 하지만 과학적 조사에서 문제를 명확히 하고 측정을 하기 위해서는 추상적 개념을 경험적 개념으로 바꿔주는 작업이 필요하다. 따라서 추상적 개념으로 경험적 개념으로 전환하는 과정을 개념화(conceptualization)라고 부른다.

2. 개념의 조건

과학적 조사에서 개념이 가져야 할 조건은 다음과 같다.

첫째, 개념은 한정적이고 명백해야 한다. 개념은 그것이 나타내는 사실 또는 현상을 명백하고 한정적으로 나타내야 한다. 개념이 가지고 있는 의미가 현상의 특정한 측면을 제시하지 못하고 명백하지 않으면 모호하여 객관성을 상실하게 되며 해석의 이견을 가져올 수 있다.

둘째, 개념은 통일성(uniformity)을 지녀야 한다. 하나의 개념은 누구에게나 통일적으로 사용되어야 하며, 그 의미에 대해 누구나 동의를 해야 한다. 만약 개념이 통일적이지 못하면 의미전달의 왜곡을 불러일으킬 수 있다.

셋째, 개념이 담고 있는 내용은 적절한 범위이어야 한다. 한 개념이 나타내는 범위가 넓으면 넓을수록 실제의 사실이나 현상에서 멀어져 이들에 대한 측정이 곤란하다.

넷째, 개념은 체계적 의미를 가져야 한다. 개념은 이론과 명제에서 분리되어 취급되어서는 안 된다. 개념이 이론 및 현상과 동떨어진 의미를 가지게 되면 과학적 조사의 방향을 잡지 못하게 되고 체계적이고 일관성 있는 조사에 차질을 가져오게 한다.

3. 개념의 기능

과학적 연구에서 연구자가 현상을 측정하기 위해서 가장 먼저 수행해야 할 작업이 개념을 파악하는 일이다. 개념이 뚜렷하지 못하고 여러 가지 개념을 혼합해서 사용하게 되면 무엇을 말하고 앞으로 무엇을 측정하려고 하는지를 알 수 없다. 일반적으로 개념이 가지는 기능은 다음과 같다.

첫째, 의사전달과 사상의 기초가 된다. 개념에 대해서 상호간의 동의를 얻지 못하면 상호 주관적(intersubjective)으로 되어 의사소통이 불가능하게 된다. 예를 들어, 치안서비스 수준에 대해 지역주민들이 불만족 상태에 있는 경우 지역주민들이 향상된 치안서비스를 요구하기 위해서는 이러한 상태를 나타내는 개념이 존재하여야 무엇이 얼마만큼 필요한지에 대한 의사전달을 할 수 있는 것이다.

둘째, 사회문제나 해결해야 할 대상을 인지할 수 있도록 한다. 개념은 경험적인 사실에 대해서 그것을 눈으로 볼 수 없거나 느낄 수 없는 사랑, 만족, 사기, 욕구, 갈등, 증오 등과 같은 현상에 대하여 인지하고 이해를 촉진하는 역할을 한다. 개념화 이전에는 결코 지각할 수 없었던 것에 대해 일정한 질서와 규칙을 갖고서 그 사물에 대한 인식을 할 수 있게 된다. 이렇게 하기 위해서는 과학적 지식을 습득하고 개념이 가지고 있는 명확한 의미를 학습하는 것이 필요하다.

셋째, 개념은 지식을 축적하고 확장하게 해준다. 지식을 축적하는 단위는 언어나 기호이다. 개념은 언어나 기호로 표시될 수 있으므로 지식의 축적이나 확장을 가능하게 해준다.

넷째, 개념은 실제 연구에서 연구의 시발점과 방향을 제시해준다. 과학적 조사에 포함된 주요 개념들은 그 연구의 출발점과 앞으로의 연구방향을 제시해준다. 그렇기 때문에 과학적 연구의 출발점은 개념을 명확히 하는 것이고 이를 통해 연구의 방향을 명확히 하게 되면 연구는 원활하게 진행하게 된다.

다섯째, 개념은 연구의 범위를 설정하게 해준다. 개념의 조작화를 통해 연구문제에 대한 범위와 주요변수를 제시해 줌으로써 연구대상을 측정 가능하게 해준다.

여섯째, 개념은 연역적 이론의 형성에 도움을 준다. 어떤 이론을 구성하고 있는 여러 개념 간의 관계는 과거의 사실에 대한 체계적인 이해를 가능하게 할 뿐만 아니라 미래의 사실에 대한 예측도 가능하게 해준다.

4. 재개념화

재개념화(respecification)란 개념을 보다 구체적이고 명백히 재규정하는 것을 말한다. 개념은 특정 현상을 일반화시킨 추상적 표현이기 때문에 이 자체로는 실제조사에서 사용될 수 없다. 따라서 추상적인 표현으로 나타내는 개념을 보다 구체적이고 정밀하게 파악하는 일련의 과정이 재개념화이다.

재개념화의 필요성은 ⓐ 조사자에게 개념의 한정성을 높여 관찰·측정이 가능하게 하고 ⓑ 어떤 개념적 요소가 주된 것인가를 명시적으로 알게 하며 ⓒ 개념의 정밀성·명백성의 확보로 조사의 객관적인 신뢰성을 높여주기 위함이다.

이렇게 개념을 구체적이고 명확히 하기 위하여 노력하지만 ⓐ 재개념화를 통해 인간의 주관적·심리적 현상에 대해 개념의 정확성과 명확성을 확보하는 데는 한계가 있고 ⓑ 재개념화를 해야 한다는 것에 치중하다보면 원래 개념이 가지고 있는 이론적 의미 또는 유의성이 상실될 우려가 있다는 점이 재개념화의 한계이다.

5. 개념의 전달을 방해하는 요인

현상이나 사실을 표현하는 개념을 사용함에 있어서 연구자마다 그 의미를 달리 해석하는 경우가 많다. 그러한 개념의 의미전달을 방해하는 요인은 다음과 같다.

첫째, 용어는 공통된 경험에 참여한 사람만이 알 수 있는 경우가 많다(예; 전문화된 용어). 현대의 전문화된 시대에 과학이 전문화·세분화되면서 심화되고 있는 경우에서 볼 수 있다.

둘째, 하나의 용어가 두 개 이상의 사실을 의미하는 경우가 많다. 예를 들어, '사람(생물학적 개념)이면 다 사람(윤리적인 개념)이냐'와 같이 전·후에 사용되는 용어의 의미가 다른 경우이다.

셋째, 두 개 이상의 용어가 하나의 현상이나 사실을 지시하는 경우가 많다. 예를 들어, '사람이면 다 사람이냐, 사람이어야 사람이지'라는 말은 '참 사람이 되자'라는 의미를 나타낸다.

넷째, 용어에 대해 각 개인이 받아들이는 능력이나, 관점이 다르다. 즉 자기의 지식이나 관심과 관련하여 수용하려는 경향이 있다.

다섯째, 용어의 뜻이 그것을 사용하는 사람이나 시간, 장소에 따라 변화하는 경우가 많다. 예를 들면, '공갈'은 일반적으로 협박으로 쓰였으나 요즘 아이들 사이는 거짓말이라는 뜻으로 사용된다. 또한 '쏜다'는 물건이나 음식값을 혼자서 계산한다. '죽인다'는 대상에 대한 극도의 긍정이나 부정적 상태에 대한 감탄의미로 사용된다.

여섯째, 개념은 실제로 존재하는 현상이나 사실과는 다른 경우가 많은데 이를 혼동하는 경우가 있다(예; 평화, 자아, 이성, 의리, 충성 등 추상명사).

일곱째, 사회과학의 용어는 아직 표준화되지 않은 것이 많다.

이상과 같은 개념의 전달에 방해요인을 해결하는 방법은 개념에 대한 조작화가 필요하다.

6. 개념적 정의와 조작적 정의

사회과학의 실증적 조사에서는 개념은 측정되어야 한다. 그러나 사회과학에서 사용하는 개념은 일반적으로 추상화의 정도가 높아 관찰, 측정이 곤란한 경우가 많다. 예

를 들어, 사회적 지위, 정치적 태도, 역할, 직무만족, 조직몰입, 행정서비스, 권력, 관
료제, 상대적 박탈감, 사기, 지능, 인식, 학습, 사랑, 미움, 편견, 소외, 자아존중감,
자아실현 등의 개념은 너무 추상적이어서 관찰, 측정하기 곤란하다. 이들 개념을 측정
하기 위해서는 측정가능한 지표로 전환하는 작업이 필요하다.

(1) 정 의

개념이 그 기능을 다하기 위해서는 명료(clear)하고 정교(precise)하며 서로 합의
된 것이어야 하는데, 개념은 정의를 통하여 명백하고 정교하게 될 수 있다. 개념은 실
질적으로 용어(term)나 기호(symbol)로 나타나는데 이때 그 용어에 의미를 부여하는
과정을 정의라고 한다. 정의(definition)란 어떤 용어를 다른 용어로 대치시킨 것 또
는 용어를 다른 일련의 동의어로 그 내용을 밝힌 것이라고 할 수 있다.

과학적 조사에서 정의는 두 가지로 구분된다. 개념적 정의(conceptual definition)로
제시하는 과정을 개념화(conceptualization)라고 하며, 개념을 현실세계에서 측정하기
위해 조작적 정의(operational definition)하는 것을 조작화(operationalization)라고
한다.

<그림 6-1> 개념적 정의와 조작적 정의 관계

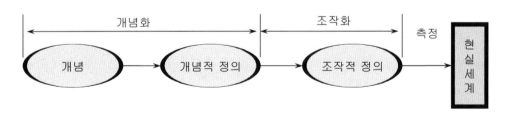

1) 개념적 정의

개념적 정의(conceptual definition)는 개념을 보다 명확하고 정확하게 표현하기
위하여 어떤 개념을 다른 개념으로 사용하여 정의하는 것으로, 사전적 정의(辭典的 定

義)라고도 한다. 개념적 정의는 거짓과 진실을 밝히는 것은 아니며, 의사소통을 가능
하게 해주는 상징인 것이다.

개념적 정의는 원시어(primitive terms)와 파생어(derived terms)로 구성된다.
원시어는 그 말뜻에 대하여 일반적으로 공유하고 있으며 상호 주관적 합의가 있어 다
른 말로 그 뜻을 별도로 정할 수 없거나 그럴 필요성이 없다고 보는 용어를 말한다
(예; 색깔, 소리, 냄새, 맛 등). 한편 파생어는 원시어를 사용하여 새로 그 뜻을 규정
하여 만든 용어이다.

▶ 개념에 대한 개념적 정의 예
무게 → 물체의 중량
불안 → 주관화된 공포
지능 → 추상적 사고능력 또는 문제해결 능력
학업성취도 → 듣기, 말하기, 읽기, 쓰기
증오 → 몹시 미워함
편견 → 공정하지 못하고 한쪽으로 치우친 생각
소외 → 주위에서 꺼리며 멀리함

---

2) 조작적 정의

개념으로 나타나는 어느 현상이나 사건은 직접 관찰이 불가능할 수도 있다. 이때는
그 개념의 경험적 속성(empirical property)을 추론할 수밖에 없다. 이때 쓰이는 것
이 조작적 정의(operational definition)이다. 조작적 정의란 어떤 개념을 가시적으
로 측정하기 위하여 그 측정하고자 하는 개념이 갖는 특성을 빠짐없이 대표할 수 있는
경험적 지표라고 말한다. 연구자가 개념을 측정하거나 또는 실험변수를 조작할 수 있
는 형태로 표현해 놓은 것으로, 측정을 위한 조작적 정의는 변수를 어떻게 측정할 것
인가를 기술한다.

연구수행에 있어서 현실세계를 측정하기 위한 조작화가 그리 쉬운 것만은 아니다.
개념적 세계의 특징을 통해 현실세계를 측정할 수 있는 도구를 개발하는 것이 완전할
수 있을까 하는 궁금증을 갖게 된다. 연구자는 개념에 대한 조작적 정의를 하는 데 있
어서 다음과 같은 문제를 검토해야 한다.

첫째, 조작화의 문제로 개념적 정의와 조작적 정의가 일치하는가의 문제이다. 예를 들어, 지능을 머리둘레로 측정하는 문제, 체력이 좋은 사람의 속성을 지구력, 속도 (speed), 힘(power)으로 측정하지 않고 돈의 많고 적음으로 측정하는 문제, 건강을 혈색, 수명 등으로 측정하지 않고 돈이 많은 것으로 측정하는 문제가 있을 수 있다.

둘째, 조작적 정의가 불가능한 경우(예, 원시어)로 어느 시점에 가면 다른 개념으로 정의되지 않는데도 불구하고 조작화하려는 것에 집착하고 있지 않는가를 살펴보아야 하다.

셋째, 조작적 정의의 속성이 현상의 일부만을 설명하는데 전체인 것처럼 설명하고 있지 않는가를 검토해야 한다.

(2) 개념화와 조작화의 관계

사회과학에서는 사회현상 및 사회문제에 대한 추상적 개념을 구체적 속성으로 측정함으로써 경험적 검증을 통한 인과적 설명을 확보하게 된다. 〈그림 6-2〉는 이론 (theory)과 가설(hypothesis)의 관계를 연계시켜주는 두 개 변수(독립변수와 종속변수)의 측정과정을 보여주고 있다.

측정화 과정은 개념적(conceptual), 조작적(operational), 그리고 경험적(empirical) 수준으로 생각할 수 있다. 연구자는 대부분 추상적 수준에서 두 개 개념의 인과적 관계 혹은 개념적 가설에 관심을 갖게 된다. 다음으로 조작적 정의 수준에서는 지표들 간의 관련성 정도를 결정하는 경험적 가설을 검증하는 데 관심을 갖게 된다. 그리고 세 번째 수준에서는 경험적 세계를 구체화하는 데 관심을 갖게 된다. 만약 변수의 조작적 지표 (예, 설문지)가 개념과 논리적으로 연계된다면 경험적 세계에서 일어나는 현상을 정확히 획득할 수 있게 된다.

실제세계의 측정과정은 이 세 가지 수준이 함께 연결되는 것이고, 추상적 개념으로부터 구체적인 지표를 통해 조사, 검증되는 과정이 연역적으로 진행된다. 연구자는 변수를 개념화하고, 그 다음에 분명한 개념적 정의를 내린 다음 그것에 대한 조작적 정의 또는 지표를 개발하는 조작화 과정으로 진행한다. 마지막으로, 연구자는 개발된 지표들을 통해 경험적 세계에 적용하여 조사하게 된다. 추상적 개념으로부터 경험적 사실로의 연결은 연구자에게 경험적 가설을 검증하도록 한다.

<그림 6-2> 추상적 개념을 구체적으로 측정하는 과정

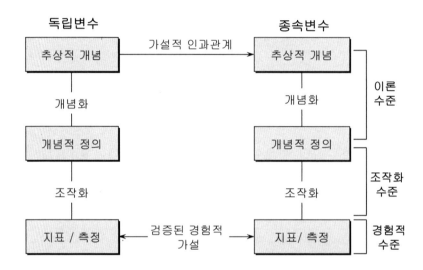

■ 소년범죄와 감독과의 관계에 대한 조작적 정의

변 수	감 독	소년범죄
조작적정의	주부들이 집에 상주하는 여부	18세 이하의 남녀가 경찰서에 체포된 경험

■ 시민과 경찰간 접촉수준에 관한 측정지표

1. 자율방범활동(Yes/No)
2. 범죄신고(최근 1년간 Yes/No)
3. 정보 및 서비스요청(최근 1년간 Yes/No)
4. 교통위반 딱지 경험(최근 1년간 Yes/No)
5. 경찰서방문(횟수)

■ 공공안전(public safety)에 대한 측정차원(Donziger, 1996)

차 원	각 차원에 대한 측정
1. 폭력수준	· 살인사건 비율
2. 교도소 공간 사용률	· 폭력/비폭력 죄수의 비율 · 과거 10년 동안 투옥 변동비율 · 전체 투옥 비율
3. 빈곤수준	· 빈곤상태에 있는 아동비율 · 고용비율
4. 폭력예방 이니셔티브	· 살인사건 비율과 관련된 이니셔티브 수
5. 미래희망	· 고등학교 중퇴자 비율 · 봉급비율(선생: 교도관)

주: 차원에 대한 가중치를 달리할 수 있다.

■ 시민에 의한 경찰신뢰에 대한 측정지표

1. 공정성
2. 정중성
3. 정직성
4. 겁주지 않음
5. 시민들과 함께 문제해결
6. 모든 시민들을 동등하게 대우
7. 이야기하고 질문하면 관심을 보여주는 편

■ 범죄공포감 측정지표

1. 성폭력
2. 자동차사고
3. 폭력강도
4. 흉기
5. 살인

▣ 지역사회무질서 수준 측정지표

1. 거리에서 개나 동물이 자주 뛰어 다닌다
2. 음주운전하는 사람이 자주 있는 편이다
3. 길거리에서 사람들이 과도하게 술을 마신다
4. 청소년들이 거리에서 배회하고 지나가는 사람들을 위협한다
5. 폭주족이나 젊은 폭력배들이 자주 나타난다
6. 강도가 집에 난입하여 강탈한다
7. 거리에서 물건이나 지갑, 핸드백을 강탈한다

제2절 변 수

가설이 도출되었으면 이를 검증해야 된다. 가설을 검증한다는 것은 둘 이상의 변수와 변수 간의 관계를 규명하는 것으로 변수의 관계를 규명하기 위해서는 변수의 시간적 우선순위, 방향성이 설정되어야 하고, 변수가 담고 있는 속성이 무엇이며 속성을 어떻게 나타내야 하는지가 파악되어야 한다. 제2절에서는 변수의 종류와 변수 간의 관계에 대해 살펴본다.

1. 변수의 정의

변수(variable)는 양적조사(quantitative research)에 있어서 중심개념이다. 우리는 일상생활 및 사회생활에서 결정요인을 설명하면서 '어떤 요인이 변수로 작용하였다'라는 말을 듣는다. 변수는 수학에서 빌려온 개념으로 말 그대로 해석하면 '변하는 수'를 의미하고 이와 반대되는 개념은 '변하지 않는' 상수(constant)가 있다.

사회과학에서 사용하는 변수는 둘 이상 또는 그 이상의 값 또는 가치(value)를 취하는 경험적 속성을 나타내는 것으로 그 속성에 수치를 부여할 수 있는 개념 또는 경험적으로 측정가능한 개념을 변수라고 말한다. 변수는 사람, 물건, 사건, 현상 등의 특성과 속성을 의미하는 것으로, 그 속성이 하나의 값 또는 가치만을 가졌을 때는 상수

라고 하며 그 속성이 변하지 않는다.

여기에서 개념은 특정대상의 속성을 추상화하여 이론세계에서 의미를 부여한 것이므로 그 자체를 직접 측정할 수 없다. 그러나 변수는 특정대상의 속성을 나타낸다는 의미에서 개념과 같으나 경험적 세계의 속성을 나타내며 측정가능하다는 점에서 개념과 구분된다. 경험적 속성이란 우리의 감각기관을 통해 지각될 수 있는 현상을 의미한다.

<그림 6-3> 개념과 변수의 관계

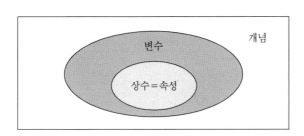

예를 들어, 성별(두 개의 속성 남자, 여자)은 변수이나 여자(속성이 하나)는 변수가 아니다. 자동차 종류(대형, 중형, 소형)는 변수이나 자동차라는 개념은 변수가 아니다. 색상(속성이 빨강, 노랑, 초록……)은 변수이나 검정색(속성이 하나)은 변수가 아니다. 한국의 여성은 남성보다 평균수명이 길다고 했을 때 한국, 여성, 남성은 변하지 않기 때문에 상수이고 평균수명은 변하기 때문에 변수이다.

〈표 6-1〉 변수의 속성

변　수	속성=상수
연령	10대, 20대, 30대, 40대, 50대…….
성별	남자, 여자
직업	회사원, 군인, 공무원, 자영업……..
사회적 계층	상, 중, 하
학력	고졸, 대졸, 대학원졸
소득수준	150만원 이하, 200만원 이하, 250만원 이하, 300만원 이상
범죄조직	러시아의 마피아, 콜롬비아의 마약조직, 일본의 야쿠자……

2. 변수의 종류

(1) 독립변수와 종속변수

독립변수(independent variable)란 다른 변수에 영향을 주는 변수로 원인이나 행위를 발생시키는 변수이다. 독립변수는 시간적으로 영향을 받는 변수보다 먼저 발생하는 변수이다. 실험설계에 있어서는 연구자에 의하여 조작되는 변수이다. 독립변수는 종속변수의 원인, 설명, 예측하는 변수로 원인변수(causal variable), 설명변수(explaining variable), 예측변수(predictor variable)라고도 불린다.

종속변수(dependent variable)는 다른 변수에 영향을 받아 결과를 나타내는 변수이다. 실험설계에서는 독립변수의 변이 또는 조작에 따라 변화결과를 나타내는 변수로, 결과변수(effect variable), 피설명변수(explained variable), 피예측변수(predicted variable)라고도 불린다.

<그림 6-4> 독립변수와 종속변수의 관계

예를 들어, 가설로 'IQ가 학업성적에 영향을 미친다'라고 할 때 IQ가 독립변수, 학업성적은 종속변수가 된다. '흡연은 폐암을 유발한다'라고 한다면 흡연이 독립변수, 폐암발생이 종속변수가 된다. '부모의 감독은 청소년 비행에 영향을 미친다'라고 할 때 부모의 감독이 독립변수, 청소년 비행이 종속변수가 된다. 경찰의 순찰빈도가 범죄율에 영향을 미친다고 하면 순찰빈도가 독립변수, 범죄율이 종속변수가 된다.

(2) 매개변수

매개변수(mediating or intervening variable)는 독립변수와 종속변수의 관계를

설명하는 데 개입되는 변수로, 어떤 변수의 영향을 받아 다른 변수에 그 영향을 전달하는 매개역할을 하는 변수이다. 매개변수는 독립변수의 결과인 동시에 종속변수의 원인이 되는 변수이다. 독립변수와 종속변수 사이에 매개변수가 개입되어 있을 때 이를 고려하지 못하면 독립변수와 종속변수 사이의 관계가 왜곡될 수 있다. 그 이유는 매개변수가 독립변수와 종속변수 사이에 개입되지 않으면 독립변수의 영향이 종속변수에 전달될 수 없기 때문이다.

<그림 6-5> 독립변수, 매개변수, 종속변수의 관계

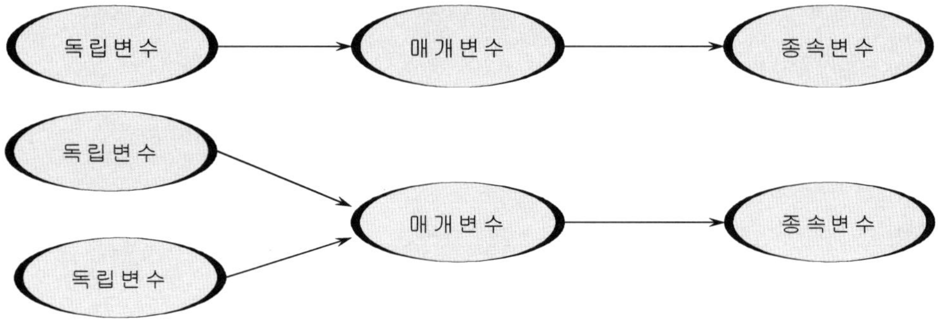

아래의 예시에서 수능성적은 대학성적에 영향을 미치고 대학성적은 고시합격률에 영향을 미치는 관계가 성립된다면 대학성적의 매개변수를 제거해 버리면 수능성적이 고시합격률에 영향을 미치는 관계라고 말할 수 없다. 또한 부부싸움이나 가정폭력의 매개변수를 제거해 버리면 경제적 지위가 낮다고 이혼율이 높다고 말할 수 없을 것이다.

수능성적/고교성적 →대학 4년간의 성적 →취업률/고시합격률
경제적 지위(↓) →부부싸움(가정폭력) →이혼율

(3) 조절변수

조절변수(moderating variable)는 독립변수와 종속변수 사이의 관계를 체계적으로

변화시키는 원인변수(독립변수와 종속변수간의 관계의 크기를 조절하는 역할)라 할 수 있는데 이것은 주로 상황을 나타내는 경우가 많아 상황변수라고도 한다.

예를 들면, 성취욕구가 학업성적에 영향을 미친다고 하는 경우 공부방 또는 부모의 관심정도에 따라서 성취욕구와 학업성적 간의 관계를 변화시키게 된다. 또한 키가 취업률에 영향을 미친다고 한다면 성별에 따라 키와 취업률에 영향을 미칠 수 있다. 입시위주의 학교교육으로 인한 스트레스가 청소년 비행에 영향을 미친다고 하는 경우 스트레스 대처방법에 따라 그 영향관계가 변화될 수 있을 것이다.

<그림 6-6> 독립변수, 조절변수, 종속변수의 관계

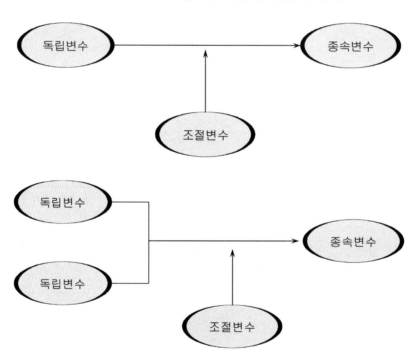

조절변수와 매개변수의 차이점은 매개변수는 독립변수가 없으면 존재하지 않으나, 조절변수는 독립변수가 없어도 존재가 가능하다는 점이다. 특정변수가 독립변수가 될 것인가 아니면 조절변수가 될 것인가는 가설설정에 달려있다.

(4) 외생변수

외생변수(extraneous variable) 또는 허위변수란 독립변수와 종속변수의 관계가 표면적으로 인과적 관계에 있는 것처럼 보이는 경우에도 실제로는 두 변수가 우연히 어떤 변수와 연결됨으로써 관계가 있는 것처럼 보이게 하는 제3의 변수를 말한다. 외생변수를 제거해 버리면 독립변수와 종속변수의 관계는 사라져버린다.

<그림 6-7> 독립변수, 종속변수, 외생변수의 관계

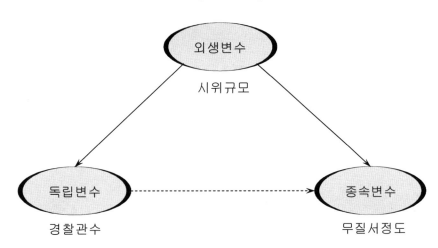

위 그림에서 경찰관수가 무질서정도에 영향을 미친다고 잘못 이해할 수 있다. 실제로는 시위규모가 경찰관수와 무질서정도 모두에 영향을 미치고 있기 때문에 경찰관수가 무질서 정도에 영향을 미치는 것으로 보일 뿐이다.

(5) 구성변수

구성변수(component variable)는 여러 하위요소를 포함하고 있는 포괄적 개념을 말하며, 포괄적 개념에서 구성변수를 식별하기 위한 재개념화 등의 과정이 요구된다. 예를 들면, 사회계층이라는 포괄개념을 하위요소로 교육수준, 직업, 수입, 가족 상황 등이 구성요소이다.

(6) 억제변수

억제변수(suppressor variable)는 두 변수 X, Y가 서로 관계가 있는데도 관계가 없는 것으로 나타나게 하는 제3의 변수를 말한다. 억제변수는 독립변수와 종속변수 간의 사실적 관계를 약화시키거나 아예 소멸시켜버린다. 예를 들어, 계급적 지위와 권위주의적 태도는 관계가 없다고 나타났으나 교육수준을 통제해 보니까 계급이 높을수록 강한 권위주의적인 태도가 나타날 때 교육수준이 억제변수가 된다.

<그림 6-8> 독립변수, 종속변수, 억제변수의 관계

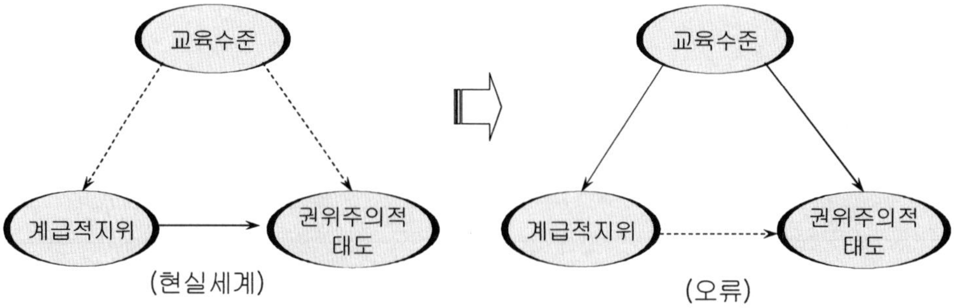

(7) 왜곡변수

왜곡변수(distorter variable)는 독립변수와 종속변수 간의 관계를 정반대의 관계로 나타나게 하는 제3의 변수를 말한다. 예를 들어, 기혼자의 자살률이 미혼자의 자살률보다 높다는 주장이 있다. 이 때 연령이라는 변수를 통제해 보니 실제로는 그 반대로 나타났다. 즉 같은 연령층이라면 미혼자들의 자살률이 기혼자들의 자살률보다 높다는 것이다. 이때 연령은 실제 관계가 표면적으로 나타난 관계와는 정반대임을 밝혀주는 왜곡변수가 된다.

<그림 6-9> 독립변수, 종속변수, 왜곡변수의 관계

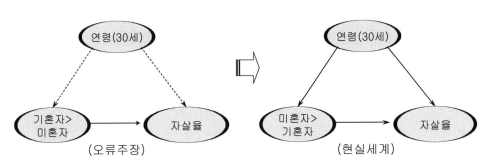

(8) 이산변수와 연속변수

이산변수와 연속변수는 측정된 척도에 따라 구분된다. 이산변수(discrete variable) 는 사물의 속성을 분류할 목적으로 기호나 숫자를 부여하는 명목척도(nominal scale) 로 측정된 변수(성별, 종교 등)와 사물의 속성을 크기나 정도에 따라 순서를 비교하는 서열척도(ordinal scale)로 측정된 변수(석차, 학력, 장애등급 등)가 해당된다. 이산이 란 의미는 각 값의 사이가 떨어져 있어서 그 사이의 값은 아무런 의미를 갖지 않는다는 말이다. 예를 들어, 남성을 1, 여성을 2로 값을 부여했을 때 1과 2사이의 값은 존재할 수 없다. 이산변수는 다양한 범주를 갖는 범주적 변수(categorical variable)로 되어 있다. 척도에 대해서는 제6장에서 자세하게 설명한다.

연속변수(continuous variable)는 변수가 연속적인 모든 값의 의미를 가진다. 척 도 간의 간격이 동일하여 수치에 가감(＋, －)이 가능한 등간척도(interval scale)에 의해 측정된 변수(IQ, 직무만족도 등)와 수치 간에 가감승제(＋, －, ×, ÷)가 가능하고 절대 영(0)이 존재하는 비율척도(ratio scale)에 의해 측정된 변수(소득, 고용률, 이 혼율, 출산율, 연령 등)가 해당된다.

3. 변수 간의 관계

(1) 정의 관계와 부의 관계

정(+)의 관계(positive relationship)란 두 변수가 같은 방향으로 변하는 것을 말하며, 부(-)의 관계(negative relationship)란 두 변수가 각각 다른 방향으로 변하는 것을 말한다.

독립변수와 종속변수가 정의 관계를 가지고 있다면 독립변수가 증가(감소)하면 종속변수도 증가(감소)하는 관계이다. 하지만 부의 관계를 가지고 있다면 독립변수가 증가(감소)할 때 종속변수는 감소(증가)한다. 여기에서 유의할 점은 (+)나 (-)는 단지 두 변수가 변화하는 방향이 서로 다를 뿐이지 (+)가 (-)보다 관계의 정도가 강하거나 약하다는 것을 의미하지는 않는다.

<그림 6-10> 변수의 정(+)의 관계와 부(-)의 관계

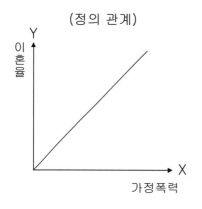
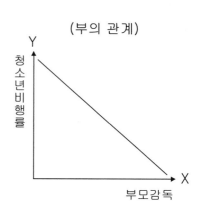

(2) 선형관계와 비선형관계

선형관계(linear relationship)는 두 변수가 일정한 비율로 변하는 것을 말하며 비선형관계(nonlinear relationship)는 두 변수의 변화비율이 일정하지 않거나 다른 것을 말한다.

<그림 6-11> 선형관계와 비선형관계

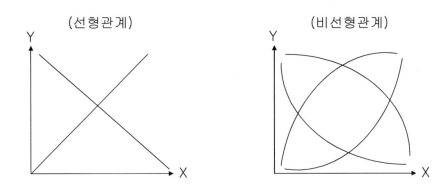

선형에서는 X가 변할 때 Y가 일관성 있게 같은 비율로 변하는 반면, 비선형에서는 X가 변할 때마다 Y의 변화율이 다르다. 또한 비선형에서는 X와 Y가 같이 증가하다가 어느 극대점에 도달하면 X가 변해도 Y의 변화율은 0이 되고, 그 이후부터는 X가 증가해도 Y가 감소되어 마이너스(-)값을 가지게 되는 경우도 있다. 예를 들어, 연령이 높을수록 소득은 증가하지만 어느 수준의 연령에 도달하게 되면 오히려 소득은 감소하게 되는 경우가 있다.

(3) 상관관계와 인과관계

상관관계(correlation)란 X, Y 두 변수가 '서로' 영향을 주고받는 것을 의미하는 반면, 인과관계(causal relationship)는 원인이 되는 한 변수가 다른 한 변수에 '일방적'으로는 영향을 주는 것을 의미한다.

예를 들어, 키와 가슴둘레는 밀접한 관계가 있으나 키가 클수록 가슴둘레가 크다고 말할 수 없으며 역시 가슴둘레가 클수록 키가 크다고 말할 수는 없는 경우이다. 이를 상관관계라고 한다. 그리고 상관계수라는 말이 있는데 상관계수는 두 연속변수의 관계의 정도, 즉 크기를 나타내는 척도로서 만약 한 변수(X)가 정확하게 다른 변수(Y)와 동일하게 변화하는 선형관계가 있으면 상관계수는 '+1~-1'이 된다.

(4) 대칭적 관계와 비대칭적 관계

대칭적 관계(symmetrical relationship)는 변수 간의 관계에서 어떤 변수도 다른 변수의 원인이 아닌 경우이다. 보통 두 변수 간에 상관관계 또는 공동변화만 확인할 수 있고 인과관계의 방향은 알 수 없을 때 대칭적 관계가 있다고 말하며 기호로는 A ↔ B와 같이 양방향의 화살표로 표현한다. 대칭적 관계는 A변수가 변화하면 B변수도 변화하고 B변수가 변화하면 A변수가 변화하는 경우이다.

비대칭적 관계(asymmetrical relationship)는 한 변수가 다른 변수에 영향을 미치는 관계로, 한 변수가 다른 변수를 유발하는 원인이 된다. 비대칭적 관계는 인과분석이 과학적인 설명과 예측, 그리고 통제의 기초가 된다. 기호로는 X → Y와 같이 한쪽 방향의 화살표로 표현한다. 비대칭적 관계는 X가 변하면 Y도 변화하지만, Y가 변화한다고 하여 X가 변화하는 것은 아니다. 예를 들어, 흡연이 폐암을 유발하는 원인이지만 폐암이 흡연을 증가시키는 원인은 아니다.

<그림 6-12> 비대칭적 관계

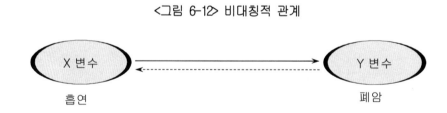

(5) 상호인과적 관계

상호인과적 관계(reciprocal relationship)는 두 변수가 서로 영향을 미치는 관계를 말한다. 이 경우는 두 변수가 서로 다른 변수의 원인이 되므로 상호인과적 관계라고 말하며 기호로는 X⇆Y 와 같이 다른 방향의 화살표로 두 개를 그려서 표현한다.

예를 들어, 직무만족은 직무성과에 영향을 미치는 변수이지만, 반면에 직무성과에 영향을 받는 변수이기도 하다.

<그림 6-13> 상호인과적 관계

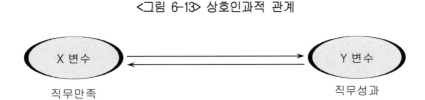

4. 변수간의 인과관계 도식화 실제

변수들간의 인과관계는 언어(verbals)로써도 가능하지만 상징(symbols)으로도 표현한다. 변수들 간의 인과관계 표현에 있어서 모형(draw diagrams)은 인과관계를 단순화시켜주고 대략적으로 볼 수 있게 한다. 인과관계의 상징적 표현은 언어적 표현을 보충해주며 복잡한 정보를 개략적으로 알게 해주는 기능을 한다.

〈그림 6-15〉는 사회심리학적 이론에 의한 Albrecht(1997)의 증오폭력(hate violence)에 관한 인과관계를 도식화로 나타내고 있다. 이 인과관계는 인종과 외국 소수민족에 관한 폭력을 설명하는 이론으로서, 독일을 대상으로 하고 있으나 다른 나라에서도 적용될 수 있다고 보이며, 종속변수(dependent variable)는 "증오폭력의 수준"이다.

■ 변수들 간의 인과적 관계(예시)

(a)는 변수 X(독일국민에게 있어서 좌절과 공격성 수준) 변수 Y(증오폭력)는 선형(linear)이며 긍정적 영향관계를 가진다. 따라서 좌절감과 공격성 수준이 증가되면 될수록 증오폭력에 대한 수준은 증가된다는 것이다.

(b)는 두 개의 원인변수(독립변수)가 증오폭력에 영향을 미치는 관계이다. 변수

X1(대중들 사이에 폭력범죄의 공포수준)은 증오폭력 수준에 긍정적 관계를 가진데 반해, X2(고용수준)는 종속변수에 부정적 관계를 가진다. 따라서 고용수준이 증가될수록 증오폭력수준은 감소된다.

(c)는 선형적이고 인과적 연쇄관계를 가지고 있다. 변수 X(국민들의 국수주의 이념수준)는 변수 Z(이주소수민족의 공포수준)에 영향을 미치고 다시 변수 Z는 변수 Y에 영향을 미치는 관계이다.

(d)는 변수 X가 변수 Y, Z에 영향을 미치지만 Y, Z는 별개이다. X(국민들의 국수주의 이념수준)는 증오폭력 수준에 긍정적 영향을 미치는 반면 Z(주민들의 통합수준)에는 부정적 영향을 미친다는 것이다.

(e)는 지금까지 모형 중에서 가장 복잡한 관계이다. 두 개의 원인변수(독립변수) X1, X2가 부정적 관계이고 둘 중 어느 변수도 다른 변수에 원인이 아니다. 변수 X1(국수주의 이념수준)과 X2(고용수준)는 부정적 관계로써 국수주의 이념수준이 증가와 고용수준의 감소는 관련성이 있다. 다시 X1(국수주의 이념수준)은 Z(이주소주민족의 공포수준)에 긍정적 영향을 미치고, X2(고용수준)는 Z에 부정적 영향을 미친다. 즉 고용수준의 증가는 이주소주민족의 공포수준을 낮추게 한다는 것이다. 또한 변수 Z는 변수 Y(증오폭력)에 긍정적 영향을 미친다.

<그림 6-14> 증오범죄(hate crime)를 설명하는 인과적 관계

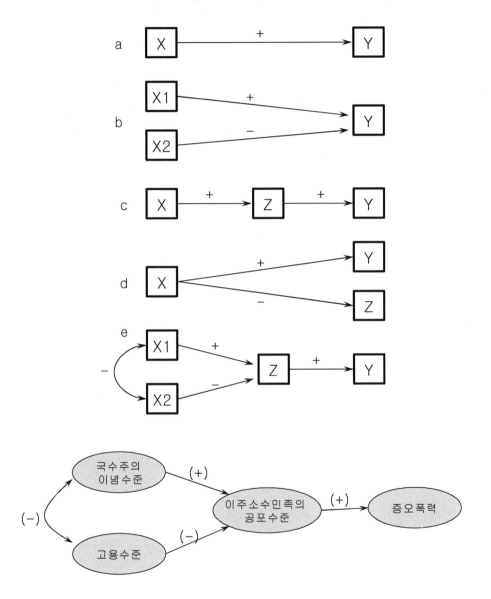

제3절 측 정

우리는 누가 "빨리" 달린다고 할 때 "빨리"라는 개념에 숫자를 부여하고 숫자가 지니고 있는 속성을 통해 판단한다. 즉 달리는 시간을 숫자로 측정하여 숫자의 높고 낮음을 통해 "빨리"라는 개념으로 인식하는 것이다. 이처럼 우리가 경험하고 있는 많은 사회현상의 개념을 명확히 인식하기 위해서는 숫자로 변환하는 작업이 요구되는데 명확한 인식의 수단이 숫자이고 숫자로 나타내는 과정을 측정이라고 한다.

1. 측정의 의의

(1) 측정의 개념

측정(measurement)이란 양적 연구에 있어서 추상적·이론적 세계와 경험적 세계를 연결시켜 주는 수단이라고 할 수 있다. 측정은 개념 또는 변수를 현실세계에서 관찰 가능한 자료와 연결시켜 주는 과정이자, 질적 속성을 양적 속성으로 전환하는 작업이다. 측정은 측정대상자나 대상물 자체를 측정하는 것이 아니라 측정대상이 지니고 있는 속성에 수치를 부여하는 것이다. 예를 들면, 사람의 키와 몸무게를 측정한다는 것은 사람의 키와 몸무게라는 속성에 수치가 부여되며, 이를 측정하기 위해서는 측정도구인 자와 저울이 필요하다. IQ(지능지수)를 측정한다는 것은 문제해결 능력을 측정하는 것이지 IQ점수 자체에 의미를 부여하는 것은 아니다.

측정은 변수의 개념적 속성을 경험적인 관찰 가능한 속성으로 바꿔줌으로써 객관성과 검증가능성 그리고 재생가능성을 확보하게 한다. 예를 들어, 부모의 무관심은 청소년비행에 영향을 미친다는 가설을 검증하려 할 때 부모의 무관심이라는 독립변수와 청소년비행이라는 종속변수를 관찰 가능한 속성으로 만들어 주기 위해 숫자를 부여할 수 있다. 즉, 부모 무관심 수준을 경험 및 지각 속성으로 "1=전혀 관심이 없다, 2=관심이 약간 있다, 3=그저 그렇다, 4=약간 관심 있다, 5=매우 관심이 있다"로 측정할 수 있고 청소년 비행은 과거 1년 동안 비행 건수로 나타낼 수 있을 것이다. 이렇게 숫자로 나타내면 부모무관심과 청소년비행을 경험적으로 검증할 수 있게 된다.

<그림 6-15> 측정의 개념

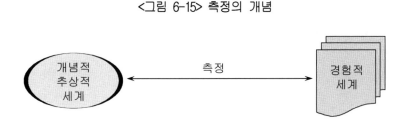

(2) 숫자의 특성

연구자는 사회현상에 대한 추상적 개념을 측정을 통한 숫자 형태의 자료로 획득하며 이를 통해 추상적 개념을 경험적이고 객관적으로 인식하게 된다. 숫자를 통해 측정하고자 하는 데는 다음과 같은 숫자의 특징이 존재하기 때문이다.

1) 이론세계와 현실세계의 일치 또는 조화의 기능

이론세계의 속성과 현실세계의 속성을 숫자 표현으로 측정하여 두 세계의 개념이 일치 또는 조화되는가를 판단하게 한다.

2) 객관화와 표준화의 기능

숫자는 시대와 장소 그리고 사람을 막론하고 그 숫자가 지니는 의미에 대해 동의하고 있기 때문에 숫자로 객관적인 표현이 가능하다. 또한 숫자의 속성에 대해 사람마다 달리 해석할 수 없기 때문에 표준화가 가능하다.

3) 의사소통 기능

숫자는 세계 공통기호이자 언어라고 해도 무방할 정도로 숫자를 통하여 정확한 의사전달이 가능하다.

4) 계량화 기능

숫자는 사회현상 및 사건에 대한 경험적 표현이자 양적 속성을 나타낸다. 따라서 숫자형태로 조사된 자료를 수학적·통계적으로 처리할 수 있다.

(3) 측정의 곤란성

사회현상을 과학적으로 조사하고 검증하기 위해서는 정밀한 측정이 필요하다. 하지만 모든 사회현상을 정밀하게 측정해야 한다는 과학적 연구의 당위성에도 불구하고 다음과 같은 이유로 측정하기 곤란한 경우가 있다.

1) 강한 가치배분적인 요소

사회과학의 관심분야는 사실보다는 가치를 배분하는 요소가 강하기 때문에 이를 정밀하게 측정한다는 것은 쉬운 일이 아니다. 추상적인 개념을 양적인 속성으로 변환해야 하지만 추상적인 모든 개념을 양적인 속성으로 변환하는 데 절대적인 동의를 얻는다는 것은 쉽지 않다. 예를 들어, 자유와 평등, 진리, 박애 등은 가치중립적인 개념보다는 가치배분적인 개념으로 이들 개념을 절대적인 속성으로 측정하기가 곤란하다.

2) 개념들간의 복합성

측정대상이 명확하게 구분되어야 측정의 정확성을 기할 수 있고 속성을 파악할 수 있음에도 불구하고 사회현상은 복잡·다양한 요소들이 서로 얽혀져 있는 경우가 많다. 따라서 측정하고자 하는 하나의 절대적인 개념으로 한정짓기가 곤란하다.

3) 표준화된 측정도구 부족

사회과학에서는 자연과학에서와 같이 표준화된 측정도구나 일정한 규칙이 부족하다. 따라서 측정대상에 가장 적합한 측정도구 개발이 시급하며 그 기준에 대한 동의가 우선되어야 한다.

2. 측정의 수준

(1) 명목측정

명목측정(nominal measurement)은 측정대상의 속성을 분류하거나 범주를 확인할 목적으로 부호나 수치를 부여하는 것을 말한다. 명목측정을 수행하는 측정도구를 명목척도(nominal scale)라고 하며, 명목척도에 의하여 측정되는 변수를 명목변수(nominal variable)라고 부른다. 명목측정에 의한 각각의 수치는 이름 대신 붙인 것으로 숫자의 산출적 의미는 없다. 어떠한 수치를 부여하느냐는 연구자가 임의로 결정한다.

명목측정은 다음과 같은 조건을 충족시켜야 한다.

첫째, 범주분류는 모든 대상을 총망라(exhaustive)하여야 한다. 예를 들어, 거주지를 분류할 때 대도시와 중소도시만 분류하고 농촌을 분류하지 못하는 경우이다.

둘째, 범주분류는 상호배타적(mutually exclusive)이어야 한다. 하나의 대상이 두 개 이상의 범주에 속하지 않도록 해야 한다. 예를 들면, 빈곤선 이하의 가구와 이상의 가구로 분류할 경우 어느 가구도 빈곤선 이상이나 이하의 범주에 속해야 하며 두 범주에 모두 속할 수 없다.

성별: 남자=1, 여자=2, 또는 남자=100, 여자=101
직업분류, 출신대학분류, 출신지역분류, 해외파견희망국가 분류, 경찰관 채용시험과목분류, 도서분류번호, 대학전공, 종교, 소속정당, 거주지(대도시, 중소도시, 농촌),
운동선수등번호, 전화번호, 학번, 주민등록번호, 범죄유형(폭력, 재산, 조직), 인종 등

(2) 서열측정

서열측정(ordinal measurement)이란 측정대상을 그 속성에 따라 서열이나 순위(rank or order)를 매길 수 있도록 수치를 부여하는 것을 말한다. 서열측정을 수행하는 측정도구를 서열척도(ordinal scale)라고 한다. 서열측정은 측정대상을 분류한 다음 범주 간에 서열이 가능하다. 그러나 수치 자체가 어떤 절대적인 수나 양, 크기 등

을 나타내는 것이 아니므로 분류된 범주 간의 거리나 간격에 관한 정보를 알 수 없다. 수치는 단지 상징적으로 높고 낮음만 알려줄 뿐이다. 서열측정은 명목측정의 속성을 포함하고 있으면서 속성 간의 상대적 순위를 나타낸다. 예를 들어, 석차를 1, 2, 3 등…… 등으로 표현하는 것은 단지 서열적 관계이며, 1등이 3등보다 2단계 높다는 표현은 잘못된 것이다. 서열측정은 등위(서열)에 관심을 가질 뿐이지 등위의 차이에 관심을 갖는 것이 아니다.

00에 대한 태도(전적으로 찬성=1, 찬성=2, 그저 그렇다=3, 반대=4, 전적으로 반대=5)
사회계층, 인종차별, 성 차별, 선호도
생활수준(상=1, 중=2, 하=3)
직장만족도(매우만족=1, 만족=2, 보통=3, 불만족=4, 매우불만족=5)
지체장애등급(1~6등급), 산재장애등급
석차(1등~100등), 경찰공무원의 계급, 교육수준(중졸, 고졸, 대졸)

---

(3) 등간측정

등간측정(interval measurement)은 측정대상을 속성에 따라 구분, 서열화하는 것은 물론 서열간의 간격이 동일(equal interval)하도록 수치를 부여하는 것을 말하며, 등간측정을 수행하는 측정도구를 등간척도(interval scale)라고 한다. 등간측정은 명목과 순위의 조건하에서 각 관찰값 또는 속성 간의 간격을 알 수 있으며, 그 간격이 일정한 경우이다. 예를 들어, 온도를 측정하기 위해 온도계의 눈금을 보면 1, 2, 3도의 눈금이 똑같은 간격으로 표시되어 있음을 알 수 있다. 그러나 온도계가 0을 나타낸다고 하여 열이 전혀 존재하지 않는다고 말하기 어렵다. 또 따른 예를 들어, 어떤 학생의 경찰학방법론 시험성적이 0점이 나왔다. 0점이 나왔다고 하여 경찰학방법론에 관한 지식이 전혀 없다고 말할 수 없다. 또한 100점을 받은 학생은 50점을 받은 학생보다 2배로 지식이 많다는 의미의 표현은 잘못된 것이다. 그러나 100점을 받은 학생의 점수는 50점을 받은 학생보다 50점이 높다(또는 많다)는 표현이 옳은 것이다. 이렇게 등간척도는 양적 표현이 가능하다.

사회과학연구에서는 등간척도로 공인된 것은 거의 없다. 그러나 실제로 엄밀한 의미에서의 서열척도를 등간척도로 간주하여 사용하는 경우가 많은데 이것은 연구자들 개 개인의 판단에 의하는 경우이다. 흔히 일반적으로 많이 사용하는 대단히, 매우, 상당 히, 정말, 전혀, 조금, 약간, 잘 등과 같은 의미는 속성간격을 정확히 측정하기란 어려 운 일이다.

지능지수(IQ) : ……100……, 110……,120……
시험성적 : ……30,……50,……80,……100
온도 : …… 0……10……20
주가지수 : ……500,……600,……785,……885
물가지수, 생산성지수, 사회지표
자아존중감 검사, 성격검사, 적성검사

(4) 비율측정

비율측정(ratio measurement)은 측정대상의 속성에 절대적인 영 또는 자연적인 영(absolute, natural zero point)을 가진 척도를 가지고 수치를 부여하는 것을 말 한다. 비율측정은 명목, 서열, 등간 측정의 특징을 다 가지면서 반드시 또는 언제나 0 이 존재하는 것이다. 비율측정은 절대적인 영이 존재하기 때문에 덧셈, 뺄셈, 곱셈, 나 눗셈도 의미 있게 할 수 있다. 예를 들어, 온도의 경우 온도계가 0도라고 하면 온도가 전혀 없다는 것은 아니다. 따라서 온도는 절대적인 0이 존재하지 않기 때문에 비율척 도가 아니다. 그러나 월소득이 200만원인 사람은 150만원인 사람보다 50만원 많으 며, 소득이 0이라고 할 때 절대적으로 전혀 없다는 것을 의미한다.

연령, 출생률, 사망률, 소득, 교육연수, 결혼기간, 거주기간, 동거기간, 자녀 수,
범죄율, 투표율, 신문의 구독률, 가격, 저축금액, 생산원가, 몸무게, 신장

이상과 같이 측정종류별 특징을 비교하면 〈표 6-2〉와 같이 요약된다.

〈표 6-2〉 측정별 특징 비교[3]

측정	비교	상호 배타성/ 포괄성	서열 비교	표준 측정 단위	자연적 O 존재	특 징	평균의 측정	적용가능 분석방법
명목	확인, 분류	O				숫자 부여	최빈값	빈도분석, 교차분석, 비모수통계
서열	순위 비교	O	O			명목+순서	중앙값	서열상관관계 비모수통계
등간	간격 비교	O	O	O		서열+등간	산술평균	모수통계
비율	절대적 크기 비교	O	O	O	O	등간+절대영점	기하평균 조화평균	모수통계

<그림 6-16> 측정의 수준

명목척도의 예 : 성별

남성=1   여성=2

서열척도의 예 : 만족감

매우불만족   불만족   보통   만족   매우만족

낮다 →→→→→→→→→→→→→→→ 높다

등간척도의 예 : 지능지수

95   100   105   110   115

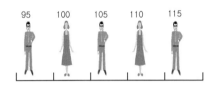

비율척도의 예 : 소득

0원   100만원   150만원   200만원   250만원

〈표 6-3〉 측정수준의 예시

변 수	측정수준	측정방법,
민족성	명목	보스니아, 세르비아, 크로아티아, 기타( )
경찰행동에 대한 의견	순서	지역사회에서 경찰들이 동등하게 대하는가? -흑인보다 백인을 우대한다 -대체로 동등하게 대우한다 -잘 모르겠다
이주출생	등간	이 나라에 이민 온 후 당신은 몇 번째로 태어났습니까? -첫번째 출생 -두번째 출생 -세번째 출생 _____ 출생
가구소득	비율	지난 한해 동안 전체 가구소득은 얼마였습니까? $ _____

제4절 측정척도

1. 척도의 의의

척도(scales)란 논리적으로 또는 경험적으로 서로 연관되어 있는 여러 개의 문항 또는 지표로 이루어진 복합적 측정도구를 말한다. 사회과학분야의 경험적 조사연구에서 그 개념이 다의적이고 추상적이므로 단일문항(지표)으로 구성된 간단한 측정도구로는 신뢰도와 타당성을 확보할 수 없다. 측정하고자 하는 현상이나 대상의 속성을 모두 포괄할 수 있는 문항 및 지표로 구성되어야 하는데, 그 문항 및 지표가 완전하게 갖추어지지 않으면 결국 측정도구의 신뢰성과 타당성에 문제가 생겨 연구의 객관성과 적용가능성에 영향을 미치게 된다.

사회과학분야에서 여러 문항을 통한 척도를 구성해야 할 필요성은 다음과 같다.

첫째, 하나의 문장이나 지표로는 제대로 측정하기 어려운 복합적인 개념을 측정 할 수 있다.

둘째, 여러 개의 지표(문항)를 하나의 점수로 나타냄으로써 자료의 복합성을 덜수 있다.

셋째, 척도의 단일차원성(척도를 구성하는 문항은 공통적인 특성을 나타내야함)을 검증해 볼 수 있다.

넷째, 복수의 지표로 구성된 척도를 사용하면 단일문항을 사용하는 경우보다 측정의 오류를 줄일 수 있고, 측정의 타당성과 신뢰성을 높일 수 있다.

2. 척도구성 방법

(1) 평정척도

평정척도(rating scale)는 측정대상 또는 피조사자의 어떤 속성을 단일연속선상에 배열하고 일정기준에 입각하여 대상의 속성에 일정수치를 부여하거나 또는 몇 개의 카테고리로 구분하여 각 구분점에 일정수치를 부여하는 척도이다. 대표적인 예가 학생의 성적을 A, B, C, D나 수, 우, 미, 양, 가 등의 등급으로 평가하는 것과 같아 등급척도라고도 한다.

평정척도는 척도를 만들기 쉽고, 사용이 간편하며, 비용·시간 면에서 경제적이고 적용범위가 넓다는 점이 장점이나 평가자의 주관적 판단에 의존하므로 평가자의 성격과 태도 및 심리적 편향에 좌우된다는 단점이 있다.

〈표 6-4〉 평정척도의 예시

(a) 도표형 평정척도법

선과 언어를 합하여 구성한 것으로, 선을 긋고 중간 중간에 숫자 해설을 붙여서 평가자가 대상의 위치 또는 태도를 기호로 표시하도록 한다.

(b) 범주형 평정척도법

어떤 속성을 나타내는 문장이나 항목을 범주별로 제시하고 가장 적합한 것을 고르게 하는 방법이다.

매우 만족하다	( )
만족하다	( )
보통이다	( )
불만족하다	( )
매우 불만족하다	( )

(c) 숫자-언어식 평정척도법

측정대상의 속성에 따라 평가자가 일정한 숫자나 언어를 부여하는 방식이다.

> 1) 매우 만족하다
> 2) 만족하다
> 3) 보통이다
> 4) 불만족하다
> 5) 매우 불만족하다

(d) 점수부여식 평정척도법

조사대상의 속성이나 특성에 평가자가 그의 의견이나 태도를 수치로 평정하게 한다. 평정의 양극은 0에서 100점으로 지정되어 있으나 이 사이에는 아무런 구분이 명시되지 않는다.

0   100

(2) 리커트척도법

리커트 척도(Likert scale)는 여러 개의 문항으로 응답자의 태도를 측정하고 해당 항목에 대한 측정치를 합산하여 평가대상자의 태도 점수를 얻어내는 척도로 총화평정 척도(summated rating scale)라고도 한다. 총화평정척도는 평정척도를 변형한 것으로 그 구성은 일정한 태도문항으로 이루어지는데, 모든 문항은 척도에 포함된 태도변수를 바르게 표시하고, 이것이 타당한 문항이라면 척도 내의 다른 문항과 높은 관련성을 가지고, 각 개별문항은 전체문항과 높은 상관관계가 있어야 한다는 것을 전제로 한다. 그리고 하나의 개념을 측정하기 위해서 여러 개의 문항을 이용하는 척도이므로 문항 간의 내적 일관성이 높아야 한다. 따라서 내적 일관성 검증을 통하여 신뢰도가 낮은 문장은 삭제할 필요가 있다. 문항분석의 결과 기술적으로 내적 일관성이 확보되었더라도 그것이 반드시 이론적 타당성을 담보해 주지는 못한다.

총화평정척도의 장점으로는 ⓐ 평가를 필요로 하지 않아 척도 구성이 간단하고 편리하며, ⓑ 평가자의 주관개입을 배제할 수 있으며, ⓒ 항목에 대한 응답의 범위에 따라 측정의 정밀성을 확보할 수 있다. 각각의 질문항목이 모두 응답되어야 하며 이때 각 문항에 대한 응답치를 5개에서 7, 9, 11개로 늘려 가면 그 항목에 대한 응답의 정밀성을 높이게 된다.

그러나 단점으로는 ⓐ 각 항목에 대한 응답자 태도의 강도가 정확히 일치되기는 힘들며 따라서 엄격한 의미의 등간척도가 되기는 어렵고, ⓑ 총점이 뜻하는 바가 개념적으로 분명하지 못하다. 점수의 단순한 합계는 각 항목이 표현한 응답자 태도의 강도가 묻혀버리기 때문이다. ⓒ 문항분석의 결과 기술적으로 내적 일관성이 확보되었다 하더라도 그것이 반드시 이론적 타당성을 담보해 주지는 못한다.

〈표 6-5〉 리커트 척도의 개발단계

· 특정자극이나 관심사에 대한 태도를 표시하는 문항을 만들며 이 문항들은 확실하게 동의적이거나 비동의적인 표현을 담고 있어야 한다.
· 각 문항은 3~10개 정도의 측정항목 구분이 있어야 되며, 각 척도 항목에 수치를 부여한다. 가장 많이 쓰이는 것이 5점 또는 7점 척도이다.
· 조사하려는 집단의 일부사람들에게 사전조사를 실시한다.
· 표본으로 뽑힌 사람들을 대상으로 각 문항에 대하여 응답을 하고 이 응답점수를 개인별로 합하여 총점을 계산한다.
· 각 항목들 중에서 개인별 총점과 각 항목점수 간에 상관관계가 높은 문항을 선택한다.

<표 6-6> 리커트 척도 예(시민에 의한 경찰신뢰 척도)

문 항	전혀 그렇지 않다	그렇지 않다	그저 그렇다	그렇다	정말 그렇다
1. 경찰관들은 일반적으로 공정하다	1	2	3	4	5
2. 경찰관들은 일반적으로 정중하다	1	2	3	4	5
3. 경찰관들은 일반적으로 정직하다	1	2	3	4	5
4. 경찰관들은 일반적으로 겁주지 않는다	1	2	3	4	5
5. 경찰관들은 시민과 함께 문제를 해결한다	1	2	3	4	5
6. 경찰관들은 일반적으로 시민들을 동등하게 대한다	1	2	3	4	5
7. 경찰관들에게 이야기하고 질문하면 관심을 보여주는 편이다	1	2	3	4	5

(3) 서스톤 척도법

서스톤 척도(Thurstone scale)는 어떤 사실에 대하여 가장 우호적인 태도와 가장 비우호적인 태도를 나타내는 양극단을 등간격으로 구분하여 여기에 수치를 부여하는 등간척도이다. 이 척도는 각 문항에 카테고리가 없으며 그 대신에 각 문항 자체에 일 정한 가중치가 부여되고 그 척도치는 그 문항에 상응하는 찬반태도의 강약 정도를 나 타나게 된다.

여기에서 각 문항이 각기 다른 가중치를 갖는 것은 모집단의 문항이 일정한 순서로 나열되어 있다는 것을 근거로 삼는다. 이 척도는 각 문항을 만들고 가중치를 부여함으 로써 최종적으로 문항을 선정하게 된다. 이 방법은 척도를 만드는 과정이 지나치게 복 잡하고 많은 시간과 노력이 소요되며 평정자들의 편견이 개입될 소지가 많고 등간격성 의 가정이 비현실적이라는 문제점이 지적되고 있다.

서스톤 척도를 적용하기 위해서는 척도치의 순서대로 배열된 항목들을 무작위적으로

뒤섞고, 피조사자로 하여금 자기의 의견·태도에 일치하는 항목을 표기하게 한 다음, 지적된 항목들의 척도치를 합하여 평균을 냄으로써 그 사람의 태도를 평점하게 된다.

□ 사형에 관한 의견을 묻는 서스톤척도 개발의 예

■1단계: 개인적 경험, 전문가의 문헌, 다른 사람으로부터 들은 것을 토대로 사형에 대한 120개 진술문을 개발한다.

〈진술문 예〉

　1. 나는 사형이 잔혹하고 불필요한 형벌이라고 생각한다.

　2. 사형이 없으면 폭력범죄가 더욱 증가될 것이다.

　3. 극악무도한 폭력범죄에만 사형이 사용되어야 한다고 생각한다.

　4. 살인자를 재판에서 보호해야 한다고 생각하지 않는다.

　5. 살인자에 대해 사형이 면제되어야 한다고 생각하지 않는다.

　6. 성경에서는 사형을 정당화하고 있다고 믿는다.

　7. 사형 자체는 문제가 되지 않지만, 감전사시키는 것은 잔혹한 방식이다.

■2단계: 카드 혹은 종이로 진술문 120개 질문을 각각 100개씩 만든다.

■3단계: 응답자 100명에 대해 11개로 구분된 지점에 놓도록 한다.

■4단계: 판단결과를 수집하고 응답을 챠트로 요약한다.

■5단계: 판단에 대한 평균을 계산한다. 예를 들면, 질문1의 평균이 약 2이면 높은 동의를, 질문3의 평균이 5에 가까우면 전혀 동의하지 않는 것이다.

■6단계: 사형의견 척도에 포함되는 최종 20개 진술문을 선정한다. 진술문 선정은 동의라고 보여준 판단(같은 또는 근처 지점에 가장 많이 놓인 문항)과

우호적인 것에서부터 중립적, 비우호적인 것까지 의견에 대한 전체 등급을 반영한다.

■7단계: 20개 진술문으로 설문지를 준비하고, 연구대상 사람들에게 진술문에 동의(또는 동의하지 않음)여부를 묻는다.

(4) 거트만 척도법

거트만 척도(Guttman scale)는 척도를 구성하는 과정에서 문항들의 단일차원성이 경험적으로 검증되도록 설계된 척도이다. 단일차원의 척도는 한 개의 변수만을 측정하며, 문항과 개인의 총평점 간의 누적적인 관계가 성립되어 이를 누적척도(cumulative scale)라고 한다. 여기서 단일차원적이란 문항이 하나의 잠재적인 차원에 일차원적으로 배열하는 것을 말하고, 누적적이란 강한 태도를 갖는 문항에 긍정적인 견해를 표명한 사람은 약한 태도를 나타내는 문항에 대해서는 긍정적이라는 논리를 적용하여 문항을 배열하는 것이다. 일반적으로 부정적인 정도에서부터 긍정적인 정도로 문항을 배열하게 된다.

거트만 척도에서는 연구자가 만든 척도가 완벽한 거트만 척도와 일치하는 정도, 즉 단일차원성과 누적성의 가정에 얼마나 부합하는가를 검증하기 위해서 재생계수(coefficient of reproducibility)를 통하여 그 정도를 파악해야 하는데, 재생계수가 1일 때 완벽한 척도구성가능성(scalability)을 가지며 보통 재생계수가 최소한 0.90은 되어야 바람직한 거트만 척도라고 본다. 예컨대, 1,000명 중 100명 이상에 오차가 생기면 곤란하다.

$$CR = 1 - \frac{응답의오차수}{문항수 \times 응답자수}$$

이상과 같이 커트만 척도에서는 재생계수를 이용하여 선택할 문항과 제외시킬 문항을 결정할 수 있고 문항을 다시 배열할 수 있다는 장점이 있으나, 하나의 다차원척도를 구성하고 있는 여러 개별 문항들에 대해 단일차원성을 가정하는 것은 비현실적일 뿐만 아니라, 복합적인 현상을 단일차원으로 가정해서 측정하기란 어렵다는 문제가 있다.

〈표 6-7〉 거트만의 척도구성 예1(이웃주민에 대한 태도)

반응자 \ 문 항	이웃에 거주하는 것을 허용	사교클럽 가입을 허용	자녀와 결혼을 허용	누적 총점
A	찬성(1)	찬성(1)	찬성(1)	3
B	찬성(1)	찬성(1)	반대(0)	2
C	찬성(1)	반대(0)	반대(0)	1
D	반대(0)	반대(0)	반대(0)	0
계				6

〈표 6-8〉 거트만의 척도구성 예2(마약사용 유형)

반응자 \ 문 항	궐련	알코올	마리화나	코카인	누적점수
1	반대(0)	반대(0)	반대(0)	반대(0)	0
2	찬성(1)	찬성(1)	찬성(1)	반대(0)	3
3	찬성(1)	찬성(1)	반대(0)	반대(0)	2
4	반대(0)	반대(0)	반대(0)	찬성(1)	1
계					6

(5) 보가더스 척도법

보가더스 척도(Bagadous scale)는 보가더스가 인종적 편견의 강도를 측정하기 위하여 고안된 것으로 사회적 거리척도라고도 한다. 보가더스 척도는 개인, 집단, 인종 등과 같은 일정한 대상에 대하여 느끼는 친밀감, 무관심, 혐오감, 갈등상태 등을 측정하는 데 사용된다. 보가더스 척도는 사회집단간의 거리측정에 이용되고, 소시오메트리는 보가더스 척도와는 달리 개인을 중심으로 집단 내 친근관계에 이용된다.

보가더스 척도의 구성은 먼저 사회적 거리를 표시하는 많은 의견(문장)을 조사한 후 응답자(평가자)에게 사회적 거리가 가장 먼 것부터 가까운 순서대로 배열시킨다. 척도는 가능하면 같은 간격을 갖는 항목을 선정하여야 한다.

〈표 6-9〉보가더스 척도의 예

문 항	영국인	스위스인	화란인	한국인	기타
1. 결혼하여 가족으로 받아들임					
2. 개인적 친구로 클럽에 받아들임					
3. 이웃하여 같이 지냄					
4. 같은 직장에서 일함					
5. 우리나라 국민으로 받아들임					
6. 우리나라 방문객으로 받아들임					
7. 우리나라에서 추방함					

〈표 6-9〉에서 보는 바와 같이 척도에 따라 각 인종별로 선호하게 하는 거리척도로 1에서 6까지는 어느 정도 같은 양태의 수용성을 보이고 있지만 문항 7은 전혀 부정적인 반응인 것을 알 수 있다. 그러므로 7에 답한 사람은 결코 1에서 6까지의 문항에 긍정적인 반응을 보일 수 없다고 보아야 한다.

□ 사회적 거리척도의 예

연구자는 대학 신입생에게 멕시코와 폴란드 두 나라에서 온 불법 이민자에게 느끼는 감정(사회적 거리감)을 조사하고자 한다.

다음 질문에 어느 나라 사람이 편안한 느낌을 주는지 나라 이름을 말하시오.

_____한 주일 동안 귀하 대학에 방문하는 것

_____귀하 대학에 등록하여 풀타임 학생이 되는 것

_____같은 반이 되어서 이야기 할 수 있는 것

_____함께 시험공부하고 시험시간에 내 뒷자리에 앉은 것

_____기숙사 같은 층 안에서 몇 개의 문을 사이에 두고 생활하는 것

_____기숙사의 같은 방에서 동성의 룸메이트가 되는 것

_____데이트할 수 있는 이성이 되는 것

가정적 결과

	멕시코	폴란드
방문자	100%	100%
풀타임학생	98%	100%
같은 반	95%	98%
함께 공부	82%	88%
같은 기숙사	71%	83%
룸메이트	50%	76%
데이트	42%	64%

(6) 소시오메트리

소시오메트리(sociometry)는 집단 내 개인의 선택, 커뮤니케이션 및 상호작용 형태에 관한 자료를 수집하고 분석하는 많은 방법들을 지칭하는 포괄적인 용어이다. 일반적으로 소시오메트리는 사회적 선택에 대한 연구와 측정이라고 말하며 집단 내 구성원 간의 거리를 측정하는 방법이라는 점에서 집단 간의 거리를 측정하는 보가더스 척도와 구별된다.

어떤 사람에게 연구자가 한 가지 이상의 기준에 따라 한 사람 이상을 선택하도록 한다. 즉 당신은 누구와 함께 일하고 싶습니까? 당신은 누구와 함께 놀이를 하고 싶습니까? 이때 그 사람은 자신이 속한 집단 구성원을 선택하거나 다른 집단의 구성원 가운데서 하나, 둘, 셋 또는 그 이상을 선택할 수 있다.

소시오메트리는 소집단내에서 최소한 두 사람 이상의 사이에 맺어지는 인간관계를 측정할 때 사용되는 방법으로, 집단결속력의 정도에 의해서 측정한다. 소시오메트리는 뒤에서 설명할 Q-분류분석과 마찬가지로 조사대상 인원이 소수일 때만 적용될 수 있는 문제점을 가지고 있다.

$$집단결속력(GC) = \frac{실제로\ 서로\ 환영하고\ 있는\ 숫자(n)}{집단구성원이\ 2명씩\ 짝을\ 지을\ 수\ 있는\ 숫자(N)}$$

GC = 1일 때 집단의 결속이 가장 강하다

(7) 어의차 척도법

어의차 척도(semantic differential scale)는 일직선으로 도표화된 척도의 양극단에 서로 상반되는 형용사를 배열하여 양극단 사이에서 해당 속성에 대한 평가를 하는 척도이다. 이 척도는 일반적으로 의견이나 태도를 몇 개의 차원에 따라 측정함으로써 그 차이를 좀더 명확히 하고자 하는 의미를 지닌다.

□ 어의차 척도 예시

아래 좌우 쌍을 읽어보시고, 느끼는 감정이나 느낌을 해당란에 체크해 주시기 바랍니다. 옳거나 틀린 답이 있는 것은 아닙니다.

후보자에게 느끼는 감정이 어떻습니까?

나쁨	__	X	__	__	__	__	__	__	좋음
신중한	__	__	__	__	__	__	X	__	천박한
약한	__	X	__	__	__	__	__	__	강한
공평	__	__	__	__	__	__	X	__	불공평
조용한	__	__	__	__	__	__	X	시끄러운
현대적	__	X	__	__	__	__	__	__	전통적
단순한	__	__	__	__	__	X	__	__	복잡한
빠른	__	X	__	__	__	__	__	느린
더러운	__	X	__	__	__	__	__	깨끗한

〈표 6-10〉 어의차 척도의 예

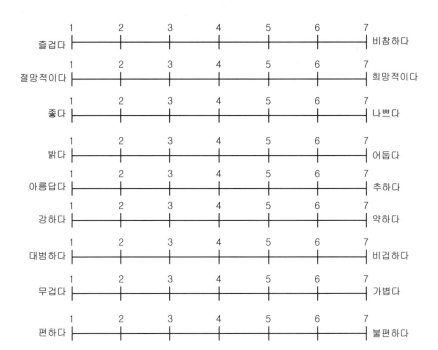

3. 지표와 척도구성을 위한 특별한 방법

변수에 대한 구성개념이나 척도 및 지표들을 평가하는 정교한 통계기법이 있다.

(1) 척도와 지표의 차이

일반적으로 사람들은 지표(index)와 척도(scale)를 교환적으로 사용하기 때문에 혼돈하고 있는 경우가 있다. 척도와 지표는 변수에 대한 더 많은 정보를 얻기 위한 것이고 측정의 품질을 평가하는 데 이용된다. 척도와 지표의 근본적 차이점은 〈표 6-11〉과 같다.

〈표 6-11〉 척도와 지표의 차이

척도	연구자가 변수의 개념에 대한 강도, 방향, 수준, 잠재력을 획득하기 위한 측정이다. 이와 같은 속성은 연속체 선상에서 응답자 혹은 관찰자를 배열시킨다. 척도는 하나의 지표 혹은 여러 가지 지표를 사용할 수 있다. 그리고 대부분 순서수준의 측정을 갖는다.
지표	지표는 어떤 개념의 지표들을 하나의 점수로 나타내고자 한다. 합계점수는 여러 지표들의 단순 합이다. 지표는 내용타당성과 수렴타당성에 사용된다. 지표는 대부분 등간 혹은 비율수준의 측정을 갖는다.
비고	연구자는 변수를 측정하는데 있어서 척도와 지표를 결합한다. 연구자는 보통 척도를 포함하는 몇 개의 지표를 가지는 것이 일반적이다.

(2) 요인분석

요인분석(factor analysis)은 연구자에게 지표의 구성과 척도의 단일차원성을 검증하고 지표 문항에 대한 가중치를 할당하게 하여 통계적으로 많은 지표들을 작게 축소시키는데 도움을 준다. 요인분석의 기본 논리는 비관찰요인(unobserved factor) 혹은 가설적 구성개념(hypothetical construct) 사이의 경험적 관계(empirical relationships)를 통계적으로 조작한다는 것에 토대를 두고 있다.

요인분석을 수행하는 경우, 연구자는 하나의 구성개념을 측정하는 것이라고 생각하는 많은 문항들을 가지고 시작한다. 요인분석에 이용되는 측정수준은 순서, 등간, 비율 척도로 측정하는 것이 좋다. 요인분석은 질문문항들이나 변수들 사이의 상호 관계를 분석해서 이러한 질문문항들이나 변수들 사이에 어떠한 관계가 존재하고 있는지, 즉 질문문항들이나 변수들 사이의 상관관계를 바탕으로 하여 그것들 사이에 서로 유사한 특징을 지닌 대상들을 하나의 집단으로 묶어주게 된다. 그러면 집단내부에 존재하게 되는 분석대상자들은 서로 동질적인 군집을 만들 수 있고 집단 간은 당연히 서로 이질적이 된다. 어떠한 유사점들이 존재하고 있는지를 파악하여 유사한 변수들을 묶어줌으로써 비교적 관련이 적은 변수들을 가지고 자료를 분석해 줌으로써 좀더 자료의 해석을 용이하게 해줄 수 있다. 따라서 요인분석은 변수의 감축으로서 변수가 종속변수인지 독립변수인지를 구분하는 것이 아니라 모든 변수들 간의 상호 종속적인 관계를 밝힌다. 즉, 원래 변수들 간의 일대일 상관관계의 행렬을 검토함으로써 각 요인이 가장 상관관계가 높은 변수들을 잘 나타낼 수 있는 방법이다. 요인분석은 각 요인 내에 있는 변수들은 상관관계가 큰 것끼리 모이도록 하는 것이고 다른 요인에 포함된 변수들과는 상관관계가 낮아지는 방법이다.

요인분석의 가장 중요한 특성은 원래 변수들이 가지고 있었던 정보 손실을 최소화하면서 상관관계가 높은 원래 변수들을 묶어 대표할 수 있는 새로운 요인을 찾아내는 것이라 할 수 있으며 그러한 방법에는 R-type 요인분석과 Q-type 요인분석이 있습니다.

(3) Q-방법론

일반적으로 사용되는 요인분석 또는 R-기법이 여러 가지 현상을 집약하여 하나의 현상으로 나타내려는 방법인 데 반해, Q-방법론(Q-methodology)은 이와는 대조적으로 한 가지 현상을 설명하기 위해서 단일현상을 여러 가지 현상으로 세분화하는 방법이다. Q-방법론이라 함은 대상이나 현상에 대한 생각이나 태도, 가치관을 서술한 진술문인 Q문항에 대한 사람들의 응답을 통해 사람들 간의 유사성, 즉 사람들 간의 상관관계를 살펴보고, 유사한 사람들을 묶어서 몇 개의 집단이나 공통인자를 발견하는 방법을 의미한다. Q-방법론은 개인에 관한 연구에 정향(定向)을 둔 일련의 철학적, 심리학적, 통계학적 및 심리측정학적 아이디어를 특징짓기 위하여 사용한 일반적인 이름으로 불리어진다.

이와 혼용되는 개념으로 Q-소트기법(혹은 Q기법)은 Q-방법론을 위한 자료의 수집과 분석의 절차로서, 응답자들로 하여금 특정대상에 대한 태도와 의견을 표명하는 일련의 카드들을 분류(소트)하는 데에 초점을 두며 응답자 간의 상관분석의 과정들을 포함한다. 그러나 보통 Q-소트기법은 자료수집방법에 치우친 개념으로, Q-방법론은 이렇게 수집된 자료의 처리, 즉 Q상관의 요인분석까지를 포괄하는 넓은 의미로 이해되고 있다

Q-방법론은 사람들 간의 상관관계를 분석하여 상관관계 계수가 높은 사람들을 유사

한 사람들로 묶어 집단으로 분류하는 방법이다. Q-방법론을 제대로 사용하기 위해서는 무엇보다 먼저 사람들 간의 상관관계 계수는 인과관계 때문에 생긴 것이 아니라, 공통인자 때문에 나온 것이라는 전제를 해야 한다.

〈표 6-12〉 Q-방법과 R-방법의 요구조건 비교

구 분	Q-방법	R-방법
모집단	일련의 진술문	일련의 사람
변인	일련의 모든 진술문에 반응하는 것	사람의 어떤 특성
변인의 상호작용	상호작용한다	상호작용하지 않는다
전제조건	개인내 차	개인 간 편차
점수분포	준정상분포 이룸	정상 또는 준정상분포 이루지 않음

(4) 군집분석

군집분석(cluster analysis)은 요인분석과는 달리 분석대상들을 상호관련성에 의해 서로 동질적인 집단으로 묶어주는 방법이다. 즉, 연구자가 분석하고자 하는 변수나 질문문항을 가지고 서로 유사한 특징을 지닌 혹은 유사한 답변을 한 대상들을 하나의 집단으로 묶어주게 된다. 그러면 집단내부에 존재하게 되는 분석대상자들을 서로 동질적인 군집으로 만들 수 있고 집단 간은 당연히 서로 이질적이 된다.

군집분석에서 분석대상을 분류기준 변수에 근거하여 군집화하는 것은 유사성 혹은 거리를 이용한 방법을 가지고 구하게 된다. 유사성이라 함은 분류하고자 하는 변수에 의해서 분석대상 사이의 비슷한 정도를 평가하는 것이다. 다른 하나는 분석대상 사이의 거리를 측정하여 이러한 거리의 측정치를 이용하는 방법이다. 분석대상 사이의 서로 떨어진 거리를 재는 방법으로는 유클리드 거리, 가중 유클리드 거리, 제곱된 유클리드 거리, 맨하탄거리 등 여러 가지가 있다.

4. 척도법 선택 시 고려사항

조사자는 연구목적의 달성을 위해서 적용해야 할 분석기법과 자료의 획득성, 용이성 그리고 경제성 등을 고려하여 측정수준과 척도를 판단해야 한다. 즉 해당 척도가 지니는 특성과 연구목적과의 적합성을 맞추어야 한다.

측정수준과 척도의 형태가 선택된 다음에는 척도구성을 하여야 하는데, 이때 고려해야 할 사항은 척도점의 수와 척도점의 기준점이다. 척도점의 수가 너무 적으면 분석 시 응답자의 태도 정도(수준)를 정확히 밝힐 수 없으며 분석상의 어려움이 따른다. 척도점의 수가 많으면 조사자가 각 척도에 적합한 설명을 붙이기 어려워지며 이를 이용하여 응답자들의 평가에 어려움은 있으나, 측정하고자 하는 속성의 기준을 보다 정확히 반영할 수 있으며 분석이 용이해진다는 장점을 가지고 있다.

척도 기준점에서는 중립점을 두는 경우와 중립점을 두지 않는 경우가 있다. 중립점을 두게 되면 생각 없이 중립점에 표시해 버리는 중립화경향이 있을 수 있고, 중립점을 두지 않은 경우는 실제로 중립적인 태도를 가지는 사람들을 강제로 어느 한쪽에 평가하도록 유도하는 문제점이 있다. 그러므로 중립점에 관한 문제는 질문 항목의 특성에 따라서 달라지게 해야 한다. 그리고 측정척도에 설명을 붙인 경우가 안 붙인 경우에 비해 대부분 설명이 붙여진 측점으로 응답표시가 몰리게 되는 경향이 있다.

▶ 연습문제 ◀

1. 개념의 조건과 기능을 설명하시오.

2. 개념의 전달을 방해하는 요인을 설명하시오.

3. 개념적 정의와 조작적 정의를 비교 설명하시오.

4. 개념과 변수의 관계를 설명하시오.

5. 독립변수, 매개변수, 종속변수 그리고 조절변수의 관계를 예를 들어 제시하고 설명
   하시오.

6. 외생변수에 관하여 예를 들어 제시하고 설명하시오.

7. 억제변수에 관하여 예를 들어 제시하고 설명하시오.

8. 왜곡변수에 관하여 예를 들어 제시하고 설명하시오.

9. 정의 관계와 부의 관계를 예를 들어 제시하고 설명하시오.

10. 비선형관계에 대해 예를 들어 제시하고 설명하시오.

11. 대칭적 관계와 비대칭적 관계를 예를 들어 제시하고 설명하시오.

12. 경찰학분야에서 개념을 10개 제시하고 개념적 정의와 조작적 정의를 제시하시오.

13. 경찰학분야에서 측정의 어려움에 대해 설명하시오.

14. 리커트척도의 장단점을 설명하시오.

15. 척도와 지표의 차이점을 설명하시오.

16. 척도법 선택 시 고려사항을 설명하시오.

제7장

측정도구의 신뢰도와 타당도

사회과학연구에서 측정은 추상적 세계를 경험적 세계로 변환하는 작업이다. 즉, 눈에 보이지 않고 만질 수 없는 개념을 눈에 보이는 것으로 또는 만질 수 있는 개념으로 변환하는 과정이 측정이다. 따라서 추상적 개념과 경험적 자료 사이의 간격을 좁히는 것이 과학적 조사의 정확도를 높이는 길이기도 하다. 반대로 추상적 개념과 경험적 자료가 일치하지 않게 되면 힘들여 조사한 결과는 신뢰성과 일반화 가능성을 떨어뜨리게 된다. 이렇게 추상적 개념과 경험적 자료에서 차이가 나는 것을 측정오차라 한다.

1. 측정오차의 개념

측정오차(measurement error)란 연구자가 측정도구를 적용하여 측정대상의 속성을 측정한 결과 얻어진 측정값과 측정대상의 속성이 갖는 참값 사이의 불일치의 정도 또는 그 차이를 의미한다. 인간의 행동은 다양하고 복잡한 사회현상들이 복합적으로 영향을 미쳐 나타나게 되며, 이런 결과를 하나의 개념으로 제시하고 그 개념을 다시 경험적 자료로 측정하는 문제는 쉬운 일이 아니다. 측정오차는 사회현상들이 복합적으로 작용하고 있는 추상적 개념을 경험적 속성으로 변환하는 과정에서 나타나기 때문에, 측정하고자 하는 현상이나 사건이 갖는 속성의 실제 값을 항상 정확하게 측정할 수 있는 것은 아니다. 그렇기 때문에 측정오차가 발생되는 것이며 이처럼 측정오차를 줄이고 최소화하기 위해서는 측정대상의 속성을 빠짐없이 정확하게 측정할 수 있는 측정도구 개발이 필요하다.

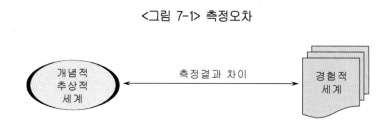

<그림 7-1> 측정오차

2. 측정오차의 발생원인

(1) 다른 속성(개념)의 측정

사회현상에 대한 추상적 개념을 가진 속성을 측정하는 경우 그 속성을 측정하는 것이 아니라 다른 속성을 측정할 때 측정오차가 발생한다. 예를 들어, '부부간의 사랑'의 개념을 측정하려고 하나 '가족 간의 사랑' 개념을 측정하는 경우이다. 이런 경우에는 측정도구의 명확화를 통해 측정오차를 줄일 수 있다.

(2) 응답자 개인의 독특한 특성

응답자 개인이 가지는 독특한 성향 때문에 응답의 차이가 발생할 수 있다. 응답자의 경험, 지식, 성격, 건강, 태도 등이 응답차이에 영향을 미칠 수 있다. 개인의 독특한 요인들은 똑같은 현상이나 사건에 대해서도 다른 인식 및 지각으로 반응하기 때문에 응답차이를 가져오게 된다.

(3) 상황적 요인

응답자의 응답상황 여하에 따라서 응답을 달리할 수 있다. 예컨대, 공범용의자들을 같은 장소에서 면접하는 경우와 따로 분리하여 면접하는 경우 응답차이가 발생하기도 한다. 또한 주변이 시끄럽고 주위에 사람이 있는 상황일 때와 주변이 조용하고 주변에 아무도 없는 경우 응답이 달라질 수 있다.

(4) 측정도구의 문제

사회과학에서 측정도구는 대부분 설문지를 사용한다. 설문내용이 모호하거나 응답하기 어려운 경우 또는 잘 모르는 내용이 있는 설문인 경우 그리고 설문형식이 다른 경우 측정결과가 달라질 수 있다. 예를 들어, "치안질서"의 수준은 어느 정도 된다고 생각하십니까 라고 할 때 치안질서의 범주도 모호할뿐더러 수준이 좋다, 나쁘다는 기준은 무엇으로 판단해야 되는지 모호하다.

(5) 측정방법상의 문제

개인면접, 전화면접, 우편설문, 인터넷설문 등 측정방식에 따라 결과가 다르게 나올 가능성이 있다. 개인면접은 직접 만나서 관찰하거나 면접하기 때문에 응답자 본인여부를 확인할 수 있고 응답자의 표정이나 기분 또는 건강상태 등을 고려하면서 질의응답을 할 수 있으며 면접자가 친절하고 호의적으로 대하는 경우 성실한 응답을 얻을 수 있는 데 반해 전화면접, 우편설문, 인터넷설문은 면접자와 비면대면 관계에 있기 때문에 응답자가 질문에 성의 없이 대답하거나 다른 사람이 응답해도 모를 수 있다.

(6) 기 타

기타 응답자의 표기잘못과 분석과정상의 문제 등에서 오차가 발생한다. 설문응답에서 응답자가 설문지에 잘못 표기하는 경우 잘못을 알 수 없고, 연구자가 분석과정에서 잘못 코딩하거나 해석을 잘못하는 경우에도 오차가 발생한다.

3. 측정오차의 종류

(1) 체계적 오차

체계적 오차(systematic error)는 측정하고자 하는 변수 또는 측정대상에 일정하게 어떤 요소가 체계적으로 영향을 미침으로써 측정결과가 일정한 방향으로 나타나는 경향을 말한다. 따라서 체계적 오차가 개입하게 되면 모든 측정값에 대하여 측정결과가 실제 값보다 높게 나오거나 낮게 나오는 경향을 가진다. 체계적 오차의 유형에는 다음과 같은 두 가지가 있다.

첫째, 인구사회 통계학적 특성으로 인한 오차이다. 응답자의 성별, 학력, 소득, 종교, 직업, 사회적 지위, 문화 등과 같이 인구사회 통계학적 특성으로 인해 일정한 방향으로 오차가 나타나는 경향이다. 예를 들어, 여자가 집에 머물고 사람들 앞에 나서지 않고 조용히 있는 것을 원하는 남자가 "여성에 대한 동등한 권리를 지지하느냐?"는 질문을 받게 되면 남성중심적 사고를 가진 사람으로 보이는 것을 피하기 위해서 반대되는 응답을 할 것이다.

둘째, 개인적 성향으로 인한 오차이다. 개인적으로 가지는 가치관, 성향, 태도, 감정, 경험 등이 어떤 특정 측정대상에 대해 무조건 긍정적이거나 부정적이거나 또는 중립적으로 응답함으로써 나타나는 오차이다. 이런 요인은 ⓐ무조건 긍정적인 응답을 하는 관대화 현상, ⓑ 긍정과 부정의 중립점에 응답하는 중앙집중화 현상, ⓒ 응답자 자신과 반대되는 것에 응답하는 대조의 현상, ⓓ 측정대상의 한 가지 속성에 강한 인상을 받아 다른 전체 속성의 응답에 영향을 미치는 후광효과 등이 있다. 예를 들어, 엄격한 가정에서 훈육을 받은 청소년에게 "남녀청소년들이 밤에 함께 거리를 거니는 것에 대해 어떻게 생각하십니까?"라고 하면 모든 질문에 부정적으로 응답하는 경우이다.

(2) 무작위 오차

무작위 오차(random error)는 체계적 오차와 같이 측정이 한쪽으로 치우치는 것이 아니라 측정할 때마다 측정결과가 일관되지 않다는 것이다. 즉, 측정시기를 달리할 때마다 일시적인 사정으로 측정결과가 일치하지 않는 경우이다. 무작위 오차를 가져오게 하는 요인은 측정절차가 너무 귀찮고, 복잡하고, 지겹고, 또는 피곤해서 응답자들이 측정을 가능한 빨리 마치기 위해 되는 대로 말하거나 행동하는 경우에서 나타난다. 예를 들어, 복잡한 질문으로 구성된 설문지를 절반 정도 마친 후, 응답자들은 질문에 지루

함을 느끼고 질문이 정말로 의미하는 것이 무엇인지 또는 질문에 대해 자신이 진정으로 어떻게 느끼는지에 관해 생각하는 것을 그만둬버린다.

제2절 신뢰도

1. 신뢰도의 개념

측정의 신뢰도(reliability)란 동일한 측정대상(변수)에 대하여 같거나 유사한 측정도구(설문지)를 사용하여 매번 반복 측정할 경우에 동일하거나 비슷한 결과를 얻을 수 있는 정도를 뜻한다. 측정도구를 통해 측정을 반복할 때 동일한 측정결과를 가져온다면 측정결과를 예측할 수 있기 때문에 안정성, 일관성, 예측가능성, 정확성이 높다고 할 수 있다. 예를 들어, A병원에서 우울증을 검사하는 D측정도구를 통해 우울증검사를 받았다. 또다시 B병원에서 동일하게 D측정도구를 통해 우울증검사를 받은 경우 A병원의 결과와 B병원의 결과가 동일하게 나왔다면 D측정도구는 신뢰도가 있다고 말할 수 있다. 반대로 A병원의 결과와 B병원의 결과가 다르게 나타났다면 D측정도구는 신뢰도가 있다고 말할 수 없다.

신뢰도는 무작위 오차와 관련이 있다. 측정도구에 신뢰도가 있을수록 무작위 오차는 감소되며 정확도는 높아진다. 하지만 신뢰도가 정확도를 보증하는 것은 아니다. 예를 들어, 복잡하고 모호하게 작성된 측정도구(설문지)를 통해 매번 측정을 하여 같은 결과가 나왔다고 하자. 이 경우 신뢰도는 있어 보이지만 매번 체계적 오차로 인해 정확도는 떨어지게 된다.

2. 신뢰도 측정방법

신뢰도를 측정하는 방법은 검사-재검사법, 반분법, 유사양식법, 내적 일관성 분석 등이 있다.

(1) 검사-재검사법

재검사법(test-retest-method)은 같은 상황에서 같은 측정도구를 같은 측정대상자에게 서로 다른 시간에 측정한 결과를 비교하는 방법이다. 검사-재검사법은 다른 시간에 측정한 결과의 상관계수가 신뢰도의 평가기준이 되며, 측정기간은 보통 2주 정도의 간격을 갖는 것이 좋다. 만약 측정결과의 상관계수가 0.8이상 수준이면 그 측정도구는 신뢰도가 있다고 말할 수 있다.

검사-재검사법은 두 개의 측정이 동일한 조건하에서 이루어지는 것이 중요하고 검사와 재검사 사이의 시간경과가 첫 번째 검사에서 응답자들이 한 응답을 기억해내지 못할 정도로 길어야 한다는 조건이 있다. 그리고 이 방법은 한 가지 도구만으로도 신뢰도를 평가할 수 있다는 장점이 있으나 첫 번째 검사로 인한 기억력을 통제하기가 어렵다는 단점이 있다. 예를 들어, 첫 번째 검사와 두 번째 검사 사이에 실제로 사람이 변할 수도 있고, 상황이 다르다면 신뢰도 평가는 문제가 있다.

(2) 반분법

반분법(split-half-method)은 측정도구를 절반으로 나누어 각각을 독립된 척도로 보고 이들의 측정결과를 비교해 보는 것으로, 이때 절반으로 나누어진 측정도구는 ⓐ 같은 개념을 측정한다는 것이 명백해야 하며, ⓑ 그 자체가 각각 완전한 척도를 이룰 수 있을 만큼 문항수가 충분해야 한다는 조건이 갖추어져야 한다. 이러한 조건이 충족된 측정도구를 측정대상에 적용하여 측정값을 구한 다음 문항들을 짝수문항과 홀수문항(또는 1번부터 20번까지 문항과 21번부터 40번까지 문항)으로 구분하여 상관관계를 계산함으로써 신뢰도를 평가한다.

반분법은 절반으로 나누어진 측정도구를 통해 동시에 측정이 가능하기 때문에 검사-재검사방법의 단점을 보완할 수 있고, 서로 측정시간을 달리함으로써 개입될 수 있는 외생변수의 영향을 통제할 수 있으며 같은 대상을 한 번만 측정함으로써 반복검사에서 나타나는 검사효과(첫 번째 측정의 기억력이 두 번째 측정에 영향을 미침)도 배제할 수 있다는 장점이 있다. 그러나 절반으로 나누어진 측정문항을 완전히 동등하게 만들기 어렵고 측정문항이 적은 경우는 사용할 수 없다는 한계가 있다.

(3) 유사양식법

유사양식법(parallel-forms technique)은 같은 개념을 측정하기 위해 내용이 비슷한 두 개의 측정도구를 개발하여 하나는 사전측정에 사용하고 다른 하나는 사후측정에 사용하며, 이 때 사용한 두 측정도구 간의 상관관계를 비교하여 상관계수가 높으면 신뢰도가 있다고 판정한다. 예를 들어, 유사한 두 개의 자아통제 척도가 개발된 경우 하나는 사전측정에 사용하고, 자아통제 향상 프로그램을 실시한 후 자아통제 변화를 측정하기 위한 사후측정에는 다른 하나의 척도를 사용하여 두 측정값의 상관계수가 높으면 신뢰도가 있다고 평가한다. 이 방법은 서로 다른 측정도구를 개발함으로써 같은 도구를 사전사후에 사용했을 때 보다 기억력을 통제하기 쉽다는 장점이 있는 반면, 첫 번째 측정도구와 두 번째 측정도구가 동일한지를 확인하기가 어렵다는 단점이 있다. 즉, 두 가지 측정도구가 동일한지 여부를 평가할 수 있는 객관적 방법이 없다.

(4) 내적일관성 분석

동일한 개념을 측정하는 항목인 경우에 그 측정결과에 일관성이 있어야 한다는 것으로, 일관성이 없는 항목 즉, 신뢰도를 저해하는 항목을 찾아 제거시키는 방법이다. 여기에서 신뢰도를 측정하는 계수는 크론바하 알파(Cronbach' alpha, α)값이며 다음과 같이 계산된다. 사회과학에서 α값은 적어도 0.6이상을 만족할만한 수준으로 1에 가까울수록 좋은 측정도구라고 평가하고 있다. 현실적으로 이 방법이 가장 많이 사용되고 있다.

$$a = \frac{N}{N-1} \left(1 - \sum \frac{\sigma_i^2}{\sigma_t^2} \right)$$

N = 문항수

σ_i^2 = 각 문항의 분산

σ_t^2 = 총분산

3. 신뢰도 제고방안

사회과학에서 대부분의 측정도구는 설문지이다. 측정도구의 신뢰도는 결국 설문문항의 신뢰도를 말하는 것이다. 실제로 설문문항의 신뢰도를 확보하기 위해서는 다음과 같은 사항을 고려해야 한다. 아래 고려사항은 설문지 작성법에서 자세하게 설명하게 될 것이다.

첫째, 설문문항을 분명하게 작성하며 모호하게 작성된 문항은 제거시킨다. 설문문항의 내용이 모호하면 응답자마다 다르게 해석할 수 있기 때문에 측정오차가 커져 결국 신뢰도를 떨어뜨리게 된다.

둘째, 설문문항수를 늘린다. 설문문항이 많아지면 측정값들의 평균치가 측정하고자 하는 속성의 실제값에 가까워지기 때문이다. 이는 표본수를 늘리면 측정값이 평균을 중심으로 정규분포를 이루는 것과 같은 원리이다. 또한 추상적 개념은 복합적인 요소들로 구성되어 있기 때문에 문항수를 늘리게 되면 복합적인 요소를 포함시킬 가능성이 높아지게 된다. 연구자가 원하는 신뢰도를 확보하기 위하여 필요로 하는 항목수를 결정하는 식은 다음과 같다.

$$k = \frac{r_1(1-r_0)}{r_0(1-r_1)}$$

k = 필요한 측정항목 수

r_1 = 원하는 신뢰도(0~1)

r_0 = 현재의 신뢰도(문항 간 상관관계의 평균값)

위 식에 의하여, 만약 연구자가 바라는 신뢰수준이 0.80이고 문항 간의 상관관계 값의 평균이 0.40이라고 하면, 필요한 측정항목 수

k=0.80×(1-0.4)/0.40×(1-0.8) = 0.48/0.08 = 6

이라고 볼 수 있다.

셋째, 조사과정에서 측정의 일관성을 보장해야 한다. 면접자가 조사과정의 일관성을 유지하지 못하면 동일한 문항에 대한 응답자의 반응이 달라져 측정오차가 발생한다. 연구자는 측정문항을 구성하기 이전에 선행연구를 통해서 신뢰도가 검증된 측정문항이 무엇인지 탐색해 보아야 한다. 만약 선행연구 탐색에서 신뢰도가 검증된 측정도구를 찾을 수 있으면 이러한 도구를 사용하는 것이 바람직하다.

넷째, 응답자가 잘 모르거나 전혀 관심이 없는 내용은 측정하지 않는 것이 좋다. 모르거나 관심이 없는 경우에는 무성의하게 답변하거나 전혀 다른 결과를 나타낼 가능성이 있기 때문이다.

다섯째, 동일한 질문이나 유사한 질문을 2회 이상 하는 방법이다. 두 가지의 동일한 질문에 대한 응답을 조사하여 응답자의 일관성 있는 응답을 유도할 수 있다.

여섯째, 예비조사 및 사전조사를 실시한다. 측정지표(설문문항)가 작성되면 실제 조사에 들어가기 전에 우선 예비조사(pilot study)를 통하여 설문문항에 대한 사전조사(pretest)를 해보아야 한다. 사전조사는 현지에 나가서 대체로 20~50명 정도의 응답자를 대상으로 하게 된다. 이 조사를 통하여 각 설문문항이 명확하게 서술되었는가, 설문문항의 해석상에 지역적 차이는 없는가, 어떤 설문문항들이 응답자에게 대답하기 어려운가, 문항은 조사하기 편리한가 등의 문제를 알아보아 잘못된 점이나 개선할 점은 보완·수정해야 한다.

제3절   타당도

1. 타당도의 개념

타당도가 없는 측정은 아무런 의미가 없다. 측정의 타당도(measurement validity)는 측정도구를 통해 측정하고자 하는 것을 얼마나 실제에 가깝게 측정하고 있는가를 나타낸다. 예를 들어, 공공안녕이라는 개념을 측정하려는 경우 개발된 설문문항이 공공안녕의 속성을 하나도 빠짐없이 측정할 수 있도록 개발되었느냐 하는 것을 말한다. 따라서 타당도는 측정도구가 측정하고자 하는 개념이나 속성을 얼마나 정확히 반영하느냐의 정도를 나타내므로 결국 측정개념에 대한 개념적 정의(conceptual definition)와 조작적 정의(operational definition)의 타당도를 의미한다.

측정의 타당도의 핵심은 개념과 측정지표 간의 적합도 정도를 의미하며, 구성개념과 측정지표가 적합할수록 측정의 타당도는 높게 된다. 측정의 타당도를 확보하는 것은 신뢰도보다 어렵다. 그 이유는 측정하려는 개념이 추상적 사상(ideas)을 가지기 때문이다. 또한 개념과 측정도구 간에 간격이 있게 되는 것은 현상에 대한 정신적 묘사와 특정시간과 특정장소에서 인간이 행하게 되는 특정행동 간에 차이가 있기 때문이다. 그렇기 때문에 측정의 타당도는 특정현상에 대한 측정에 의미가 부여되고 시간이 지나면서 그런 의미가 검증되고 축적되는 동태적인 과정이라고 볼 수 있다.

2. 타당도의 종류

측정의 타당도는 표면타당도, 내용타당도, 기준타당도, 그리고 구성개념 타당도 등 4가지가 있다.

(1) 표면타당도

표면타당도(face validity)란 측정문항이 개념을 측정하는 도구라고 전문가들이 판단하게 되는 경우를 말한다. 표면타당도는 측정문항이 개념의 속성을 정확히 포함하고 있는가를 판단하기보다는 전문가들이 외견상으로 볼 때 어느 정도 타당성이 있다는 것에 합의 또는 일치를 이끌어낼 때 타당도가 있다고 말하며, 가장 낮은 수준의 타당도이다. 예를 들어, 대학에서 공부할 수 있는 능력이 있는지를 측정하려고 측정도구(시험문제)를 개발하였다면 개발된 시험문제가 수학능력을 판정할 수 있는 문제인지 전문가들에게 의뢰하여 전문가들이 합의 또는 일치를 보게 되면 그 시험문제는 타당도가 있다고 말하게 되는 경우이다.

<그림 7-2> 표면타당도

(2) 내용타당도

내용타당도(content validity)는 표면타당도의 특수한 형태이다. 내용타당도란 수많은 질문문항을 통해서 과연 얼마만큼 모집단의 특성을 잘 대표해주고 있는가를 의미하다. 내용타당도는 측정도구를 구성하는 측정문항이 측정하고자 하는 내용을 대표하고 있는가를 나타내는 측정도구의 대표성(representativeness) 또는 표본문항 추출의 적절성(sampling adequacy)을 의미한다.

내용타당도는 3가지 단계로 이루어진다. 첫째, 개념의 정의(definition)에 대한 내용을 상세히 기술한다. 둘째, 상세히 기술된 모든 영역의 정의를 단순화한다. 셋째, 정의에 대한 모든 다양한 부분이 포함될 수 있도록 문항을 개발한다.

내용타당도의 평가방법은 측정대상과 기존지식이나 이론 등을 판단기준으로 하는 방법과 패널토의, 워크숍 등을 통하여 관계전문가들의 의견을 활용하는 방법이 제시되고 있다. 내용타당도는 본질적으로 검증이 어렵고, 연구자나 전문가들의 주관적 판단(judgement)에 크게 의존할 수밖에 없다. 예를 들어, 경찰학 객관식 시험문제에서 내용타당도의 경우 시험문제의 모집단은 이론적으로만 존재할 뿐 실제에 있어서는 존재하지 않는다. 그러므로 문항의 모집단에서 무작위 표본추출을 통하여 대표성 있는 시험문제를 구성하는 것은 불가능하다.

<그림 7-3> 내용타당도

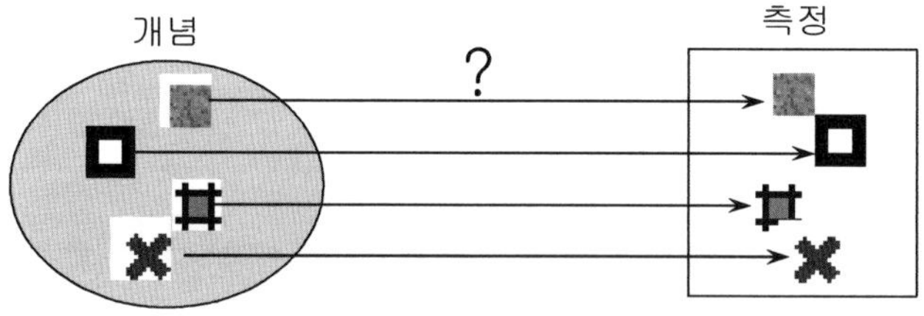

(3) 기준타당도

기준타당도(criterion-related validity)란 하나의 측정도구를 사용하여 측정한 결과를 다른 기준을 적용하여 측정한 결과와 비교하여 나타난 관련성의 정도를 의미한다. 기준타당도는 이미 타당도가 있다고 알려진 다른 기준(criterion)과 비교한 측정도구의 타당도로, 이는 경험적으로 검증된 기준과 관련시켜서 타당도를 검토하기 때문에 경험적 타당도라고 부른다.

기준타당도의 평가방법은 측정도구를 적용하여 얻은 값과 기준변수를 적용하여 얻은 측정값에 대한 상관분석을 실시하여 평가하게 되는데, 상관계수값이 크면 기준타당도가 높다고 한다. 예를 들어, 대학에 입학한 신입생들을 대상으로 실시한 적성검사의 타당도를 평가하는 경우 적성검사의 성적과 졸업성적과의 상관관계가 높고 적성검사 성적이 우수하게 나왔다면 적성검사는 기준인 졸업성적에 비추어 볼 때 타당도가 높다고 한다(그림 7-4). 또한 경찰관채용시험의 타당도를 평가하는 경우 채용 후 근무성적을 기준으로 채용시험합격자의 시험성적과 채용 후 일정기간이 경과한 다음 근무성적 간에 상관관계가 격차가 있다면 채용시험의 기준타당도는 높다.

그러나 좋은 기준을 얻기가 어려우며 기준으로 사용하는 속성을 정의하기가 어렵고 측정에 사용되는 비용이 과다하다는 문제점이 있다.

<그림 7-4> 기준타당도

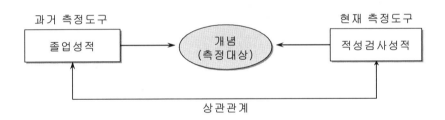

기준타당도는 기준변수의 시점에 따라서 동시타당도(concurrent validity)와 예측 타당도(predictive validity)로 구분된다. 동시타당도는 타당도가 있다고 판단되는 기존 지표를 의미한다. 예를 들면, 살인범죄율은 폭력수준을 나타내는 하나의 지표이다. 그렇기 때문에 살인범죄율은 폭행범죄율, 강도범죄율 등과 같이 폭력범죄를 측정하는 기존 다른 측정과 관련이 있을 것으로 예상한다. 살인범죄율과 폭행범죄율의 두 가지 측정이 전혀 관련이 없을지라도, 만약 폭력수준에 대해 같거나 비슷한 개념을 측정하는 것이라면 두 가지 측정은 논리적으로 비슷한 결과를 가져오는 것이라고 보는 것이다. 예측타당도는 지표를 통해 개념과 논리적으로 연관된 미래 사건을 예측하는 것이다. 예측타당도는 모든 측정에 사용될 수 있는 것은 아니다. 측정과 예측되는 행동은 구분되어야 하지만 같은 개념을 나타내야 한다. 예측타당도는 하나의 변수가 미래에 다른 변수를 예측하는 가설검증의 예측과 혼동되어서는 안 된다. 예를 들면, 공공안전

에 관한 연구(Donziger, 1996)에서 빈곤 측정은 공식적 빈곤선 아래에서 어린이들이 몇 퍼센트를 차지하고 있느냐로 나타낸다. 만약 이 측정이 예측타당도를 갖는다면, 고교 중퇴자율과 같은 빈곤 개념과 논리적으로 관련된 다른 미래 측정이 연관될 수 있다는 것이다. 예측타당도를 검증하는 또 다른 방식은 뚜렷한 특징을 가진 집단을 선발하여 그 집단들이 개념에 대해 어떻게 점수를 부여하는가를 살펴보는 것이다. 가령 연구자가 "범죄공포"의 척도를 개발하여 다른 특징을 가진 집단들에 적용하였다. 범죄공포에 대하여 연령이 많은 여성들은 젊은 여성들보다 높은 점수를 부여할 것이고, 연령이 많은 남성들은 젊은 남성들에게 보다 높은 점수를 부여할 것이다.

<그림 7-5> 동시타당도와 예측타당도 관계

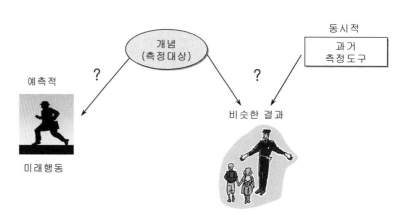

(4) 구성개념 타당도

구성개념 타당도(construct validity)는 다양한 측정도구로 측정하기 위한 것이다. 구성개념 타당도란 연구자가 측정하고자 하는 추상적인 개념이 실제로 측정도구에 의하여 제대로 측정되었는지의 정도를 나타낸다. 구성개념 타당도는 오늘날 사회과학 분야에서 가장 중요시되고 있는 유형으로 연구에 사용된 이론적 구성개념(theoretical construct)과 이를 측정하는 측정도구 또는 측정수단들 간의 일치의 정도를 나타내는 개념이다.

구성개념 타당도는 수렴적 타당도(convergent validity)와 차별적 타당도(discriminant validity)로 구분된다. 수렴적 타당도(집중 타당도)는 같은 개념을 상이한 측정방법(또는 여러 가지 측정도구)으로 측정했을 때 그 측정값 사이의 상관관계의 정도를 나타낸 것으로, 같은 개념을 측정하는 여러 측정지표들 간에 상관관계가 깊으면 그러한 측정지표는 타당도가 높다. 즉 이론적 구성개념과 이를 나타내는 복수의 측정방법에 의한 측정결과간의 관계를 말한다. 예를 들어, 우수한 인재를 선발하기 위하여 시험이라는 측정도구와 면접시험이라는 측정도구의 결과간의 상관관계를 보거나, 역시 우수한 학생을 선발하기 위해 대학원 필기시험이라는 측정도구와 상호토론이라는 측정도구의 결과 간의 상관관계를 통하여 그 측정결과들의 상관관계가 깊을 때 수렴적 타당도가 높다.

차별적 타당도(판별 타당도)는 수렴적 타당도와 반대되는 의미로서, 서로 다른 이론적 구성개념을 나타내는 측정지표들 간의 관계를 나타낸 것이다. 즉 상이한 구성개념을 측정하는 측정지표들 간의 상관관계가 낮을 경우에 타당도가 높다고 할 수 있다. 예를 들면, 보수주의와 진보주의가 서로 다른 차원의 개념이라면 보수주의를 측정하는 측정지표와 진보주의를 측정하는 측정지표들 사이에는 그 차별성이 나타나야 한다. 따라서 다른 두 가지의 상관관계가 낮으면 타당도가 높다. 또 다른 예를 보면, 빈곤의 측정도구(공식 빈곤선에서 어린이가 차지하는 비율)는 미래희망의 측정도구와 부정적 관계를 가지게 될 것이다. 이 두 가지 개념은 반대되거나 다른 개념을 가지는 것이다.

이상과 같은 구성개념 타당도를 측정하는 방법으로 가장 널리 사용되고 있는 것은 요인분석(factor analysis)이다. 요인분석의 기본원리는 항목들 간의 상관관계가 높은 것끼리 묶어 공통요인을 추출하는 것이다. 하나의 요인으로 묶여진 측정항목들은 동일한 개념을 측정하는 것으로 간주된다. 결국 하나의 요인으로 묶여진 측정항목들은 수렴적 타당도가 있는 것으로 판단한다. 반면 본래 다른 개념을 측정하는 것으로 생각되었던 지표들이 서로 다른 요인으로 묶였을 경우 차별적 타당도가 높은 것으로 평가한다.

<그림 7-6> 구성개념 타당도

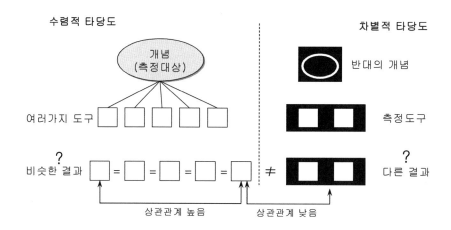

제4절 신뢰도와 타당도의 관계

　사회조사에서 타당도와 신뢰도를 알아보는 것은 곧 설문지 문항의 대표성과 일관성에 관한 것이다. 조사연구자는 설문지 문항에 대한 응답자의 자료를 토대로 연구문제의 의문을 해결하기 위한 통계분석을 하게 되는데, 이 주요통계분석을 하기 이전에 먼저 자료의 신뢰도와 타당도를 검토한 후 신뢰도와 타당도가 낮은 문항은 삭제하고 나머지 의미 있는 문항을 가지고 자료분석에 들어가야 한다. 그러면 측정도구의 검증을 위해 신뢰도와 타당도를 어떠한 관계에서 살펴봐야 하는가는 다음과 같은 조건 등을 고려해야 한다.

　① 타당도가 높은 측정은 항상 신뢰도가 높다.

　② 타당도가 낮다고 해서 반드시 신뢰도가 낮은 것은 아니다.

　③ 신뢰도가 높다고 해서 반드시 타당도가 높다는 것을 의미하지 않는다.

　④ 신뢰도가 낮은 측정은 항상 타당도가 낮다.

이상의 조건을 종합해 보면, 신뢰도는 타당도를 확보하기 위한 기본조건인 것이다. 신뢰도는 타당도를 확보하기 위한 필요조건이지 충분조건은 아니다. 그러므로 신뢰도가 낮은 측정에 대해 타당도를 말한다는 것은 의미가 없다. 이런 이유로 실제 조사연구에서는 신뢰도를 먼저 검토한 다음 의미 있는 문항을 가지고 타당도를 살펴봐야 한다.

다음 〈그림 7-6〉은 타당도와 신뢰도를 설명하기 위하여 사격표적지를 비유한 것이다. 그림에서 점으로 표시된 것은 측정도구인 문항을 의미하고 가운데 중심은 측정하고자 하는 측정내용을 의미하고 있다. (a)의 그림은 신뢰도와 타당도가 높은 경우로 같은 문항(같은 실탄)을 가지고 시간을 달리하여 질문했음에도 불구하고 같은 결과를 나타내고 있으며, (b)의 그림은 신뢰도는 높으나 타당도가 낮은 경우이다. 이는 같은 문항을 가지고 시간을 달리하여 질문한 경우 시간적 차이에서는 같은 결과가 나왔지만 측정내용과는 거리가 먼 것으로 나타난 것이다. (c)의 그림은 시간을 달리할 때마다 다른 결과를 나타낸 것으로 신뢰도와 타당도가 모두 낮은 경우이다.

<그림 7-7> 신뢰도와 타당도의 관계

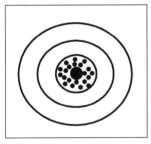 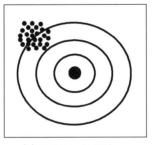 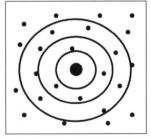

(a) 신뢰도와 타당도가 높은 경우 (b) 신뢰도는 높으나 타당도가 낮은 경우 (c) 신뢰도와 타당도가 낮은 경우

▶ 연습문제 ◀

1. 측정오차의 발생원인에 대해 사례를 들어 설명하시오.

2. 체계적 오차와 무작위 오차의 차이와 관계를 설명하시오.

3. 신뢰도 측정방법에서 검사-재검사법에 의한 측정도구를 개발해보시오.

4. 신뢰도 측정방법에서 반분법에 의한 측정도구를 개발해보시오.

5. 신뢰도를 높일 수 있는 방법에 대해 설명하시오.

6. 집중타당도와 판별타당도의 관계를 설명하시오.

제8장

설문지 작성법

제1절 설문지 작성 시 고려사항

설문을 통해 측정도구의 신뢰도와 타당도를 확보하고 설문내용이 체계적이고 의미 있게 작성되기 위해서는 다음 사항들을 고려해야 한다.

(1) 응답자에 대한 협조사항

조사의 응답률을 높이고 보다 쉽고 빠르고 응답을 얻어내기 위해서는 응답자에 대한 협조가 있어야 한다. 즉 표본추출을 어떻게 하느냐에 따라 응답자의 성실한 답변도 달라질 수 있다.

(2) 식별자료

식별자료(identification data)란 각 설문지를 구분하기 위한 일련의 번호와 추후의 확인조사를 위한 응답자의 이름이나 조사를 실시한 면접자의 이름과 면접 일시를 기록하는 부분으로 설문지의 첫 장에 표시하도록 한다.

(3) 지시사항

각 항목마다 응답방법이나 응답의 순서 등 응답자가 설문지의 모든 항목을 어려움 없이 완성하고 이를 조사기관이 회수하기까지의 모든 과정에 대한 상세한 설명이 제시되어야 한다.

(4) 필요한 정보의 획득을 위한 문항

이 부분은 연구목적에 필요한 대부분의 자료가 수집되는 부분을 말한다. 연구목적과 관련이 없는 문항이 있게 되면 응답자가 혼란을 초래하여 무성의한 답변을 가져올 수 있다.

(5) 응답자의 분류를 위한 자료

응답자의 특성을 파악하기 위한 자료들로 주로 응답자의 인구사회통계학적 변수들을 조사하게 된다. 이 경우에는 응답자의 인격이나 프라이버시가 침해되지 않도록 연구목적에 꼭 필요한 항목만 질문해야 한다. 그리고 응답자가 민감하게 받아들일 수 있는 항목은 꼭 필요한 항목인가를 다시 한번 확인하는 자세가 요구된다.

제2절   설문지 작성의 일반적 과정

설문지를 작성하는 일반적인 과정은 정확한 절차나 규칙에 의한 것은 아니며 반복적인 경험의 축적과 시행착오를 통해서 완성된다. 설문지의 일반적인 작성 과정은 〈그림 8-1〉과 같다.

<그림 8-1> 설문지 작성의 일반적인 과정

● 필요한 정보의 결정

● 자료수집방법 결정

● 개별항목의 내용 결정

● 질문형태의 결정

● 개별항목의 완성

● 질문순서의 결정

● 설문지의 외형 결정

● 설문지의 사전조사

● 설문지 완성

(1) 필요한 정보의 결정(설문지 작성의 목적과 범위선정)

설문조사를 통하여 얻어야 할 정보의 종류를 정하고, 그 정보를 어느 정도까지 자세하게 측정하여야 조사목적을 달성할 수 있을지를 파악해야 한다. 즉 불필요하고 복잡한 항목은 피해야 한다. 또한 설문지조사를 통해서 얻고자 하는 것(내용)이 무엇인지를 확실하게 하고, 설문지를 어디에서 어떻게 조사할 것인지를 미리 결정하여야 한다.

(2) 자료수집방법의 결정(설문지 적용방법)

어떤 자료수집방법을 선택하느냐에 따라 시간·비용상의 제약으로 인하여 조사할 수 있는 정보의 양과 내용 그리고 질문방식이 달라질 수 있다. 자료수집방법은 연구목적과 연구상황 등 제반 여건을 고려하여 결정해야 할 것이다.

(3) 개별항목의 내용결정

1) 사실이나 특징에 관한 질문

응답자의 배경, 환경, 습관 등 객관적인 정보를 얻기 위한 질문으로 성별·연령·결혼상태·가구 구성 등 인구통계학적 질문과 교육수준·직업·경력·종교 등 사회경제적 질문, 부모의 학력·직업·소득 등 사회경제적 배경에 관한 질문으로 구성된다.

【예】· 귀하의 출신지는?　　① 서울　② 부산　③ 대구　④ 광주 ....
　　　· 귀하의 최종학력은?　　① 고졸　② 대졸　③ 대학원졸 이상
　　　· 현재 직업을 가지고 있습니까?　　① 예　　② 아니오

2) 행동에 관한 질문

행동에 관한 질문은 일반적인 질문보다 구체적인 행동을 특정한 상황·시간적 맥락에서 물어보는 것이 좋다.

【예】· 거리에서 폭행을 당하고 있는 사람을 보면 어떻게 하시겠습니까?
　　　① 경찰에 신고한다　② 나서서 물리적으로 가로막는다　③ 모른 체 한다

3) 태도/신념/의견에 관한 질문

태도는 특정한 주제에 관한 개인의 성향·편견·이념 등으로 5~12개 정도의 항목으로 구성한다. 의견은 태도를 말로 표현하는 것으로 하나의 항목에 대한 찬성이나 반대 정도로 측정한다.

【예】 ·거리에서 밤에 홀로 거닐 때 안전하다고 생각하십니까?
　　　① 예　　② 아니오　　③ 모르겠다

【예】 ·불법약물 문제에 대해 귀하의 의견은 어떻습니까?
　　　① 절대 복용해서는 안 된다　　② 상황에 따라서 복용할 수도 있다
　　　③ 모르겠다

【예】 ·학교폭력에 대처하기 위한 학교경찰(school police)이 필요하다 생각하십니까?
　　　① 예　　② 아니오　　③ 모르겠다

4) 지식에 관한 질문

응답자가 특정한 주제에 대해 가지고 있는 지식과 그 정도·정확성 등을 결정하기 위해 사용되는 질문이다. 주어진 이슈에 대해 알지 못하고 있는 응답자를 걸러내는 기능을 한다.

【예】 ·귀하가 거주하고 있는 지역에 크렉하우스(crack house)가 있습니까?
　　　① 예　　② 아니오　　③ 모르겠다

【예】 ·귀하는 범죄피해자보상제도에 대해 알고 계십니까?
　　　① 전혀 모른다　② 모른다　③ 보통　④ 약간 안다　⑤ 매우 잘 안다

5) 기대에 관한 질문

기대에 관한 질문은 응답자가 미래에 어떤 계획을 가지고 있는지를 묻는 질문이다.

【예】 ·범죄피해에 대한 우려 때문에 다른 지역으로 이사할 계획이 있습니까?
　　　① 예　　② 아니오　　③ 모르겠다

【예】 ·자율방범활동에 참여할 계획이 있습니까?
　　　① 예　　② 아니오　　③ 모르겠다

(4) 질문형태의 결정

1) 개방형 질문과 폐쇄형 질문

개방형 질문(open-ended question)과 폐쇄형 질문(closed question)은 질문에 대하여 자유롭게 응답할 수 있는가의 여부에 따른 질문형식이다.

〈표 8-1〉 폐쇄형 질문의 장단점

폐쇄형 질문의 장점	폐쇄형 질문의 단점
- 응답자들이 쉽고 빠르게 응답할 수 있다. - 다른 응답자의 응답과 비교하기가 쉽다. - 응답결과를 코딩하기 쉬우며 통계적으로 분석하기 쉽다. - 응답질의 의미를 명확하게 할 수 있다. - 질문에 대한 답이 혼란스럽지 않다 - 응답자들의 조작이 덜하며, 박식할 필요가 없다.	- 응답자들이 관심을 가지고 있지 않는데도 불구하고 생각을 제시할 수 있다. - 의견이나 지식이 없는 사람이 다른 생각을 가지고 응답할 수 있다. - 응답자들이 바라는 답이 없을 경우에 포기해 버린다. - 많은 질문이 제시되면 혼란스러워한다. - 질문을 잘못 이해하는 경우에도 계속 진행할 수 있다. - 응답자들의 응답 차이가 흐릿해질 수 있다. - 오기나 잘못 표시할 가능성이 있다. - 복잡한 이슈를 간단한 응답으로 강요한다. - 현실세계에서는 그렇지 않는데도 선택을 강요한다.

〈표 8-2〉 개방형 질문의 장단점

개방형 질문의 장점	개방형 질문의 단점
- 가능성 있는 모든 응답을 제시할 수 있다. - 자세하게 응답할 수 있다. - 예상하지 않던 점을 발견할 수 있다. - 복잡한 이슈에 대해서도 적절한 응답을 제시할 수 있다. - 창의성, 자기표현, 풍부한 표현을 허용한다. - 응답자의 논리, 사고과정, 관련된 사항을 나타내게 한다.	- 응답자들마다 다른 응답을 제시한다. - 응답이 질문과 관련 없을 수 있고 쓸모없는 것일 수 있다. - 비교하거나 통계분석이 곤란하다. - 응답결과를 코딩하기가 곤란하다. - 질문이 너무 일반적이면 응답자들이 방향을 잃을 수 있다. - 응답시간이 많이 소요되고, 깊은 생각과 많은 노력이 필요하다. - 응답자들이 질문에 현혹될 수 있다. - 대답할 수 있는 많은 지면을 차지한다.

2) 직접질문과 간접질문

직접질문은 사실에 대한 응답자의 태도나 의견 등을 직접적으로 질문하는 것이고 간접질문은 질문이 응답자의 반감을 일으켜 정확한 응답을 회피할 경우에 사용되는 것으로 유사한 다른 질문을 하여 그 질문에 대한 반응으로 필요한 정보를 획득하는 방식이다.

간접질문의 종류에는 다음과 같다.

① 투사법(projective method)

정확한 응답에 대한 장애요인을 피하여 피조사자에게 자극(stimulus)을 줌으로써 우회적으로 응답을 얻어내는 방법이다. 이 같은 질문은 다른 사람의 의견을 묻는 것이나 실제로 자신의 의견을 반영하여 응답하게 된다.

> 【예】 ·남편을 사랑합니까? 라는 질문 대신에
> ·남편이 아름다운 여인과 밤에 거리를 거닐었다면 어떻게 하시겠습니까?
> ① 절대 용서 못 한다   ② 그럴 수도 있다   ③ 모르겠다
>
> 【예】 ·귀하의 친구들은 출세에 가장 중요한 요소를 무엇이라고 생각하고 있는 것 같습니까?
> ① 용모   ② 돈   ③ 실력   ④ 사교술   ⑤ 가정배경   ⑥ 성실성

② 오진선택법(error-choice method)

어떤 질문에 대한 답을 여러 개 써 놓고 그것을 선택하게 함으로써 응답자의 태도를 보는 것이다.

> 【예】 ·귀하의 주변사람들은 어떤 사람을 친구로 사귀고 싶어 한다고 생각하십니까?
> ① 돈이 많은 사람   ② 성실한 사람   ③ 남을 배려하는 사람
> ④ 잘 생긴(예쁜) 사람   ⑤ 집안이 좋은 사람   ⑥ 기타(   )

③ 정보검사법(information test)

어떤 주제에 대해 개인이 가지고 있는 정보의 양과 종류가 그 개인의 태도를 결정한다고 보고, 개인이 가지고 있는 정보를 파악하여 응답자의 태도를 찾아내는 방법이다.

> 【예】 ·dildo가 무슨 뜻입니까?
> 이것을 알고 있는 사람은 성적인 것에 관심이 많다는 것이다.

④ 토의완성법(argument completion)

응답자에게 두 사람의 토의를 적은 카드를 주고 그 토의를 완성하게 하는 방법이다.

> 【예】 ·언제나 동료경찰관과 함께 일을 하는 것이 나를 (   )하게 만든다.
> ·나는 동료경찰관과 함께 일하는 것이 (   )하다.

⑤ 단어 연상법(word association)

어떤 문제에 대하여 찬성 또는 반대를 표시하는 단어라든지, 어떤 자극을 주었을 때 무엇이든 가장 먼저 연상되는 것을 응답으로 표현하게 하는 방법이다.

> 【예】 ·다음 단어가 연상되는 것을 보기에서 고르시오.
> 〈보기〉 ① 보수적 ② 진취적
> 부부동반( ), 댄스파티( ), 제사( ), 삼강오륜( )
>
> 【예】 ·정치인의 탈당이 연상되는 것을 보기에서 고르시오.
> ① 배신감 ② 도덕성 결여 ③ 철새

3) 찬부식 질문

찬부식 질문(dichotomous question)은 보통 "그렇다, 아니다" "찬성, 반대" "좋다, 나쁘다" "공평, 불공평"식의 대답을 구하는 방식으로, 때로는 중간 형태의 응답이 필요(모른다, 같다, 차이가 없다 등)하다.

> 【예】 ·귀하는 지난 지방선거에서 투표권을 행사한 적이 있습니까?
> ① 있다 ② 없다 ③ 모르겠다

4) 체크리스트

체크리스트(check list)는 일종의 다항선택식 질문으로 여러 개의 응답내용 중 응답자가 원하는 사항에 체크하게 하는 문장형태를 말한다.

> 【예】 ·다음 중 사회적 신망이 가장 높다고 생각하는 사람을 한 가지만 체크해 주십시오.
> ① 대학교수 ② 판검사 ③ 정치가 ④ 연예인 ⑤ 과학자
> ⑥ 외교관 ⑦ 공무원 ⑧ 부모님 ⑨ 회사원 ⑩ 스포츠선수
> ⑪ 사회사업가 ⑫ 종교지도자 ⑬ 기타( )

5) 다항선택식 질문

다항선택식 질문(multiple choice questions)은 체크리스트 방식과 비슷하다. 체크리스트는 주로 어떤 주어진 단어에 대해 하나를 선택할 수 있도록 하지만 다항선택

식은 주어진 단어에 대해 두 개 또는 해당되는 모든 사항을 선택하도록 한다.

【예】· 다음 중 행복한 가정을 위해 중요하다고 생각하는 것 세 가지만 골라 체크해 주십시오.

___① 가족 간 자주 대화하기
___② 가족이 함께 밥 먹기
___③ 가족이 함께 운동하기
___④ 가족이 함께 컴퓨터하기
___⑤ 가족들이 집안일 거들기
___⑥ 가족이 함께 외식하기
___⑦ 가족이 함께 영화보기
___⑧ 기타 (   )

【예】· 일요일에는 보통 어떻게 보내십니까? 해당되는 사항은 모두 체크해 주십시오.

① 설거지　　② TV보기　　③ 청소하기　　④ 빨래하기　　⑤ 산책하기
⑥ 운동하기　⑦ 독서 및 모자라는 공부　⑧ 자녀들과 놀아주기　⑨ 여행하기

---

6) 서열식 질문

서열식 질문(ranking questions)은 어떠한 문제에 대해 가능한 모든 대답을 모두 열거한 뒤 중요한 순서, 좋아하는 순서, 등으로 번호를 쓰라고 하는 경우이다.

【예】· 배우자를 선택할 때 가장 중요하다고 생각하는 것을 순서대로 번호를 기입해 주십시오.

집안( )　 직업( )　 학력( )　 궁합( )　 외모( )　 성격( )
부모의 경제력( )　 출생순서( )　 미래가능성( )

【예】· 경찰공무원의 사기에 가장 영향을 많이 미친다고 생각되는 것을 순서대로 기입해 주십시오.

보수수준( )　 승진기회( )　 신분보장( )　 근무환경( )　 적성고려( )

---

7) 평정식 질문

평정식 질문(rating questions)은 어떠한 질문에 대한 대답의 강도(intensity)를 요구하는 질문이다.

> 【예】· 맡은 일에 만족하십니까?
> ① 매우 만족   ② 만족   ③ 보통   ④ 불만   ⑤ 매우 불만
>
> 【예】· 하는 일에 비해 받는 보수는 만족하다고 생각하십니까?
> ① 매우 만족   ② 만족   ③ 보통   ④ 불만   ⑤ 매우 불만

8) 자유응답형 질문

자유응답형 질문은 개방형 질문으로 응답에 조건과 제약이 따르지 않고 응답자가 자유롭게 의견을 표현할 수 있게 하는 방법이다.

> 【예】· 맡은 일에 만족한 이유는 무엇입니까?
> (   )
>
> 【예】· 맡은 일에 불만족한 이유는 무엇입니까?
> (   )

(5) 개별항목의 완성

설문지의 개별문항은 모호한 의미전달을 없애고 분명하고 명확한 용어를 사용함으로써 응답자들이 이해하기 쉽도록 해야 한다. 그리고 조사대상이 각계각층에 분포되어 있다면 가장 낮은 학력층도 이해할 수 있도록 일상적 쉬운 용어를 선택해야 한다. 또한 전문용어나 여러 가지 의미로 해석될 수 있는 용어는 구체적 의미를 밝히거나 용어 의미를 명확히 한정시킨다. 개별항목의 어구구성(question wording)은 다음과 같은 점들을 고려하여 작성해야 한다.

1) 필요한 사실을 구체적으로 파악할 수 있어야 한다.

구체적인 답을 원하면서도 질문은 일반적으로 하여 질문 자체가 오류를 범하게 해서는 안 된다. 질문 자체가 포괄적이면 응답자가 무엇을 알고 싶어 하는지 이해하지 못하고 응답자마다 의미와 이해를 달리하기 때문에 오류를 범할 수밖에 없다.

【예】 · ○○지역경찰활동의 서비스에 대해 만족하십니까?
이런 경우 서비스 범주가 너무 포괄적이다.
서비스 종류를 명확히 제시해 주어야 한다.

2) 질문은 보편적이며 쉬운 언어를 사용해야 한다.

질문은 응답자가 질문의 내용을 정확하게 파악할 수 있도록 보편적이며 쉬운 평이한 언어를 사용해야 한다. 전문용어나 기술적 용어는 가급적 피하는 것이 좋다. 전문용어나 기술적 용어를 사용하려면 응답자들이 그런 용어와 지식을 알고 있는가를 파악한 다음에 사용해야 한다. 모든 계층이 응답자 분포에 들어가 있게 되면 전문용어나 기술적 용어 등 특정 집단이나 계층이 사용하는 용어를 사용해서는 안 된다.

【예】 · 유비쿼터스(ubiquitous) 범죄예방프로그램에 대해 얼마나 알고 계십니까?
① 전혀 모른다   ② 모른다   ③ 보통   ④ 조금 안다   ⑤ 매우 잘 안다

【예】 · 우리사회의 싱글맘 실태에 대해 얼마나 알고 계십니까?
① 전혀 모른다   ② 모른다   ③ 보통   ④ 조금 안다   ⑤ 매우 잘 안다

【예】 · 우리사회의 싱글데드 실태에 대해 얼마나 알고 계십니까?
① 전혀 모른다   ② 모른다   ③ 보통   ④ 조금 안다   ⑤ 매우 잘 안다

3) 질문은 가급적 간단하여야 한다.

질문으로 제시되는 문장이 너무 길면 응답자들이 혼란을 가져오는 것은 물론 지루하다고 느껴 무성의한 응답을 하게 된다. 또한 응답자들마다 해석을 달리하여 오류를 범하게 함으로 질문은 가급적 간단하여야 한다.

【예】 · 선진국가에서 국민에 대한 치안서비스 책임은 궁극적으로 누구에게 있다고 생각하십니까?
↓
· 치안서비스 최종 책임은 누구에게 있습니까?

4) 모든 응답자에게 동일한 의미로 사용되어야 한다.

동일한 용어를 사용하더라도 응답자마다 다른 의미로 해석할 수 있다. 그렇기 때문에 용어의 한계를 명확히 하여 모든 응답자들이 동일한 의미로 이해하고 응답할 수 있도록 해야 한다.

> 【예】 · 당신의 수입은 얼마나 됩니까?
>   ↓
> · 당신의 연평균 수입은 얼마나 됩니까?
> · 당신의 월 총수령액은 얼마나 됩니까?
> · 당신의 월평균 수입은 얼마나 됩니까?

5) 질문은 객관적이고 가치중립적이어야 한다.

질문이 조사자의 주관이 개입되어 있거나 어느 한 방향으로 치우쳐서는 안 되며 또한 질문에 어떠한 유도나 가정의 암시가 있어서도 안 된다. 질문은 객관적이고 가치중립적이어야 한다.

> 【예】 · ○○정부에서는 망국병인 부동산 투기를 뿌리 뽑았다고 합니다. 귀하의 의견은 어떠합니까?

6) 가능한 모든 응답을 제시해 주어야 한다.

이는 명목척도의 포괄성의 조건을 충족시키는 것으로서 응답자들이 생각할 수 있는 모든 응답을 제시해 주어야 한다. 예를 들어, 지역사회의 평안상태를 유지하기 위한 책임은 누구에게 있다고 생각하십니까? 라는 질문에 어떤 응답자는 어느 한 기관(사람)이 아니라 여러 기관(사람)이 공동으로 책임이 있다고 생각할 수 있고, 또 어떤 응답자들은 전혀 관심을 갖지 않는 응답자도 있을 것이다.

【예】 ·지역사회 평안상태를 유지하기 위한 책임은 누구에게 있다고 생각하십니까?
   ① 정부(경찰서)   ② 지역사회   ③ 개인   ④ 기업
   ⑤ 정부＋지역사회
   ⑥ 정부＋지역사회＋개인
   ⑦ 정부＋지역사회＋개인＋기업
   ⑧ 지역사회＋개인
   ⑨ 지역사회＋기업
   ⑩ 지역사회＋개인＋기업
   ⑪ 개인＋기업
   ⑫ 모르겠다

또는 · 평안상태 유지의 책임은 누구에게 있다고 생각하십니까? 해당되는 사항은 모두 표기해 주십시오.
   ① 정부(경찰서)   ② 지역사회   ③ 개인   ④ 기업   ⑤ 모르겠다

---

7) 응답선택의 수가 균형이 맞아야 한다.

질문에 대한 응답 선택의 수가 균형이 잡히도록 해야 한다. 찬성응답이 2개일 경우 반대응답도 2개이어야 하며, 응답자들이 정확한 대답을 할 수 없을 경우를 고려하여 중간값을 선택하도록 구성하는 것이 좋다.

【예】 ·나는 시민에 봉사하기 위해 경찰공무원이 되었다.
   ① 정말 그렇다
   ② 그렇다
   ③ 보통
   ④ 그렇지 않다
   ⑤ 전혀 그렇지 않다

---

8) 응답항목들 간의 내용이 중복되어서는 안 된다.

이는 명목척도에서 항목들이 상호배타적이어야 한다는 조건을 갖추는 것으로서 응답항목들 간의 내용이 상호 중복되어서는 안 된다. 아래 예의 경우 '산책하기'와 '등산하기' 그리고 '체력단련'은 중복되는 항목이고 '여가활동'은 다른 항목들을 포함하는 포괄적 의미이다.

> 【예】·귀하께서는 근무시간 외는 어떻게 보내십니까?
>
> ① 공부하기 　　② 체력단련 　　③ 아이들과 놀아주기
> ④ 친구사귀기 　　⑤ 산책하기 　　⑥ 여가활동
> ⑦ 등산하기 　　⑧ 집안일 거들기

9) 하나의 항목에 두 가지 내용이 포함되어서는 안 된다.

질문하는 항목에 두 가지 내용이 포함되어서는 안 된다. 두 가지 내용이 포함되는 경우 두 가지 내용에 모두 동의하는 응답자가 있을 수도 있지만 어느 하나에는 동의하고 다른 하나에는 동의하지 않는 응답자도 있을 수 있다. 단어와 단어 그리고 문장과 문장을 연결해주는 접속사인 '~그리고, ~와, ~과, 또는'의 사용은 피해야 한다.

> 【예】·현재 경찰공무원의 전문성과 친절성에 만족하십니까?
> 　　↓
> ·현재 경찰공무원의 전문성에 만족하십니까?
> ·현재 경찰공무원의 친절성에 만족하십니까?

10) 응답자들에게 지나치게 자세한 응답을 요구해서는 안 된다.

조사는 정확한 자료를 얻을 수 있도록 해야 하지만 지나치게 구체적이고 자세한 응답을 요구하게 되면 응답자들이 개인생활을 공개하는 것으로 인식하기 때문에 응답을 회피하게 된다. 아래의 경우 마치 한 가정의 가계비지출내역을 상세히 알고 싶어 하는 내용들이기 때문에 이런 질문에 응답해 줄 사람은 없을 것이다.

> 【예】·귀하 가정의 월수입은 어떻게 지출되고 있습니까?
>
> ① 주식비 　（　　）원 　　② 부식비 　（　　）원
> ③ 외식비 　（　　）원 　　④ 자녀공교육비 （　　）원
> ⑤ 자녀사교육비 （　　）원 　　⑥ 각종 공과금 （　　）원
> ⑦ 서적비 　（　　）원 　　⑧ 신문·잡지비 （　　）원
> ⑨ 영화·연극관람 （　　）원 　　⑩ 여행비 （　　）원
> ⑪ 기타 　（　　）원 　　⑫ 옷구입비 （　　）원

11) 직접 응답하기 곤란한 질문은 피한다.

응답자들이 응답하기 곤란한 질문은 투사법의 질문으로 제시하고 직접적인 질문은 피하도록 한다. 아래 예시에서 인터넷에서 음란물을 보는 행위나 자기 부인을 때리는 행동은 보편적 사회행동으로 받아들일 수 없다고 응답자 본인이 알기 때문에 "예"라고 응답을 하게 되면 자신의 반사회적 행동을 스스로 나타내게 된다고 생각하여 "아니오"에 응답할 것이다. 이런 경우 질문을 우회적으로 제시하여도 응답자는 자신의 행동을 기준으로 하여 타인의 행동으로 표현하기 때문에 결국은 응답자 본인의 행동을 표현하는 것이 된다.

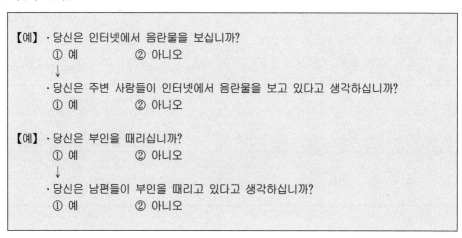

【예】· 당신은 인터넷에서 음란물을 보십니까?
　① 예　　　② 아니오
↓
· 당신은 주변 사람들이 인터넷에서 음란물을 보고 있다고 생각하십니까?
　① 예　　　② 아니오

【예】· 당신은 부인을 때리십니까?
　① 예　　　② 아니오
↓
· 당신은 남편들이 부인을 때리고 있다고 생각하십니까?
　① 예　　　② 아니오

(6) 질문순서의 결정

질문항목이 결정되었으면 질문순서를 결정해야 한다. 설문지의 질문들은 가급적 논리적인 연관성이 있고 동시에 심리적으로 일관되어 있어서 질문항목이 전체적으로 하나의 통일성을 이루도록 배열하는 것이 필요하며 다음과 같은 사항을 고려해야 한다.

첫째, 첫 질문은 간단하고 흥미를 갖게 하는 질문이 좋으며, 응답자의 경험이나 지식 범위 안에서 쉽게 대답할 수 있는 것이 좋다. 첫 질문부터 무겁고 골치 아픈 질문을 나열하게 되면 응답자는 금방 짜증을 내거나 응답을 포기하려 한다. 예를 들어, 이곳에 사신 지는 얼마나 되셨습니까? 교통은 편리합니까? 등 일상적이고 보편적으로 누구나 가볍게 대답할 수 있는 질문이어야 한다.

둘째, 앞에 있는 질문의 내용이 뒤에 올 질문의 대답에 연상작용을 주는 경우는 피해야 한다. 이러한 경우는 질문들의 간격을 멀리 떨어뜨려 놓아야 한다.

셋째, 응답자가 응답을 할 때 피로를 느끼지 않게 하여야 한다. 심각하고 골치 아픈 질문은 분산시켜야 한다. 예들 들어, 현 정부의 치안정책에 대해 어떻게 생각하십니까? 지역사회는 지역치안질서를 위해 어떤 역할을 해야 된다고 생각하십니까? 등의 질문은 모호할뿐더러 피로와 식상한 감을 갖게 하기 때문에 주의해야 한다.

넷째, 응답자의 인적사항에 대한 질문은 가능한 한 맨 마지막에 하여야 한다. 예를 들어, 첫 질문부터 성, 연령, 소득, 학력, 직업을 묻는 질문을 제시하게 되면 소득, 학력, 직업에 대해 평소 불만족스런 응답자는 나머지 문항에 대해 응답하지 않을 수도 있고 무성의하게 대답하게 된다. 왜냐면 응답자 자신이 평소 내세우고 싶지 않거나 감추고 싶은 사항을 설문지를 통해 다시 한번 불러일으키게 하기 때문에 짜증을 내거나 전체 설문내용에 부정적 반응을 할 수 있다.

다섯째, 문항이 담고 있는 내용의 범위가 넓은 것에서부터 점차 좁아지도록 문항을 배열하는 것이 좋다. 예를 들어, 우리나라 치안정책 전반에 관련된 것을 묻고 세부적인 복지서비스에 대해 묻도록 해야 한다.

(7) 설문지의 외형결정

설문항목이 배열되었으면 최종 설문지의 외형을 결정해야 한다. 설문지 외형은 응답자로 하여금 시각적 이미지를 통해 조사자가 수집하고자 하는 정보를 획득하는 것이기 때문에 세심하게 신경을 써야 한다.

ⓐ 첫 장에서 조사를 실시하는 기관과 조사자의 이름과 연락처 그리고 조사의 취지를 밝히도록 한다. ⓑ 응답자들이 중요성을 느낄 수 있도록 설문지의 종이 질과 인쇄에 신경을 쓴다. 가능한 종이는 미색으로 쓰며 글씨는 너무 작지 않도록 해야 한다. 종이색깔이 흰색이거나 글씨가 작으면 응답자가 눈의 피로를 느끼고 산만해져서 성실한 답변을 이끌어내는 데 방해가 될 수 있다. ⓒ 설문지는 일반적으로 16절지 크기의

용지가 사람들에게 익숙해 있고 관리에도 용이하다. ⓓ 시각적인 효과를 고려하여 여백을 많이 두는 것이 좋다.

청소년 음주행위 영향요인에 관한 설문지(예시)

안녕하십니까?
먼저 여러 가지로 바쁘신 가운데 질문을 드리게 되어 죄송합니다.
본 설문지는 청소년의 음주관련 요인이 음주행위에 어떠한 영향을 미치는가를 조사하여 청소년의 알코올 예방교육 프로그램을 개발하기 위한 자료로 활용하고자 작성되었습니다. 본 설문에 대한 응답은 옳거나 틀린 답이 있는 것이 아닙니다. 귀하께서 경험하셨거나 느끼고 있는 바를 해당질문에 체크하여 주시면 되겠습니다. 본 설문은 무기명으로 실시되며, 통계적으로 처리된 자료와 분석된 결과는 연구 목적 이외에는 어떠한 용도로도 사용되지 않음을 약속드립니다.
부디 어느 한 문항도 빠짐없이 답변해 주시기를 부탁드립니다.

설문에 응해 주셔서 대단히감사합니다.

2006년 10월 1일

조사자: ○○대학교 경찰행정학과 홍 길 동
연락처: 02-1000-1000   010-1000-1000

---

(8) 시험조사

본조사(main test)에 들어가기 전에 본조사와 같은 절차와 방법으로 조사표가 잘 구성되어 있는지 시험조사(pre-test)를 해 보아야 한다. 즉 설문지를 만든 다음에 전체 응답자에게 물어보기 전 일단 20~50명에게 물어보고 그들의 응답결과를 토대로 하여 보완, 수정한 후 최종 인쇄를 한다.

한편 사전조사와 유사한 용어인 예비조사가 있다. 예비조사(pilot-test)는 조사나 연구에 들어가기에 앞서 연구주제에 관한 사전지식을 얻기 위한 현지조사로, 아이디어를 얻고자 하는 탐색적 조사의 성격을 띤 현지조사이다. 예비조사가 설문지를 작성하기 전에 이루어지는 데 반하여 사전조사는 질문순서가 결정되어 설문지의 초안이 만들어진 후에 설문지를 시범적으로 체크해 보는 단계에서 이루어진다. 사전조사는 본조사와 같은 설문형식과 절차를 거친다.

  사전조사에서 검토해야 될 사항은 ⓐ 질문과 응답의 내용이 일관성이 있는가, ⓑ 응답하기 곤란하고 내용과 용어가 불명확한가, ⓒ 중복되거나 '모른다'라는 응답이 많은가, ⓓ 응답시간이 오래 걸리는가 등 응답의 신뢰도와 타당도를 고려하여 검토해야 한다.

며느리가 시어머니에게 가장 많이 하는 거짓말은 무엇일까. 또 시어머니들은 며느리에게 어떤 거짓말을 자주 할까. 모 방송사가 설날을 맞이하여 며느리, 시어머니 각각 천여 명을 대상으로 실시한 설문조사를 실시하였다.

조사 결과 '며느리가 시어머니에게 하는 거짓말' 1위는 '어머님 벌써 가시게요? 며칠 더 계시다 가세요'(362명)로 조사됐다. 이어 '용돈 적게 드려 죄송해요. 다음엔 많이 드릴게요'(245명), '어머니가 한 음식이 제일 맛있어요'(202명), '전화 드렸는데 안 계시더라고요'(172명) 등의 순으로 나타났다. '저도 어머님 같은 시어머니 될래요'와 같은 응답도 있었다.

이와 함께 '시어머니가 며느리에게 가장 많이 하는 거짓말' 순위도 조사됐다.
452명의 시어머니가 응답한 '아가야 난 널 딸처럼 생각한단다'가 1위에 올랐다. '생일상은 뭘…… 그냥 대충 먹자꾸나'(227명), '내가 얼른 죽어야지'(175명), '내가 며느리 땐 그보다 더 한 것도 했다'(87명), '좀 더 자라. 아침은 내가 할 테니'(59명) 등이 그 뒤를 이었다.
자료: 연합뉴스, 2006. 1. 26

▶ 연습문제 ◀

1. 설문작성의 고려사항을 설명하시오.

2. 개발형 질문과 폐쇄형 질문을 비교 설명하시오.

3. 간접질문 종류를 들고 종류별로 해당되는 예시의 설문문항을 하나씩 개발 하시오.

4. 질문순서의 고려사항을 설명하시오.

5. 시험조사와 예비조사를 비교 설명하시오.

6. 본인이 가장 관심이 있는 가설을 제시하고 가설을 검증할 수 있는 설문지를 개발하시오.

제9장

표본설계

1. 표본추출의 의미

연구문제가 선정되고 측정도구가 결정되었으면 이를 연구대상에 적용하여 측정하여야 한다. 이때 어떤 집단, 누구를 대상으로 조사할 것인가와 관련된 부분이 표본추출이다. 자료수집 과정에서 연구대상에 포함된 사람 또는 집단의 전부를 대상으로 수집할 것인가 또는 그 일부만을 대상으로 자료를 수집할 것인가를 결정하여야 한다. 이때 연구대상 전체로부터 선택된 일부가 표본(sample)이며, 이 표본을 선택하는 과정을 표본추출(sampling)이라 한다.

표본추출을 통해 표본을 대상으로 자료를 수집한 경우에도 처리결과에 있어서는 모집단을 대상으로 일반화할 수 있어야 한다. 그러므로 표본의 특성이 전체 모집단의 특성을 대표할 수 있도록 하는 표본의 대표성이 표본추출의 중요한 과제이다. 표본의 대표성이란 표본의 총체적인 특성이 모집단의 총체적인 특성에 거의 근접하는 것을 의미한다.

예를 들어, 다음 〈그림 9-1〉과 같이 모집단으로부터 무작위과정을 통해 뽑힌 사람이 표본이 되며, 〈그림 9-2〉와 같이 실험설계에 의한 측정을 하려는 경우 무작위과정을 통해 통제집단과 실험집단으로 배정하는 것이 표본추출에 해당된다.

<그림 9-1> 무작위 표본추출

<그림 9-2> 무작위배정

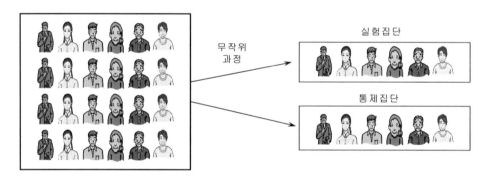

2. 표본조사와 전수조사

(1) 표본조사와 전수조사의 의미

사회조사의 일반적인 목적은 알고 싶은 모집단의 특성에 관한 정보를 얻고자 한다. 조사자가 문제해결과 관련된 모든 정보를 특정 모집단으로부터 얻는다면 가장 이상적이다. 그러나 모집단 전체를 조사하는 전수조사는 많은 시간과 비용이 소요되기 때문에 이를 대신할 조사방법을 찾게 되는데 이것이 표본조사이다. 예를 들어, 선거결과를 미리 예측하기 위해 유권자 전체를 대상으로 조사한다는 것은 불가능한 일이다. 따라서 표본을 대상으로 조사 분석한 결과를 토대로 전체 유권자의 투표 결과를 예상하게 된다.

　표본조사는 표본추출의 방법에 따라 전체 조사대상(모집단)에서 일부를 추출하여 모집단의 속성을 추측하는 조사를 말하고, 전수조사는 조사대상이라고 생각되는 모든 부분을 조사하는 것을 말한다(예; 5년마다 실시하는 인구주택총조사). 따라서 전수조사에서는 모수를 통해서 모집단의 속성을 설명하지만, 표본조사에서는 통계량을 가지고 모집단의 속성을 설명한다. 여기에서 모수란 모집단의 정보를 담고 있는 특성을 의미한다.

<그림 9-3> 전수조사와 표본조사의 관계

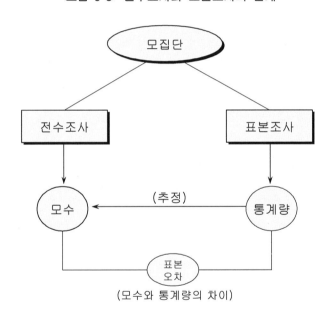

(2) 표본조사와 전수조사의 이점과 한계

1) 표본조사의 이점과 한계

표본조사는 전수조사에 비해 다음과 같은 이점이 있다.

첫째, 전수조사에 비하여 규모가 작으므로 조사·정리·집계 등에 있어서 비용·시간·인원이 절약된다.

둘째, 전수조사에 비해 자료를 신속하게 수집·집계·분석할 수 있다.

셋째, 전수조사가 불가능한 경우에 표본조사가 유용하다. 모집단이 무한히 많고 모집단을 정확히 파악하기 어려운 경우 또는 파괴적인 조사를 해야 할 경우(통조림위생조사, 자동차안전조사, 전구수명조사) 표본조사가 유용하다. 즉, 전국에 유통되고 있는 모든 통조림을 수거하여 조사할 수 없고, 모든 전구를 시험해볼 수 없으며, 모든 자동차에 대한 충돌시험을 할 수 없다는 것이다.

넷째, 전수조사에 비해 표본의 양이 적기 때문에 세밀하고 정밀한 조사를 할 수 있다.

다섯째, 정확도를 증가시킬 수 있다. 전수조사의 경우 조사대상자가 많고 자료의 양이 많음으로 조사과정과 집계과정에서 발생하는 비표본오차가 큰 반면, 표본조사의 경우 소수의 숙련된 조사자와 자료의 양이 적으므로 양질의 자료수집과 통제가 가능하여 표본오차는 발생하나 비표본오차를 상대적으로 많이 줄일 수 있어 정확도가 높아진다. 또한 전수조사의 경우 조사기간이 길어짐으로써 그 기간 동안 조사대상에 변화가 일어날 수 있으므로 정확도가 떨어진다.

그러나 표본조사는 대표성 있는 표본을 선정하는 데 어려움이 있고, 모집단 자체가 작은 경우 표본조사는 무의미하며, 복잡한 표본설계를 요하는 경우에는 시간이 많이 들고 오차가 많이 발생하는 문제점이 있다.

> 비표본오차(non-sampling error)란 표본선정이 잘못됨으로써 발생하는 표본오차(sampling error)에 대비되는 개념으로, 조사개념의 규정 및 조사표 설계 등의 잘못으로 발생하거나, 기입 등 실사(實査) 단계 또는 집계·정리 단계의 잘못에 의해 발생하는 오차를 말한다.
> 비표본오차는 확률적으로 추정할 수 있는 오차가 아님을 의미한다.
> 비표본오차의 원인은 ① 개념정의 잘못, ② 조사설계상의 오류, ③ 조사표 작성의 잘못, ④ 조사자의 오기나 착오, ⑤ 조사단위의 누락 또는 중복, ⑥ 에티팅이나 부호화의 오류 등이며, 표본조사는 조사과정을 잘 통제하면 비표본오차를 줄일 수 있다.

2) 전수조사의 이점과 한계

표본조사가 경제성, 신속성, 정확성 등에서 전수조사보다 우수하지만 전수조사의 필요성이 전혀 배제되는 것은 아니다. 전수조사의 이점은 다음과 같으며, 전수조사의 한계는 표본조사 이점의 반대가 된다.

첫째, 전수조사는 전체 오차를 최소한도로 줄인 조사가 필요한 경우에 이용된다.

둘째, 전수조사는 모집단의 규모가 작고 추정의 정밀도가 높아야 하는 경우에 이용된다.

셋째, 조사결과의 다면적 이용이 필요한 경우 전수조사가 유리하다. 이는 전체 모든 국면을 조사하여 특정국면에 이용할 수 있기 때문이다. 반대로 특정목적을 위한 표본조사는 다른 목적으로 이용하고자 할 경우 정밀도가 떨어진다. 예를 들어, 5년마다 실시하는 '인구주택총조사'의 전수조사를 통해 사회복지 수요의 기초자료로 활용할 수 있다.

넷째, 전수조사는 조사원의 전문적 지식과 숙련성이 부족할 경우에 유리하다. 조사원들이 숙련성과 전문적 지식이 부족하게 되면 비표본오차는 발생하나 표본조사에서처럼 표본오차는 발생되지 않는다.

다섯째, 대상자 특성상 전수조사를 반드시 필요로 하는 경우가 있다. 예를 들어, 독거노인이 많은 농어촌의 경우 그들의 안전서비스를 진단하기 위하여 개인별 상태를 일일이 확인할 수 없게 된다.

3. 표본추출의 구성요소

(1) 모집단

모집단(population)은 연구조사자가 표본을 통하여 찾아낸 사실들을 토대로 하여 일반화하려는 궁극적인 대상이다. 모집단은 연구의 대상이 되는 집단으로 연구자가 직접적인 방법이나 통계적 추정에 의하여 정보를 얻으려는 대상집단을 의미한다. 연구목적에 적합한 자료를 얻기 위해서는 가능한 정확한 모집단의 규정이 필요한데 이를 위해서는 연구대상, 표본단위, 범위, 시간의 네 가지 요소를 명확히 해야 한다. 예를 들어 경찰공무원의 직업만족도를 조사하려는 경우 연구대상은 전체 경찰공무원이고 표본단위는 일선 경찰서의 경찰공무원이 될 것이다.

〈표 9-1〉 모집단 규정의 예

경찰공무원 직업만족도를 조사하려는 경우	
연구대상	전체 경찰공무원
표본단위	일선 경찰서에 근무하는 경찰공무원
범 위	전국
시 간	2006년 3월 1일~2006년 3월 31일

(2) 요소와 표본추출단위

요소(element)는 자료나 정보를 수집하는 기본 단위로서 분석의 기초가 되며 요소들의 총합이 모집단이다. 요소는 모집단을 구성하고 있는 개별단위로 모집단은 요소들의 총집합이 되는 셈이다. 예를 들어, 경찰공무원의 직업만족도를 조사하려는 경우 요소는 경찰공무원 개인이고 경찰공무원 전체가 모집단이 된다. 요소는 일반적으로 사람 또는 일정 유형의 사람이지만, 집단이나 조직, 지역 등과 같이 집단적인 단위도 요소가 될 수 있다. 예를 들어, 경찰관서를 대상으로 조사하려는 경우 개별 경찰서가 요소가 되고 전국의 모든 경찰서가 모집단이 된다.

<그림 9-4> 구성요소와 모집단

모집단

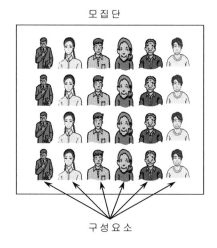

구성요소

  표본추출단위(sampling unit)는 표본이 추출되는 각 단계에서 표본으로 추출된 단위이다. 즉, 표본추출단위는 무엇을 기준으로 표본을 뽑을 것인가에 대한 기준을 의미한다. 일반적으로 1단계 표본추출에서는 표본추출단위와 요소가 일치하나, 다단계표출 과정에서는 각 단계마다 표출단위가 다를 수도 있다. 이때에도 마지막 단계에서는 표출단위와 요소가 일치한다.

  예를 들어, 어느 대학교의 학생들을 표본으로 추출하려는 경우 표본추출단위와 요소는 다음과 같다.

> ·1단계: 단과대학을 단위로 몇 개의 단과대학을 추출한다
> ·2단계: 추출된 단과대학에서 학과를 단위로 몇 개의 학과를 추출한다
> ·3단계: 추출된 학과에서 최종적으로 학생들을 추출한다

  위에서 단과대학, 학과, 학생은 각각 표본추출단위가 되며, 학생은 모집단의 구성요소가 된다. 따라서 마지막 단계에서는 표본추출단위와 요소는 일치한다. 이처럼 대학교의 전체 학생 중에서 어떤 기준으로 뽑을 것인가의 문제가 바로 표본추출단위이다.

(3) 표본추출의 프레임

  표본추출의 프레임(sampling frame)은 모집단의 구성요소나 표본추출단계별로 표본추출단위가 기록된 목록을 말한다. 예를 들어, 대학생들 중 일부를 표본으로 추출한다면 학생들의 학적부나 출석부 등이 표본추출의 프레임이 될 수 있다. 이상적인 표본추출 프레임은 표본추출단위를 모두 포함하면서도 이중으로 포함되는 단위가 없어야 하며, 어떠한 경우에서든지 표본추출의 프레임은 모집단을 잘 대표할 수 있어야 한다.

(4) 표본크기

  표본의 크기(sample size)는 표본에 포함되는 표본단위의 수를 말한다. 표본크기는 ⓐ 모집단의 동질성(모집단의 성질이 같으면 크기가 작아도 된다), ⓑ 이론과 조사설계(좋으면 적은 수도 무방), ⓒ 표본추출방법(무작위보다는 층화표본추출이나 다단계

표본추출을 사용하게 되면 각층 또는 단계가 모집단의 특성을 잘 대표하기 때문에 표본의 크기를 줄이면서 신뢰수준은 유지할 수 있다), ⓓ 연구변수 및 분석범주의 수(수가 많을수록 커야 한다), ⓔ 연구의 목적, ⓕ 시간과 비용 등을 고려하여 결정해야 할 것이다.

> 통계분석의 관점에서는 표본수가 최저 30은 되어야 한다. 그 이유는 모집단이 정규분포를 이루고 있지 않은 경우 중심극한정리(모집단이 정규분포를 이루고 있을 때 표본평균의 표본추출분포는 표본의 크기에 관계없이 정규분포를 이루며, 모집단이 정규분포를 이루고 있지 않을 경우에도 표본크기가 크면 표본평균의 분포는 근사적으로 정규분포를 이룬다는 가정)에 따라서 표본평균을 통한 모집단의 추정이 가능하려면 표본수가 커야 하는데, 이때의 기준이 n=30이기 때문이다. 그러나 n이 30 이하인 경우에는 t검증을 하여야 한다. 한편 t검증을 하기 위해서는 모집단의 분포가 정규분포에 가까워야 한다.

흔히 표본크기에 대하여 그릇된 생각을 하고 있는 경우가 많은데 그런 오해는 다음과 같다.

첫째, 표본크기는 일정비율(5%, 10%)이 되어야 한다고 생각하는 것이다. 즉 모집단이 대단히 큰 경우에는 5%이하의 크기로도 충분할 것이며, 또 대단히 적은 경우에는 10% 이상이 되어야 할 것이다.

둘째, 표본크기가 일정 수 이상(100, 200)되어야 한다는 생각이다. 표본의 크기는 일정 수 이상 되어야 한다는 법칙이 있는 것이 아니라 표본크기의 범위는 매우 넓다고 할 수 있다.

셋째, 표본의 크기와 정확도는 비례한다는 생각이다. 표본이 크면 클수록 표본오차가 줄어들고 따라서 정확도가 높아지는 것은 사실이다. 그러나 정확도는 표본크기의 제곱근에 비례하기 때문에 표본크기를 2배로 하였다고 해서 표본오차가 2배로 감소하는 것은 아니다. 〈그림 9-5〉는 이러한 표본크기와 표본오차와의 관계를 나타낸 것이다.

<그림 9-5> 표본크기와 표본오차의 관계

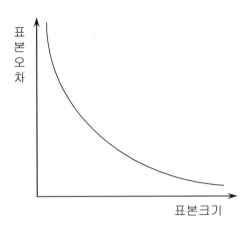

$$\sqrt{500} = 22.3 \ \text{----------} \ ①$$

$$\sqrt{1,000} = 31.6 \ \text{----------} \ ②$$

$$\sqrt{1,500} = 38.7 \ \text{----------} \ ③$$

$$\sqrt{2,000} = 44.7 \ \text{----------} \ ④$$

위에서 제곱근 안에 있는 표본크기가 2배로 증가해도 정확도(답)가 2배로 증가하는 것은 아님을 알 수 있다.

(5) 신뢰수준과 신뢰구간

신뢰구간이란 우리가 추정한 구간이 옳다는 데 대한 신뢰의 정도를 나타내는 구간이다. 일반적으로 95%, 99% 등의 신뢰수준에서 신뢰구간을 선택하고 있다. 여기에서 95% 신뢰수준이라는 것은 표본을 무한히 많이 추출할 경우에 각 표본에 대한 신뢰구간을 구했다면 이 신뢰구간들의 95%는 원래의 모집단 평균을 포함하게 된다는 것을 의미한다. 즉 모집단 평균이 신뢰구간 내에 포함될 확률의 95%, 포함되지 않을 확률이 5%라는 것이다.

(6) 표본오차

표본오차(sampling error)는 표본의 통계량과 모집단 모수간의 차이를 말한다. 표본오차는 표본의 특성치(통계량)에서 모집단의 특성치(모수)를 추정하는 과정에서 발생하는 차이이기 때문에 표본조사에서 발생한다. 따라서 모집단 전체를 조사하여 통계량을 계산한다면 표본오차는 없어질 것이지만 사회조사에서 이런 경우는 현실적으로 거의 어렵다.

> 표준오차(standard error)는 표본평균의 표준편차(standard deviation)를 말한다. 표준편차(S.D.)가 각 요소의 값이 평균으로부터 어느 정도 떨어져서 분포되어 있는지를 나타내는 수치라고 할 때, 표본평균의 표준편차(표준오차)는 추출된 표본들의 평균이 실제 평균과 어느 정도 떨어져서 분포되어 있는지를 나타내는 수치라고 할 수 있다. 따라서 표준오차는 표본오차와 같은 개념이라고 할 수 있다.

다음은 신뢰수준(90%, 95%, 99%)과 표본크기에 따라 표본오차를 구하는 식이다.

〈표 9-2〉 표본오차 구하는 식

$$d = \pm Z \sqrt{\frac{P(1-P)}{n}}$$

d＝표본오차(비율)
Z＝신뢰수준의 근사치 표준점수
P＝모집단에서 표본의 비율이 틀릴 확률
  (95% 신뢰수준에서 0.5로 설정, 99%에서는 0.1로 설정)
n＝표본의 크기

위 식에 의하여 경찰공무원의 직업만족도를 조사하기 위하여 표본의 크기는 500명(n), 95%의 신뢰수준에서 조사를 진행한다면 표본오차는 다음과 같다.

$$d = \pm 2 \sqrt{\frac{0.5(1-0.5)}{500}} = \pm 0.045, \pm 4.5(백분율환산)$$

단, 95%에서 Z값은 2이다(정규분포표에서 근사치는 1.96이다)

즉, 표본의 크기가 500명이면 표본오차가 '-4.5%에서~+4.5%'의 범위에서 발생하며 이러한 결과는 95% 신뢰수준에서 믿을 수 있다는 의미이다. 일반적으로 정확한 여론조사(선거예측, 시장조사)를 요구하지 않는 경우에는 표본오차가 5%범위 이내면 그 조사결과는 신뢰할 수 있다고 말한다.

또한 위 식에 의하여 표본크기도 도출할 수 있다.

〈표 9-3〉 표본의 크기를 구하는 식

$$n = \frac{\pm Z^2 \times P(1-P)}{d^2}$$

예를 들어, 지역주민들을 대상으로 경찰의 치안서비스 만족도를 조사하려고 한다. P=0.5수준을 가진 신뢰구간 95%에서 표본오차 ±2.5%로 조사를 진행한다면 표본크기는 얼마일까?

$$n = \frac{\pm 2^2 \times 0.5(1-0.5)}{(0.025)^2} = \frac{1}{0.000625} = 1,600명$$

즉 표본오차 ±2.5% 범위에서 모집단에 포함되는 표본의 크기는 1,600명이 된다.

어떤 정치후보자의 지지율은 신뢰수준 95%에서 30% 지지율로 추정되었고 조사의 오차한
계는 ±3%라고 한다면, 30%±3%이기 때문에 실제지지율은'27%~33%' 사이에 존재한다는
것을 의미하며, 신뢰수준이 95%라는 말은 지지율이 '27%~33%'라는 진술이 100번 중 95
번 정도는 믿을 수 있다는 것이다. 즉 100번 중 5번 정도는 지지율이 '27%~33%'라는 진
술이 사실이 아닐 수 있다는 의미이다.

　　지금까지 표본추출의 의미와 구성요소들을 살펴보았다. 조사자는 지금까지 살펴본
내용을 바탕으로 표본을 추출해야 하는데, 먼저 연구목적에 부합하는 모집단을 확정한
후 표본프레임을 결정해야 한다. 다음으로 표본추출방법을 결정해야 하고 표본의 크기
를 결정한 다음 최종적으로 표본을 추출하는 단계를 거치게 되는 것이 일반적인 과정
이다. 〈그림 9-6〉은 일반적인 표본추출과정을 도식화한 것이다.

<그림 9-6> 표본추출의 과정

제2절　표본추출의 종류

　　표본추출 이론에서는 확률표본추출(probability sampling)과 비확률표본추출(nonpro
bability sampling)로 구별된다. 확률표본추출은 표본추출프레임 내의 각 표본추출단위
들이 표본으로 추출될 확률이 알려져 있고, 모두가 추출될 기회를 가지고 있으며 각 단위
들이 무작위적으로 추출되는 것을 말하며, 비확률표본추출은 이러한 특성을 갖지 못하는
추출을 말한다. 〈그림 9-7〉은 표본추출방법을 구분하고 있고 〈표 9-4〉는 확률표본추출

과 비확률표본추출의 특징을 비교하였다.

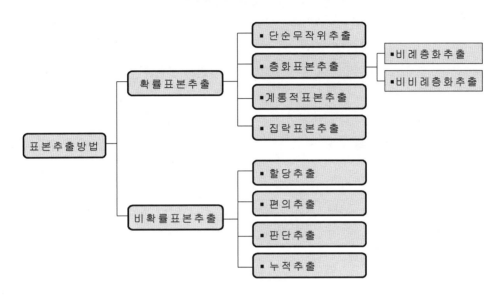

〈그림 9-7〉 표본추출방법의 구분

〈표 9-4〉 표본추출방법

확률표출	비확률표출
·연구대상이 표본으로 추출될 확률이 알려져 있을 때 ·무작위 표본추출 ·모수추정에 편견이 없음 ·표본분석결과의 일반화가 가능 ·표본오차의 추정가능 ·시간, 비용이 과다	·연구대상이 표본으로 표출될 확률이 알려져 있지 않을 때 ·인위적 표본추출 ·모수추정에 편견이 개입 가능 ·일반화하는 데 제약이 따름 ·표본오차 추정불가능 ·시간, 비용이 적게 듦

1. 확률표본추출

확률표본추출(probability sampling)은 모집단의 각 표본추출단위가 표본에 포함될 확률을 알 수 있는 표본추출이다. 이때 모든 표출단위가 표본에 포함될 확률이 같을 수도 있고 같지 않을 수도 있다. 이 방법에 의해서만 표본의 통계량을 통한 모집단에 대한 추론이 가능하다. 즉 표본의 통계량과 모집단의 값의 차이가 어느 정도인가를 예측 가능하다.

(1) 단순무작위추출

단순무작위추출(SRS, simple random sampling)은 가장 기본적인 방법으로 모든 표본추출단위가 표본에 포함될 확률이 동일하고, 영(zero)이 아니라는 원칙이 적용된다. 즉 $P \neq 0$이 된다. 이 때 모집단의 크기가 N이고 표본의 크기가 n일 때, 각 요소가 뽑힐 확률은 n/N 이다.

단순무작위 추출방법은 제비뽑기, 추첨, 난수표 등을 이용하는데, 어느 경우든 모든 표출추출단위에 고유번호가 새겨진 List가 필요하다(출석부, 전화번호도 가능).

단순무작위추출의 장점으로는 ⓐ 모집단의 모든 요소가 동일하고 또 독립적인 추출기회를 가지므로 적어도 이론적으로는 추출될 표본이 모집단을 잘 대표하게 된다. 따라서 편견(bias)이 들어갈 가능성이 희박하다. ⓑ 다른 표출방법에 비해 모집단에 대한 사전지식을 필요로 하지 않으며 ⓒ 표본오차의 계산이 용이하고 ⓓ 모집단의 모수나 특성을 잘못 분류함으로써 발생할 수 있는 오차를 줄일 수 있으며 ⓔ List만 가지고 있으면 확률표출 중에서 가장 적용하기가 용이할 뿐만 아니라 다른 확률표출방법과 결합하여 사용할 수 있다.

그러나 단점으로는 ⓐ 조사자가 모집단에 대하여 가지고 있는 지식을 충분히 활용할 수 없으며 ⓑ 보통 동일한 크기의 표본일 경우 층화표출보다 표본오차가 크다. 표본오차는 어느 정도 표본의 이질성에 의존하는데, 층화표출은 단순무작위표출보다 상대적으로 동질성을 나타낸다. 결과적으로 속성이나 성질이 같으면 같을수록 표본오차는 줄

어든다. ⓒ 모집단에서 그 수가 적은 요소는 표본으로 추출될 보장이 없으며 따라서
비교적 표본의 규모가 커야 한다는 문제점이 있다.

단순무작위 추출의 기본적 예를 설명하면 다음과 같다. 상자에 5,000개의 빨간색과
흰색의 탁구공이 들어 있다. 5,000개의 탁구공은 모집단 또는 모수가 되는데, 상자
안에 빨간색 공이 몇 퍼센트를 차지하고 있는지를 알고 싶어 한다. 연구자는 100개의
공을 임의적으로 선정한다(물론 눈을 감고, 상자를 흔든 다음 100번 반복적으로 공을
뽑는다). 연구자는 뽑힌 표본에서 빨간색 공이 몇 개인지 셀 수 있으며, 모집단에서
빨간색 공과 흰색 공이 각각 몇 퍼센트를 차지하고 있는지를 알 수 있다.

(2) 계통적 표본추출

계통적 표본추출(systematic sampling)은 모집단을 구성하고 있는 구성요소들이
자연적인 순서 또는 일정한 질서에 따라 배열된 목록에서 매 k 번째의 구성요소를 추
출하여 형성한 표본이다. 계통적 표본추출의 예를 들면, 100명에서 10명을 뽑을 때,
0부터 9번까지 번호 중 하나를 무작위로 선정하여 그것에 10씩 추출간격을 더해 가면
서 추출한다.

- 3번이 뽑혔다면 3, 13, 23, 33, 43, 53, 63, 73, 83, 93
- 추출간격(sampling interval): 각 표출단위간 간격 →10
- 추출비(sampling ration): 표본의 수/모집단의 수 →10/100 = 1/10

이 방법은 단순무작위 추출보다 간단하고 편리하나, 모집단이 체계적 양상(syste-
matic pattern)을 보이면 순서(번호)를 바꿔야 한다. 예를 들어, IQ, 키, 나이, 순서로
배열했을 경우 특정한 특성이 3번, 13번, 23번에 포함될 수 있기 때문에 5번부터 시작하
여 5번, 15번, 25번순으로 추출해야 한다.

계통적 추출의 장점은 ⓐ 표본추출의 용이성이다. 이 방법은 비전문가라도 쉽게 이
해할 수 있고 실시하기가 용이하다. ⓑ 보통 모집단 전체에 걸쳐 보다 공평하게 표본
이 추출되므로 모집단을 보다 더 잘 대표할 가능성이 종종 있다.

그러나 단점으로는 ⓐ 모집단의 배열이 일정한 주기성과 특정경향성을 보일 때 편견이 개입되어 대표성이 문제되고 ⓑ 모집단의 구성배열에 지나치게 신경 쓰면 층화표출과 같은 결과를 초래하게 되어 오차의 개입가능성이 높아진다. 즉 체계적인 오차개입가능성이 높아진다.

<그림 9-8> 계통적 표본추출

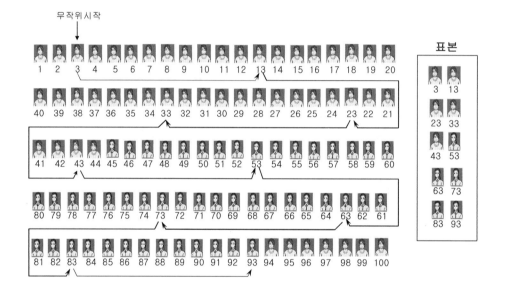

(3) 층화표본추출

층화표본추출(stratified sampling)은 모집단을 일정한 기준에 따라 2개 이상의 동질적인 층(이때 각각의 층간에는 이질적)으로 구분하고, 각 계층별로 단순무작위추출 또는 계통적 추출을 이용하여 표본을 추출하는 방법이다. 층화표본추출은 모집단 내의 서로 다른 집단이 표본에 적절하게 대표하게 되는 것을 보장하게 되나 모집단의 크기를 알고 있어야 한다. 그리고 모집단에 관한 사전지식이 필요하다.

예를 들어, 다음 〈그림 9-9〉와 같이 어느 대학교 각 학년은 500명씩 2,000명이다. 각 학년에서 50명씩 무작위추출을 하여 200명을 대상으로 조사하고자 한다. 이 때 각 학년의 학생이 표본으로 뽑힐 확률은 10%이다. 그리고 출석부나 학적부를 보고 무작위추출을 하였기 때문에 조사자의 주관성을 배제할 수 있다는 것이다.

<그림 9-9> 층화표본추출의 예시

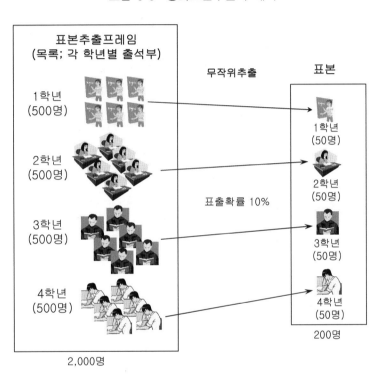

○ 층화표출시 모집단의 분류시 유의사항
· 집단을 나누는 기준은 분석대상이 되는 변수와 밀접한 관련을 가져야 한다
· 층화의 기준이 너무 많으면 곤란하다.
· 층화에 사용되는 기준에 대한 자료가 명확하고 이용이 가능하여야 한다.
  예를 들어, 종교의 구분에서 기준이 배타적이어야 한다.

층화표출의 장점으로는 ⓐ 중요한 집단을 빼지 않고 표본에 포함시킬 수 있고 ⓑ 동질적 대상은 표본의 수를 줄이더라도 정확성을 기할 수 있으며 ⓒ 단순무작위표출보다 지역적으로 더 좁은 지역에 조사를 집중시킬 수 있으므로 시간, 노력, 경비가 절약된다.

그러나 단점으로는 ⓐ 층화 시 모집단에 대한 지식(모집단의 성격을 파악하고 있어야 한다는 것)이 요구되며 무엇에 초점을 두어 층을 나누는가 하는 문제가 제기되며 ⓑ 층화 시 근거가 되는 명부(List)가 필요하며 ⓒ 모집단을 층화하여 가중하였을 경우 원형으로 복귀하기가 힘들다. ⓓ 비비례층화표출에서 모집단의 대표치를 구하려면 특별한 통계적 조작이 필요하다.

【예 1】 1,000명의 경찰공무원 중에서 100명의 표본을 뽑기로 했을 경우		
층	(표본의 크기)	(각 집단별 표본의 크기)
경장이하 700명		70명
경사 200명	100명	20명
경감이상 100명		10명
합계 1,000명		100명

만약, 단순무작위표출방법으로 했다면 계급에 관계없이 100명이 뽑힌다.

【예 2】 종교별로 의견조사를 하는 경우		
층	(표본의 크기)	(각 집단별 표본의 크기)
기독교도 2,000명		100명
천주교도 400명		20명
불교도 1,500명	200명	75명
대종교도 100명		5명
합계 4,000명		200명

【예 3】경찰공무원 근무지별 직업만족도 조사를 하는 경우

층		(표본의 크기)	(집단별 표본의 크기)
경찰청	400명		40명
지방청	400명		40명
지구대	100명	100명	10명
기타	100명		10명
합계		1,000명	100명

1) 비례층화추출

비례층화추출(proportional stratified sampling)은 모집단에서 각층이 점하는 비례에 따라서 각층의 표본의 크기를 할당하여 추출하는 방법이다. 이 방법을 사용하는 목적은 전체의 대표치를 구하는 데 있으므로 모집단을 정당하게 대표하는 표본을 잡을 수 있으며, 모집단의 특성을 알기에 적합하다는 장점이 있다. 그러나 층이 여러 개이면 비례적으로 뽑기가 어렵다는 단점이 있다.

2) 비비례층화추출

비비례층화추출(disproportional stratified sampling)은 각층의 크기와 관계없이 같은 수의 표본을 추출하는 방법이다. 이 방법은 각층의 비교가 쉬우며 실험집단과 통제집단을 나눌 때 사용된다. 하지만 모집단의 특성을 어느 정도 파악하고 있어야 한다는 단점이 있다.

(4) 집락표본추출(cluster sampling)

집락표본추출 또는 군집표본추출(cluster sampling)은 모집단으로부터 집락/군집(cluster) 또는 집단을 무작위로 선정한 뒤 이 집단에서 일정한 수의 요소를 표본으로 추출하는 방법이다. 여기서 집락(集落)은 학교, 병원, 도시 안의 블록일 수도 있으나 일반적으로 지역이 되는 경우가 대부분이다.

앞에서 설명한 층화표본추출은 모든 집단에서 표본이 선정되나, 집락표본추출에서는

추출된 부분에서만 표본이 선정된다는 점에서 구분된다. 그리고 집락표본추출의 특징
은 집단이 동질적일수록 그 집락을 대표하는 필요한 요소의 수는 감소된다는 점이다.

집락표본추출에 의한 예를 들면, 전국의 치안실태를 조사하는 경우 특별시·광역
시·도에서 무작위로 몇 개의 광역시도를 뽑고 뽑힌 각 광역시도에서 몇 개의 구(區)
를 무작위로 선정한 다음 뽑힌 구에서 동(洞)을 무작위로 선정한다. 최종 선정된 동에
서는 만 20세 인구의 명부를 보고 무작위로 선발하거나 전수조사를 실시하면 된다.
〈그림 9-10〉은 다단계집락표본추출(multistage cluster sampling)에 의하여 치안실
태를 조사하기 위한 표출과정을 나타내고 있다.

<그림 9-10> 다단계집락표본추출의 예

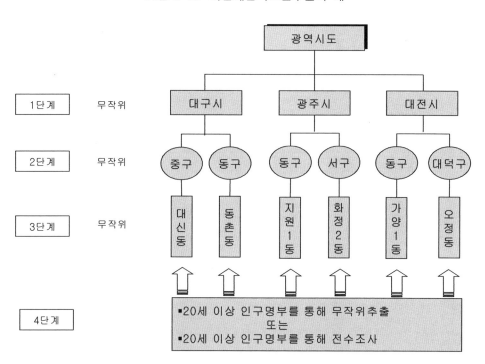

집락표본추출의 장점으로는 ⓐ 시간과 비용을 절약할 수 있고 ⓑ 전체 모집단의 목

록표를 작성하지 않아도 되며 ⓒ 선정된 각 집락은 다른 조사의 표본으로도 사용할 수 있다. 그러나 단점으로는 ⓐ 집락이 동질적이면 오차의 개입가능성이 높다는 점과 ⓑ 단순무작위추출보다 특정집단(집락)을 과대 또는 과소 표현할 위험이 많다는 것이다.

지금까지의 확률표본추출을 요약 정리하면 다음과 같다.

〈표 9-5〉 **확률표출방법별 특징**

추출방법	특 징
·단순무작위표본추출	각 표본단위에 번호부여. 추첨·난수표 이용
·계통적 표본추출	추출간격을 결정 한 후, 첫 번 표본단위의 무작위 추출, 추출간격에 의해 나머지 추출
·층화표본추출	층의 결정, 각각의 층으로부터 추출
·비례층화추출	모집단에 비례하여 추출
·비비례층화추출	모집단의 각층에서 일정 수의 추출
·집락표본추출	집락의 수 결정, 집락의 추출, 선정된 집락에서 표본선정

2. 비확률표본추출

비확률표본추출(non-probability sampling)은 표본추출의 프레임을 만들거나 구하기가 어렵고 각 표본추출단위가 표본에 포함될 확률을 알 수 없을 때 사용된다. 따라서 비확률표본추출은 통계처리가 어렵고 표본을 통해 도출된 사실을 모집단으로 일반화하기가 어렵다.

현실적으로 확률표본추출이 좋은 줄 알면서도 비확률표본추출이 많이 이용되는데, 그 이유는 ⓐ 비용·시간이 절약되며 ⓑ 모집단 자체를 정의하기 어려울 때(예; 노숙자의 모집단을 알 수 없고 명부를 만들 수 없음), ⓒ 조사 성격상 표본을 의도적으로 구성하는 것이 좋다고 생각하는 경우(예; 진학률이 가장 높은 학교와 가장 낮은 학교를 선정하려는 경우 또는 부유층과 빈곤층을 비교하려는 경우) ⓓ 모집단의 일반화에 별로 관심이 없을 때 ⓔ 역사적 사건처럼 확률표본이 불가능한 경우 등이다.

(1) 할당추출

할당추출(quota sampling)은 모집단을 대표할 수 있는 일정범주(category)로 나눈 뒤, 이들 범주에서 정해진 수를 작위적·인위적으로 추출하는 방법이다. 할당추출은 연구자가 모집단의 모든 차이가 표본에 포함될 수 있다는 확신을 가질 때 사용하며, 이 방법의 성공여부는 전적으로 조사자의 능력과 성실성에 달려 있다.

할당추출의 장점으로는 ⓐ 같은 크기의 무작위표출보다 적은 비용으로 추출할 수 있고 ⓑ 조잡하나 신속한 결과를 원할 때 적절하며 ⓒ 어떤 형태의 대상자도 표본으로 포함시킬 수 있다. 즉 각 집단을 적절히 대표하게 하는 층화의 효과가 있다.

그러나 단점으로는 ⓐ 무작위성을 보장하는 수단의 결여로 결과의 일반화에 문제가 있고 ⓑ 조사자가 친척이나 친구 등 접근하기 쉬운 사람들만 조사할 가능성이 많으며 ⓒ 분류방법이나 분류에 영향을 미치는 관련변수에 대한 지식이 부족하여 또는 분류의 작위성으로 인해 분류오차(classification error)가 개입할 가능성이 높다. 특히 모집단에 대한 지식이 부족하여 이론적으로 의미가 있는 관련변수를 통제하기가 곤란하다. 이러한 단점에도 불구하고 일반적인 여론조사의 경우에 가장 많이 사용되는 표본추출 방법이다.

할당추출에 의한 과정은 다음과 같다.
① 모집단의 제 속성 특히 주요 속성을 대표할 수 있는 일정수의 범주를 결정한다 (예, 연령, 성, 교육수준, 지리적 조건 등).
② 각 범주를 대표하는 표본의 수, 즉 할당량을 결정하여 할당표를 작성한다.
③ 각 범주마다 할당된 수의 표본을 추출한다. 표본의 추출단계에서 조사원의 임의 적 판단에 따라서 표본을 선택하며, 이때 조사원은 할당표에 따라서 각 범주의

구성비율만 유지하면 된다.

④ 조사원의 판단에 따라 표본추출단위가 선택되므로 비무작위 표본추출방법이다.

> 할당추출 시 조사자가 유의해야 할 사항은 다음과 같다.
> ① 의도적인 선택을 피할 것
> ② 특정구역, 장소에서 응답자를 찾지 말 것
> ③ 친척, 친구는 피할 것
> ④ 무식하거나 어렵다고 피하지 말 것
> ⑤ 협조적인 사람만 취급하지 말 것
> ⑥ 다른 사람이 있는 곳에서 면접하지 말 것

(2) 우연추출 · 임의추출 · 편의추출

우연추출 · 임의추출 · 편의추출(haphazard, accidental, convenience sampling)은 정하여진 표본이 선정될 때까지 조사자가 닥치는 대로 요소를 추출하는 방법이다. 예를 들어, TV방송국의 토론프로그램에서 표본을 선택할 때 길거리에 지나가는 사람을 아무나 잡고 질문하는 경우이다.

이 방법은 기술적인 조사나 설명적인 조사연구에서 자료수집방법으로는 부적당하나, 아이디어나 가설을 추출하기 위한 탐색적 조사연구나 설문지의 사전조사에 주로 이용된다. 그리고 시간, 비용절약, 편의성 등이 장점이나, 일반화의 가능성이 제약된다는 점이 단점이다.

(3) 목적추출 · 판단추출

목적추출 · 판단추출(purposive, judgemental sampling)은 연구자가 주관적으로 판단하여, 모집단을 가장 잘 대표한다고 생각되는 사례들을 표본으로 선정하게 된다. 연구자는 연구목적 달성에 도움이 될 수 있는 구성요소를 의도적으로 추출한다. 이는 연구자가 모집단 및 그 구성요소에 대한 풍부한 사전지식을 가지고 있을 때 유용하게 사용된다.

목적 및 판단추출의 장점으로는 ⓐ 비용이 적게 들고 편리하며 ⓑ 할당표출보다 조사목적을 충족시키는 요소를 정밀하게 고려할 수 있고 ⓒ 조사설계에 관련이 있는 요소는 틀림없이 표본으로 선정할 수 있다. 그러나 단점으로는 ⓐ 표본의 대표성을 확신할 방법이 없고 ⓑ 모집단에 대한 상당한 사전지식이 필요하며 ⓒ 표본오차의 산정이 곤란하다는 것이다.

예를 들어, 노숙자를 조사하려는 경우 노숙자가 많이 이용하는 시설의 직원이나 전문가 등을 통해 노숙자를 잘 대표할 것으로 추정되는 사람들을 선정하도록 부탁하거나 지하철 역사나 공원에 가서 선정하는 경우가 판단추출에 해당된다.

(4) 누적추출(snowball sampling)

누적추출(snowball sampling)은 첫 단계에서 연구자가 임의로 선정한 제한된 표본에 해당하는 사람으로부터 추천을 받아 다른 표본을 선정하는 과정을 되풀이하여 마치 눈덩이를 굴리듯이 표본을 누적해 가는 방법으로, 기본적으로 계량적 연구보다는 질적인 조사연구에 적절하다. 예를 들어, 동성연애자, 마약이나 약물중독자, 불법무기 소지와 같이 쉽게 자신을 드러내기를 꺼려하는 집단은 파악하기 힘들다. 이런 때 그와 관련된 한 사람을 소개받은 뒤 면접을 하고 면접을 했던 그 사람에게 다른 사람을 소개받는 방식으로 진행한다. 따라서 누적추출은 양적인 조사보다는 탐색적이고 질적인 조사에서 유용하게 사용될 수 있다.

▶ 연습문제 ◀

1. 확률표본추출과 비확률표본추출을 비교 설명하시오.

2. 전수조사와 표본조사를 비교 설명하시오.

3. 표본오차에 대해 설명하시오.

4. 표본추출의 과정을 단계별로 설명하시오.

5. 확률표본추출의 종류와 특징, 장단점을 설명하시오.

6. 비확률표본추출의 종류와 특징, 장단점을 설명하시오.

7. 부모감독과 청소년 비행 간의 관계를 조사하려고 한다. 이에 적합한 표본 추출방법
   을 제시하고 그 이유를 설명하시오.

제10장

자료수집방법

1. 자료의 종류

자료(data)란 조사연구에서 경험적으로 검증하는 데 이용될 수 있도록 직접 또는 간접적으로 제공되는 일체의 정보(information)를 말한다. 조사자가 변수의 인과관계를 경험적으로 검증하기 위해서는 문제의 원인이 되는 변수의 속성을 파악하여야 하는데, 측정도구를 통해 파악된 속성들의 집합이 자료로 제시된다. 자료는 그 성격에 따라 크게 1차 자료와 2차 자료로 분류된다.

(1) 1차 자료

1차 자료(primary or original data)는 연구자에 의해 직접 수집, 작성하는 자료를 말한다. 1차 자료는 연구자가 직접 수집하는 자료이기 때문에 연구자가 연구목적에 맞는 정보를 최대한 포함시킬 수 있고, 자료의 신뢰도와 타당도를 구체적으로 평가할 수 있다. 그러나 1차 자료의 수집에는 비용, 인력, 시간이 많이 소요되므로 1차 자료를 수집하기 전에 연구목적에 적합한 2차 자료가 존재하는가의 여부와 사용가능한지의 여부를 확인하고 2차 자료가 없을 경우에 1차 자료를 수집해야 한다. 면접, 관찰, 질문지 등이 1차 자료에 해당된다.

(2) 2차 자료

2차 자료(secondary data)는 조사목적에 도움을 줄 수 있는 기존의 모든 자료로, 조사자가 현재의 조사목적을 위하여 직접 자료를 수집하거나 작성한 1차 자료를 제외한 모든 자료를 말한다. 조사자가 2차 자료를 사용한다는 것은 다른 사람이 다른 목적을 위하여 수집한 자료를 조사자의 연구목적에 맞게 재정리하여 이용하게 되는 것이다. 2차 자료는 대부분 공공기관이나 연구기관에서 월별, 분기별, 년도별 정기적으로 발간되는 자료이기 때문에 시계열자료의 수집이 가능하고 1차 자료에 비해 수집비용이 저렴하다는 장점이 있다. 그러나 기존 연구의 연구설계와 분석단위, 그리고 조작적 정의가 다른 경우에는 사용하기가 곤란하다는 단점이 있다. 2차 자료는 다른 연구자가 학술연구를 위하여 수집한 자료에서부터 기업체, 정부기관, 각종 조사기간의 간행물, 그리고 학술지에 발표된 논문 및 석 · 박사학위논문에 이르기까지 다양하다.

2. 1차 자료 수집방법

사회복지조사에서 사용되는 대부분의 자료는 1차 자료이다. 1차 자료의 수집방법은 시간 · 비용을 고려하고 조사할 수 있는 정보의 양과 내용 그리고 질문방식에 따라 달라질 수 있다. 따라서 1차 자료수집방법은 연구목적과 연구상황 등 제반 조건을 고려하여 결정해야 한다.

(1) 대인면접법

대인면접법(face-to-face interview)은 면접자가 응답자를 일대일로 직접 만나서 질문서에 따라 질문을 하고 응답을 기록하는 방법이다. 대인면접법은 후술할 우편조사법이나 전화면접법 등과 비교할 때, ⓐ 다양한 조사내용을 비교적 긴 시간에 걸쳐서 상세하게 조사할 수 있고, ⓑ 면접자가 직접 응답자를 만나서 실시하므로 응답률이 높고 오차를 줄일 수 있으며, ⓒ 질문서에 포함된 내용 외에 연구에 필요한 기타 정보도 얻을 수 있고, ⓓ 응답자에 따라 설명의 신축성을 부여할 수 있어 응답자를 잘 이해시킬 수 있다는 장점이 있다.

그러나 대인면접은 ⓐ 면접원이 많이 필요하고 훈련이 필요하기 때문에 시간과 비용이 많이 들며, ⓑ 면접원에 따라 면접오차가 발생할 수 있고, ⓒ 면접원이 상상해서 기입할 수 있고, ⓓ 응답자의 생각을 면접원의 주관과 편견에 의하여 판단할 수 있다. ⓔ 본인을 만나기 위해 재방문의 횟수가 많아지는 등 특수층의 사람을 만나기가 어렵다는 단점이 있다.

(2) 전화면접법

전화면접법(telephone interview)은 긴급하게 조사를 실시하거나 질문내용이 짧을 때 전화를 이용하여 질문하고 면접원이 기록하는 방식으로, 표준화된 질문지를 이용하여 질문하는 것이 보통이다. 전화면접법은 우편조사에서 추적조사의 수단으로 활용되기도 한다.

전화면접법은 ⓐ 조사가 신속하고 비용이 절감되며, ⓑ 조사하기 어려운 사람에게 접근하기 쉽고, ⓒ 전화번호부를 이용해 비교적 쉽고 정확하게 무작위표출이 가능하며, ⓓ 면접자의 외모나 차림새 등에 따른 응답자의 선입견에 의한 응답의 오류를 배제할 수 있다는 장점이 있다.

그러나 전화면접법은 ⓐ 전화로 하기 때문에 시간적 제약이 따르고, ⓑ 상세한 정보의 획득이 곤란하고 응답자가 응답을 거부할 경우 정확한 내용을 얻을 수 없으며, ⓒ 많은 내용의 자료를 얻기 곤란하고, ⓓ 피조사자를 확인할 수 없어 응답자가 선정된 표본인지를 확인할 수 없다는 단점이 있다.

(3) 우편조사법

우편조사법(mailed questionnaire)은 응답자에게 설문지를 우편으로 발송하여 응답자로 하여금 이를 기록하게 하고 동봉한 반송용 봉투에 담아 조사자에게 반송하게 하는 방법이다.

우편조사법은 ⓐ 대인면접법에 비해 비용이 적게 들고, ⓑ 지리적으로 광범위하게 분포되어 있는 조사대상자들에 대한 조사에서 조사비용이 절감되며, ⓒ 현지조사원을 고용할 필요가 없고, ⓓ 면접자의 편견이 개입될 우려가 없으며, ⓔ 응답자가 충분한 시간을 가지고 솔직하게 대답할 수 있다는 장점이 있다.

그러나 우편조사법은 ⓐ 대체로 회수율이 낮고, ⓑ 응답내용이 모호한 경우 확인할 방법이 없으며, ⓒ 응답자 본인의 진위여부를 확인할 수가 없다는 단점이 있다.

우편조사에서 응답률을 높이기 위해서는 다음과 같은 방법을 검토해야 한다.

① 특수한 사람들에게 설문지를 보낸다.

② 편지 맨 위에 응답자의 협력, 비밀보장, 설문목적을 설명하고 연구자의 이름과 전화번호를 기입한다.

③ 반송봉투를 동봉한다.

④ 설문지는 깔끔하고, 흥미를 끌 수 있는 레이아웃과 적당한 페이지여야 한다.

⑤ 설문지는 읽어보기 쉽게 선명하게 인쇄되어야 한다.

⑥ 응답이 없을 경우 계속해서 기억하도록 하는 두 번째 편지를 보낸다.

　- 첫 번째 편지가 도달되고 1주일 후에 보낸다.

　- 두 번째 편지에서도 다시 정중하게 협력을 구한다.

⑦ 국경일이나 휴일에는 설문지를 보내지 않는다.

⑧ 뒷면에는 질문을 하지 않는다. 대신에 빈 공간으로 남겨두고 일반적인 코멘트를 요구한다.

⑨ 응답률을 높이기 위해 정부기관, 대학, 대기업 등과 같은 스폰서를 활용한다.

⑩ 가능한 작은 금전적 유인을 제공한다.

(4) 집단조사법

집단조사법은 일정한 장소에 피조사자를 모아 놓고 설문지를 배포하여 응답자가 기재하는 방법이다. 주로 조직체를 대상으로 그 구성원으로부터 자료를 얻고자 하는 것이므로 그 조직체의 적절한 협력을 얻는 것이 급선무이다.

집단조사법은 ⓐ 비용과 시간을 절약하고, ⓑ 응답자들과 동시에 직접 대화할 수 있는 기회가 있기 때문에 질문서에 대한 오해를 줄일 수 있는 장점이 있는 반면, 단점으로는 ⓐ 집단상황이 응답을 왜곡시킬 가능성이 있으며, ⓑ 응답자들을 한곳에 모이게 하는 것 자체가 어렵고, ⓒ 장소를 승인해준 조직체에 의해 조사결과가 이용될 것이라고 인식하여 왜곡된 응답이 나올 가능성이 있다는 단점이 있다.

(5) 배포조사법

배포조사법은 직장 또는 가정에 설문지를 전달하고 응답자가 직접 기입하게 한 다음 나중에 설문지를 회수하는 방법이다. 이 방법은 직장인과 같이 조사대상이 한정된 집단인 경우에 활용되는 방법으로 현실적으로 가장 많이 활용되고 있다. 이 방법의 가장 큰 특징은 자유로운 분위기에서 시간적 여유를 가지고 응답자의 솔직한 의견을 수집할 수 있다는 장점이 있는 데 반해, 피조사자 본인의 진정한 의견인지 다른 사람의 영향을 받았는지를 확인할 수 없다는 단점이 있다.

(6) 인터넷조사법

인터넷조사법은 우편조사의 특수한 형태로 인터넷을 통해 설문내용에 응답하는 방식이다. 인터넷조사는 인터넷 이용이 우리의 일상생활에서 보편화되고 있어 우편조사를 대체할 조사방법으로 인정되고 있고 이미 인터넷을 이용한 조사방법들이 이용되고 있다. 인터넷 조사는 차세대 유망한 조사수단으로 인정되고 있는데, 한국갤럽의 2000년 4.13 총선 결과에 대한 설문조사 및 1997년 영국 총선 여론조사에서 온라인 인터넷 설문과 오프라인 전화조사는 비슷한 결과로 나타났으며, 2005 인구주택총조사에서 인터넷조사법이 보완적 방법으로 이용되었다.

인터넷 설문조사의 장점으로는 ⓐ 비용의 저렴성, ⓑ 소요기간의 단축, ⓒ 표본추출 용이, ⓓ 상호 의사소통의 원활함, ⓔ 전문가 및 특정집단 설문 가능, ⓕ 설문 응답의 빠른 회수 및 코딩, ⓖ 24시간 설문 가능함 등을 들 수 있다. 반면에 단점으로는 ⓐ 무응답 처리, ⓑ 편의표집 문제, ⓒ 익명성 및 중복응답 문제, ⓓ 인센티브에 대한 중복응답 과잉 우려, ⓔ 사이버 정크 및 스팸 등의 윤리적 문제 등을 들 수 있다.

〈표 10-1〉 인터넷조사의 장·단점

장 점	단 점
전화조사와 우편조사에 비해 비용이 저렴하고, 표본의 수가 많아져도 추가비용이 전혀 들지 않음.	다른 사람이 ID와 Password를 획득 시 본인이 응답했는지 확인하기 곤란함
기상상태 또는 시간대의 제약을 받지 않으며, 전화조사 및 우편조사에 비해 조사 소요기간이 단축될 수 있음	편의표집이 될 가능성이 많고 특정 연령층이 편중될 가능성이 높다
표본추출에 대한 틀이 확보되면, 표본추출이 용이하고 설문지 제작 시, 그래픽·음성 등을 이용하여 응답자의 이해도 증진 가능	응답자의 익명성 문제 및 중복응답의 문제가 대두됨
조사자와 응답자간의 의사소통을 원활히 함으로써 정성적인 자료를 수집할 수 있으며, 고수입, 고도의 기술, 특정전문가 집단들에게 쉽게 접근할 수 있음	설문초청 프로모션은 응답률과 응답자 인구 통계에 영향을 줌. 특정 계층의 과다(과소) 참여될 가능성이 있음
설문 응답에 대한 빠른 회수 가능	컴퓨터 운영체제와 웹 브라우저 환경에 따라 호환성이 제한될 수 있음
컴퓨터에 의한 설문 회수 및 코딩이 가능하므로 인적 오류가 낮음	인센티브는 over-sampling 또는 중복참여를 유발하기도 함
시간에 구애받지 않고 24시간 설문 및 회수가 가능함	사이버 정크 및 스팸의 문제와 응답자의 프라이버시에 관한 문제점 등이 야기될 수 있음. 즉 익명성 보장에 한계가 있음

　　인터넷 설문조사의 종류로는 크게 Plain E-mail, Disk by E-mail, Plain HTML, Java 기반 웹 설문 등이 있다. Plain E-mail은 설문은 아스키 형태로 전달되는데, 응답자는 설문에 의견을 표시하여 제출(submit) 버튼을 클릭하여 재송부하는 가장 일반적인 형태이다. Disk by E-mail은 전자우편에 설문 프로그램을 첨부하여, 응답자는 프로그램을 다운로드받아 실행시키고 설문에 응한 후, 다시 파일을 발송하는 스타일로서 파일의 크기가 크다. Plain HTML은 설문지가 단일 페이지로 나오는 형태로 짧고 단순한 설문에 적합하다. Java 기반 웹 설문은 Active X를 활용하여 서버와의 상호작용 없이 클라이언트에서 수행하는 기반으로, 과부하로 인한 속도 저하가 문제가 될 수 있다.

〈표 10-2〉 우편조사, 전화면접, 대인조사 방법의 비교

기　준	우편설문	전화면접	대인면접
관리측면			
1. 비용	적게 듦	보통	많이 듦
2. 속도(소요시간)	아주느림	아주빠름	보통
3. 질문 길이	보통	짧음	아주 긺
4. 응답률	아주 낮음	보통	아주 높음
조사통제			
1. 특수한 응답자	아니오	예	예
2. 질문의 연속성(후속질문)	아니오	예	예
3. 시각적 관찰	아니오	아니오	예
질문의 성공수준			
1. 시각적 도움	제한적	불가능	예
2. 개방형 질문	제한적	제한적	예
3. 편의적(임의적) 질문	제한적	예	예
4. 복잡성 질문	제한적	제한적	예
5. 민감성 질문	약간	약간	약간
편견의 소스			
1. 사회적 바람직함	아니오	약간	있음
2. 면접자의 편견	아니오	약간	있음
3. 응답자의 독해기술	예	아니오	아니오
자료의 양과 질			
1. 방대한 양의 자료수집 여부	좋음	보통	아주 좋음
2. 얻어진 자료의 정확성	좋음	보통	보통

5년마다 실시되는 '2005 인구주택총조사'가 진행과정에서 많은 문제점을 노출하고 있어 걱정스럽다. 부실조사 논란은 그만두고라도 응답지 수거 과정에서 개인정보 유출이 염려되고, 면접조사에 의한 조사원의 밤늦은 방문이나 이혼 여부와 월북가족 유무 등 민감한 개인정보 때문에 사생활침해 논란도 일고 있다.

전반적인 원인은 조사 방법에 있다. 조사표를 대상가구에 배부하고 응답자가 기입한 후에 회수하는 아파트 지역에서의 응답자 기입방식, 조사원이 응답자를 직접 면접하여 조사표를 작성하는 단독주택지역에서의 조사원 면접 방식, 맞벌이 부부나 1인 가구와 같이 면접이 어려운 취약계층을 대상으로 실시하는 인터넷 조사 방식 등 세 가지 방식이 병행되고 있으나 어느 것도 원활하게 진행되는 것이 없다. 특히 일시적으로 고용된 조사원들에 의한 면접조사로는 사생활 침해나 개인정보유출 논란을 근절하기는 쉽지 않은 실정이다.

인터넷 방식이 그나마 이번에 처음 도입됐으나 처리속도가 느린 데다 질문 항목이 페이지 당 하나씩이어서 소요시간이 배가되는 문제점도 드러났다. 더군다나 신청기간이 따로 있어 미리 신청한 뒤 하루 이상이 지나야 입력이 가능하다면 그 이유를 따지지 않더라도 실효성은 떨어질 수밖에 없다.

총 예산 1천2백90억원이 투입되는 사업이기도 하지만 정확한 통계 결과의 활용을 위해 조사가 제대로 돼야 함은 두말할 필요가 없다. 정부는 5년마다 실시하는 국가적 사업인 만큼 더 효율적이고 합리적인 방안을 강구해야 한다. 사생활보호 차원에서 면접 조사가 문제라면 재고할 필요도 있다. 똑같은 조사를 실시하면서 우편조사를 먼저 하고 응답하지 않은 사람에 한해 방문조사를 하는 미국이나, 응답자 기입방식만으로 일관하고 있는 일본의 경우도 눈여겨볼 필요가 있다. 무엇보다도 중요한 것은 더 이상 인구주택총조사에 대한 국민들의 인식이 부정적으로 자리를 잡아서는 안 된다는 점이다. 자료: 경향신문. 2005. 11. 9

3. 자료수집방법의 선택기준

연구자는 자신의 연구목적을 해결하는 데 필요한 방법을 선택해야 한다. 자료수집방법을 선택하기 위해서는 현지상황의 특성, 자료수집방법의 타당성과 신뢰성 그리고 자료수집 비용 등을 고려해야 한다.

(1) 현지상황의 특성

현지상황(field condition)의 특성을 중심으로 자료수집방법을 결정하기 위해서는 ⓐ 자료수집에 소요되는 시간, ⓑ 자료수집이 이루어지는 연구현황의 복잡성, ⓒ 모집단의 크기, ⓓ 모집단의 공간적 분포, ⓔ 자료수집대상의 참여 동기, ⓕ 자료수집대상의 자료제공 능력 등을 고려해야 한다.

〈그림 10-1〉에서 나타내고 있는 바와 같이 첫째, 소요되는 시간의 경우에서는 2차 자료가 가장 적게 소요되는 데 반해 직접관찰이 상대적으로 많이 소요된다. 둘째, 자료수집 현황의 복잡성에서는 직접관찰이 가장 복잡하고 2차 자료가 상대적으로 덜 복잡하다. 셋째, 모집단의 크기에서는 모집단이 커질수록 2차 자료가 적합하고 적을 때는 직접관찰이 적합하다. 넷째, 모집단의 공간적 분포에서는 광범위하게 분포되어 있을 경우에는 2차 자료가 적합하고 범위가 좁고 협소할 경우 직접관찰이 적합하다. 다섯째, 응답자의 참여동기에서는 참여의욕이 크고 거부감이 없을 경우에는 2차 자료가 가장 적합하다. 왜냐면 그러한 사람들은 통계청이나 한국은행 등 공신력이 있고 권위 있는 정부기관 등에서 실시하기 때문에 자료수집에 기꺼이 응하게 된다. 그러므로 공공기관이 수집한 자료를 사용하게 되면 적합하다. 반대로 참여동기가 낮은 경우에는 직접 관찰하는 것이 좋다. 여섯째, 응답자의 자료제공능력에서도 참여동기와 같이 공공기관의 요청에 의하여 개인이 기입하여 제출한 2차 자료는 자료제공자가 가장 높은 정보제공 능력을 가지고 있는 것을 전제로 한다.

그러나 이상의 각 자료수집방법도 어떤 상황에서는 가장 적합한 방법이 다른 상황에서는 거의 적합하지 않을 수 있다는 점을 주시해야 한다. 예를 들어, 연구상황이 복잡하다면 직접관찰이 좋지만 시간적 여유가 없을 경우에는 2차 자료를 사용할 수밖에 없을 것이다. 또한 조사대상이 넓게 분포되어 있다면 2차 자료가 적합하나 응답자의 응답동기가 낮은 경우 직접관찰이나 면접이 더 적합할 것이다. 그러므로 이와 같은 관계는 연구자의 연구목적과 연구일정 등 제반 사항을 종합적으로 고려하여 판단해야 할 문제이다.

<그림 10-1> 현지상황의 특성에 대한 자료수집방법

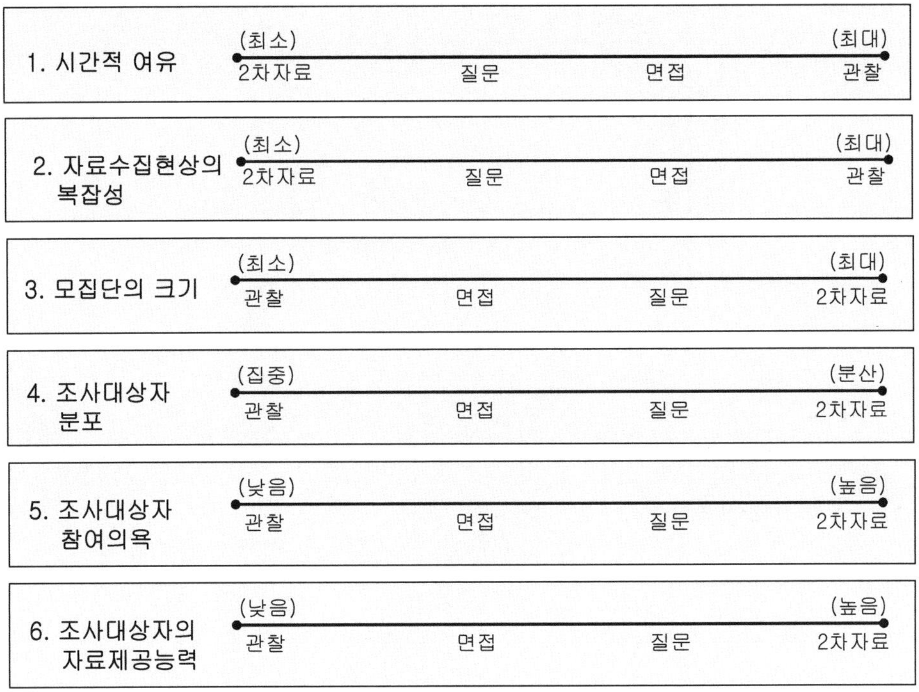

1. 시간적 여유	(최소) 2차자료	질문	면접	(최대) 관찰
2. 자료수집현상의 복잡성	(최소) 2차자료	질문	면접	(최대) 관찰
3. 모집단의 크기	(최소) 관찰	면접	질문	(최대) 2차자료
4. 조사대상자 분포	(집중) 관찰	면접	질문	(분산) 2차자료
5. 조사대상자 참여의욕	(낮음) 관찰	면접	질문	(높음) 2차자료
6. 조사대상자의 자료제공능력	(낮음) 관찰	면접	질문	(높음) 2차자료

(2) 자료수집방법의 타당성과 신뢰성

자료수집방법의 타당성이란 어떤 기법이나 도구에 의해 수집된 자료가 연구자가 원래 얻고자 했던 자료와 일치되는 정도를 말하고, 신뢰성이란 동일한 절차를 동일한 조건에서 되풀이해서 적용했을 때 동일한 자료를 얻는 정도를 말한다. 일반적으로 자료

수집방법에서 타당성이 높은 자료는 신뢰성이 낮고(비구조화된 방법), 신뢰성이 높은
자료수집방법은 타당성이 낮다(구조화된 방법). 따라서 비구조화된 직접참여관찰이나
면접은 2차 자료와 질문서에 비해 타당성이 높은 반면 신뢰성이 낮다. 반대로 구조화
된 방법인 2차 자료와 질문서는 신뢰성이 높다.

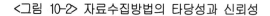

<그림 10-2> 자료수집방법의 타당성과 신뢰성

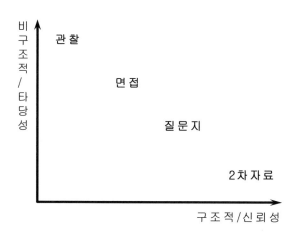

(3) 자료수집비용

자료수집방법에 있어서 가장 현실적인 문제가 비용이다. 비용은 한정적이기 때문에
정해진 예산을 통해 바라는 연구목적을 달성될 있도록 적절하게 사용해야 한다. 일반
적으로 연구자가 직접관찰을 하거나 면접이 2차 자료나 질문서에 비해 비용이 상대적
으로 많이 든다.

<그림 10-3> 자료수집방법과 자료수집비용

비용문제	(비용최소) 2차자료	질문	면접	(비용최대) 관찰

제2절 관 찰

1. 관찰의 의의

관찰(observation)을 넓은 의미로 보면 '자료수집의 일체'를 말하나, 좁은 의미로 보면 과학적 조사에서 필요로 하는 사실이나 자료를 조사대상의 응답에 의하지 않고 직접 보거나 들어서 얻는 방법을 말한다. 면접이나 설문조사 등은 자료수집이 전적으로 응답자에 의해 결정되나 관찰은 관찰자의 관찰 행태나 자세에 달려있다. 관찰은 자료의 근거가 되는 조사대상의 특성, 언어적·비언어적 행위 등을 감각기관을 통해서 자료를 수집하는 방법이다.

관찰의 특징은 조사대상자에게 물어볼 필요가 없이 어느 행위가 일어날 때 즉시 자료를 수집하여 연구가 가능하다는 직접성과 자연적 상황(natural setting)에서 이루어지기 때문에 인위적 조작의 개입가능성이 적다는 것이다.

2. 관찰의 장·단점

자료수집에 있어서 관찰은 다음과 같은 장점을 가지고 있다.

첫째, 현장성·직접성·즉시성이다. 관찰은 조사하려는 사회적 행위를 현장에서 포착할 수 있다는 점이다. 그러나 이것은 다른 한편으로는 단점이기도 한데, 그 일이 일어나기 전까지는 관찰이 불가능하다.

둘째, 유아나 동물 등 표현능력이 부족한 조사대상에게 적합하다. 설문조사나 면접의 경우는 조사대상자의 정상적 인지능력, 언어능력, 지식이 있어야 자료수집이 가능하나 관찰은 이러한 능력이 없는 즉 유아, 동물 등 언어표현이나 문자해독 능력이 없는 대상자의 자료수집에 적합한 조사방법이다.

셋째, 행동을 관찰하는 것이므로 질문지법이나 면접법보다 오차를 줄인다. 관찰은 응답자의 태도나 선호정도, 협력하는 정도 등이 자료수집에 영향을 주지 않고 행동으로 나타난 것을 관찰하기 때문에 응답과정의 오류를 줄일 수 있다. 특히 조사대상이 면접을 거부하거나 비협조적인 경우에 관찰을 통해 자료를 수집할 수 있다.

넷째, 일상적이어서 피조사자가 느끼지 못하는 행위까지도 조사할 수 있다. 관찰은 응답자에게 일상적이며 무의식적으로 이루어지는 행동에 대한 측정을 하고자 하는 경우 매우 유용하다.

이와 같은 장점에도 불구하고 다음과 같은 단점을 안고 있다.

첫째, 행위 발생까지 기다려야 하는 경우이다. 관찰은 자연적 상황에서 이루어지는 행동을 측정하기 때문에 관찰하고자 하는 행위가 발생할 때까지 기다려야 하는 문제가 있다. 그러므로 행위가 발생하지 않으면 관찰할 수 없다는 말이 된다.

둘째, 응답자가 관찰을 당하고 있다는 것을 알고 있을 경우에 평소와 다른 행동을 하게 되면 조사방법의 타당성을 저해하게 된다. 예를 들어, TV방송사에서 시민들이 길거리에서 전단지를 받았을 때 어떻게 처리하는가에 대한 행태를 관찰하는 경우가 있다. 이때 시민들은 전단지를 받았을 때 길거리에 그냥 버리는 경우, 호주머니나 가방 등에 넣는 경우, 가까운 쓰레기통에 넣는 경우, 아니면 받지 않고 그냥 가버린 경우 등이 있는데 이때 그 사람이 처한 상황이 태도에 영향을 주고 태도가 행동에 변화를 줄 수 있다는 점을 간과해서는 안 된다. TV방송사에서 리포팅하고 있다는 것을 알게 되면 이를 의식해 평소 행위와 다른 행동을 취할 수 있다.

셋째, 관찰 대상 전체를 관찰하는 것이 불가능하여 관찰자가 선택적으로 관찰하는 경우에 선택 자체의 문제점이 있다. 관찰자도 사람이다. 사람은 알고 있는 것만 볼 수 있듯이 관찰자가 알고 있는 범주에서 선택적으로 관찰함으로써 궁극적으로 관찰하려는 개념 전체의 속성을 빠뜨리게 된다. 그렇게 되면 측정의 타당성에 문제가 발생한다.

넷째, 관찰자의 시간적·공간적 한계, 지적 능력의 한계 때문에 관찰대상 전부를 동시에 관찰하는 것이 어렵다.

다섯째, 관찰자가 대상을 보고 해석하는 데 있어서 주관적인 편견이 개입되고 관찰자마다 다른 해석을 내릴 수 있어 신뢰도와 타당도가 떨어진다. 이렇기 때문에 객관적인 척도를 사용하는 다른 자료수집방법과 병행하게 되면 신뢰도와 타당도를 어느 정도 높여주게 된다.

여섯째, 사적인 행동 및 사회적으로 밝혀지기를 원하지 않은 경우에 현장진입이 어려워 관찰이 불가능하다. 예를 들어, 범죄행위나 낙태, 성관계 등 민감한 이슈들을 관찰하기 곤란하다.

일곱째, 익명성 확보가 곤란한 경우가 문제이다. 이는 곧 조사윤리문제와 관련되는 것으로 피조사자의 프라이버시 보호 문제이기도 하다.

여덟째, 자연적 환경에서 관찰하기 때문에 외생변수를 거의 통제하기 어렵다. 관찰 대상자의 행동에는 여러 가지 요인이 복합적으로 영향을 미쳐 나타난 결과이고 주변 환경적 요인과 상시적으로 상호작용하는 관계이다. 여러 외생변수가 상시적으로 영향을 미치기 때문에 특정 행동의 원인을 명확히 규명하는 조사에는 적용하기 곤란하다.

3. 관찰의 종류

(1) 공개적 관찰과 비공개적 관찰

피관찰자들이 사전에 관찰한다는 사실을 인지하고 있는지 여부를 기준으로 공개적 관찰과 비공개적 관찰로 나누는 것이다. 공개적 관찰은 피관찰자들 자신이 관찰되고 있다는 사실을 의식하기 때문에 평상시와 다른 인위적이고 부자연스런 행동을 할 수 있다는 문제가 있다. 비공개적 관찰은 '몰래카메라'나 변장한 조사원을 통하기 때문에 자연스런 행동을 관찰하기는 좋으나 사생활 침해와 같은 조사의 윤리문제가 있다.

(2) 참여관찰과 비참여관찰

관찰자가 피관찰자 집단에 직접 참여하는가를 기준으로 참여관찰과 비참여관찰로 나누어진다. 참여관찰은 관찰자가 관찰대상의 내부에 직접 들어가서 그 구성원의 일부가 되어 공동생활에 참여하면서 하는 관찰이다. 참여관찰로 관찰하게 되면 ⓐ 외부로 나타나지 않는 사실까지 파악하게 되고 ⓑ 관찰대상을 자연적인 상황에서 파악한다는 장점이 있는 데 반해, 단점으로는 ⓐ 구성원으로 가장하기 어려운 경우나 ⓑ 업무수행에 따른 관찰활동에 제약을 받는 경우 또는 ⓒ 관찰대상이 되는 그 집단 및 조직에 융화되어 객관성을 상실할 우려가 있고 ⓓ 비구조적이어서 자료를 표준화하는 데 어려움이 있다.

(3) 준참여관찰

준참여관찰은 관찰대상 생활의 일부에만 참여하는 방법으로 피관찰자 자신이 관찰을 받고 있음을 알고 있는 방법이다. 준참여관찰에서의 관찰자는 집단내에서 행동하는 방법을 배우게 되고 피관찰자들이 관찰자에게 어떻게 행동할 것인가를 가르쳐 준다. 그런 다음에 관찰자는 집단의 특정 분야의 구성원으로서 받아들여진다. 이때에 친밀관계(rapport)가 형성되고 관찰 분야의 동의를 받게 됨으로써 정보제공자는 기꺼이 정보를 제공하게 될 것이다. 교생실습이 준참여관찰의 대표적인 예이다.

(4) 통제관찰과 비통제관찰

사전에 계획된 절차에 따라 관찰조건을 표준화하는가 여부에 따른 분류로 통제관찰과 비통제관찰로 구분된다. 관찰상황이 구조적이고 표준화적이면 통제관찰이고 그렇지 않으면 비통제관찰이다. 여기에서 구조적이란 관찰내용과 방법·시기·시간을 사전에 정해 놓는 방식으로 실험설계에 의한 관찰이 대표적인 예이다.

3. 관찰오류

관찰 과정에서 제일 문제가 되는 것이 관찰자의 주관이나 편견 등에서 나타나는 오류이다. 오류의 근거는 대체로 지각과정과 인식과정의 두 관찰과정과 관련이 있다. 지각이란 감각기관을 통해 대상의 성질, 형태, 관계 따위를 의식하는 작용을 말하며, 인식이란 대상을 감지하고, 분별·판단하는 작용을 말한다.

(1) 지각과정에서 나타나는 오류와 감소방법

먼저 지각과정에서 나타나는 오류는 신뢰도와 관련된 문제로 ⓐ 관찰자마다 똑같은 현상에 대한 느낌이 다르고, ⓑ 관찰자마다 제각기 다른 자극에 반응하며, ⓒ 관찰대상이 많은 경우 관찰대상에 의하여 관찰자가 압도될 수 있다. 또한 ⓓ 관찰자 자신의 환상이나 상상이 지각과정에 작용하며, ⓔ 이질적이고 혼합된 관찰대상의 경우에 나타나는 현상 자체가 복잡하여 관찰 자체를 방해한 경우 등이다.

이에 대한 감소 방안으로 ⓐ 객관적인 관찰도구 즉, 카메라, 캠코더, 시계 등을 사용하고, ⓑ 보다 큰 단위의 관찰을 한다(예; 피관찰자가 어떠한 정서상태에 있는가를 관찰하기보다는 그가 어떤 정서의 방해를 받고 있는가 하는 관찰이 단위가 크다). 또한 ⓒ 가능한 한 관찰단위를 명세화해야 하며(이 경우 그럴만한 이론적 근거가 있어야 한다), ⓓ 혼란을 초래하는 영향이나 자극은 가급적 통제한다. 이는 관찰 대상이 아닌 관찰자 자신의 문제이다. 그리고 ⓔ 감각기관 중 가장 예민한 것을 사용하고(예; 코보다는 귀, 귀보다는 눈), ⓕ 관찰기간을 짧게 하여 관찰자의 상상이나 환상이 개입되지 않도록 한다.

(2) 인식과정에서 나타나는 오류와 감소방법

인식(또는 추리)과정에 나타나는 오류는 타당성과 관련된 문제로 ⓐ 관찰자마다 과거의 경험이 다르고 인식을 다루는 지적능력과 추리능력이 다르며, ⓑ 관찰자마다 각자의 인식과 추리에 독특한 양식이 있다. 즉 경험이나 지적 능력 이외에도 여러 요인이 작용하게 된다. 이는 관찰자들이 사실을 인식하는 준거의 틀(frame of reference)이 다르기 때문에 발생한다.

이에 대한 감소방안으로는 ⓐ 이론적 개념을 분명히 하고 조사 시 필요한 개념을 경험적으로 정의하며, ⓑ 개념 간의 관계를 한정하여 사고의 규칙이 주어지도록 하고, ⓒ 관찰과 기록 사이의 시간을 짧게 한다. 그리고 ⓓ 관찰된 것과 관찰자 사이에 생기는 장애를 제거하여야 하며, ⓔ 관찰자의 지적 자기 인식을 강화시키고, ⓕ 관찰기간을 짧게 하여 관찰자의 상상이나 환상의 개입을 감소시킨다.

제3절 면 접

1. 면접의 의의

면접(interview)은 연구문제에 대한 적절한 대답을 구하기 위하여 면접자가 응답자와 서로 대면하여 실시하는 언어적인 상호작용 또는 일정한 조건하에서 언어를 매개체로 하여 질문을 가하여 응답을 얻는 방법이다. 즉 언어적 상호작용과정을 통하여 피면접자의 주관화된 가치나 태도를 조사하는 방법이다.

대인면접은 다양한 여러 상황에서 일어나는 정보를 수집하는 방법으로 이용된다. 채용면접, 환자에 대한 의사의 면접, 리포터의 정치가들과의 면담, 경찰관의 증인과 피해자들과의 면담. 토크쇼의 진행자와 유명인과의 대화 등 다양한 상황에서 이루어진다.

2. 면접의 종류

면접방법은 여러 가지 유형으로 구분되지만 가장 일반적 구분은 면접상황과 면접내용을 표준화·체계화·구조화시켰느냐를 기준으로 표준화, 비표준화, 반표준화 면접으로 구분한다.

(1) 표준화 면접

표준화(standardized interview) 또는 구조화 면접은 사전에 면접자가 원하는 질문형식과 내용을 만들어 모든 응답자에게 같은 순서, 어조로 질문하여 면접하는 방식이다.

표준화 면접에 의하면 ⓐ 정보가 비교가능하고 ⓑ 높은 신뢰성을 얻을 수 있으며 ⓒ 질문어구나 질문의 언어 구성에서 오는 오류를 감소시켜 주고 ⓓ 반복연구를 가능하게 하여 결과를 숫자화(coding)하는 데 용이하다는 장점이 있는 반면, ⓐ 새로운 사실인 아이디어를 발견할 가능성이 낮고 ⓑ 면접상황에 대한 적응도가 낮다. 그리고 ⓒ 융통성이 없고 타당성이 낮으며 ⓓ 특정 분야의 깊이 있는 측정을 도모할 수 없고 ⓔ 의미의 표준화가 어렵다는 단점이 있다.

(2) 비표준화 면접

비표준화(unstandardized interview) 또는 비구조화 면접은 질문형식, 순서, 내용이 미리 정해져 있지 않고, 상황에 따라 절절하게 변경될 수 있는 것으로 비교적 자유스러운 면접방식이다. 비표준화 면접의 대표적인 예가 심층면접법(depth interview)이다. 심층면접법은 어떤 주제에 대해 응답자가 자신의 느낌과 믿음을 자유롭게 이야기하거나 묘사하면서 조사를 진행하는 비체계적인 개인면접법이다. 그리고 심층면접에서 깊이 있는 질문을 하는 것은 응답자의 숨겨진 의도를 파악하기 위함이다.

예를 들어, 치안정책에 대한 태도를 묻고자 하는 경우, '정부에 대해 어떠한 느낌을 가지고 있습니까?' 라고 시작하는 질문으로부터 시작하여 면접자는 응답자가 자유스런 분위기에서 정부에 대한 개인적 견해를 표현할 수 있도록 유도하여야 한다. 즉 '정부의 치안정책에 더 이상 관심이 없다'라는 응답을 하였다면, 이러한 응답 결과와 관련하여 '왜 정부의 치안정책에 관심이 없습니까?'라고 연결되는 질문이 이어져야 한다.

비표준화 면접에 의하면 ⓐ 융통성을 발휘할 수 있고 ⓑ 의미의 표준화가 가능하며

ⓒ 면접결과의 타당도가 높다는 장점이 있으나, 단점으로는 ⓐ 면접결과의 숫자화 또는 측정이 어렵고 ⓑ 신뢰도가 떨어진다.

(3) 반표준화 면접

반표준화 면접(semi-standardized interview)은 일정한 수의 질문은 표준화하고 그 이외의 질문은 비표준화하는 방식이다. 이 방법은 주제와 내용은 표준화하되 질문 순서나 방법 등은 면접자가 어느 정도 재량을 가지고 상황에 따라서 적절하게 변경시킬 수 있는 방법이다.

3. 면접기술

(1) 면접자의 선정

면접자의 선정은 알아내려는 사실에 따라 또는 응답자의 종류에 따라 달라져야 한다. 예를 들어, 무허가 판자촌의 주민과 면접하려고 하는데 부유층 자녀 중에서 선정한다거나 여성의 사회참여에 대한 조사를 남성이 한다거나 지방색이 농후한 지역에서 타 지역사람이 조사하는 경우는 고려해야 한다.

면접자가 갖추어야 할 기본적인 성격과 자격은 대체로 ⓐ 어떤 사람과도 잘 이야기할 수 있는 사람, ⓑ 상황판단이 빠른 사람, ⓒ 끈기가 있는 사람, ⓓ 비위가 좋은 사람, ⓔ 어떤 문제든 열성과 관심을 가진 사람, ⓕ 기억력이 좋은 사람, ⓖ 속기할 수 있는 사람, ⓗ 용모나 옷차림이 신뢰감을 줄 수 있는 사람, ⓘ 건강한 사람, ⓙ 가능하면 학력이 높은 사람 등의 조건을 갖춘 사람을 선발하는 것이 좋다.

(2) 면접자의 훈련

면접자가 선발되고 면접에 들어가기 전에 면접자들을 집합시켜 조사의 규모, 목표, 방법 등 면접에 관한 사전지식을 부여해야 한다. 면접자들이 면접지침을 제대로 이해하고 있는지 간단한 테스트와 함께 감독자가 시범면접을 실시하고 실제로 면접을 시켜서(시험면접) 면접자의 장·단점을 찾아내어 면접경험을 쌓게 한다.

(3) 방문시간

면접자가 조사대상자들을 찾아가는 시간도 고려해야 한다. 조사대상자들과 사전에 약속을 해두는 것이 가장 이상적이지만 사전에 약속을 하기가 어렵기 때문에 보통 선정된 조사대상을 그냥 찾아가게 된다. 예를 들면, 도시의 근로자들을 대상으로 면접을 하려는 경우 일요일을 이용하는 것이 좋으며 평일에는 식사시간이나 저녁 늦은 시간을 피하는 것이 좋다. 그렇지 않으면 직장을 방문하여 양해를 구한 다음 휴식시간에 면접하는 것이 좋으며 이때는 사전에 전화로 약속을 하는 것이 좋다. 농촌을 방문하는 경우는 오후에 방문하는 것이 현실적이나 너무 늦게 방문하는 것은 실례가 된다. 농촌에서는 대부분 일찍 일어나서 일터에 나가고 저녁 일찍 잠을 자기 때문에 저녁 식사시간 전후에 방문하는 것이 좋다. 농촌지역을 조사대상자로 하여 전화면접을 하는 경우에도 마찬가지이다. 가능한 내용을 이해하기 쉽게 분명하게 해야 하며 짧게 통화하는 것이 필요하다.

(4) 면접에서 협력을 얻는 기술

면접원이 응답자와 대면하였을 경우에 면접이 원활하게 수행될 수 있도록 협력을 구하는 기술은 다음과 같다.

① 면접원 자신을 피면접자에게 공손하게 소개해야 한다.

② 면접의 목적을 이해하기 쉽게 설명해 주어야 한다.

③ 응답자가 어떻게 뽑혔는지를 쉽게 설명해 주어야 한다.

④ 응답자에게 인간으로서 진정한 관심을 표명해야 한다.

⑤ 응답자로 하여금 조사의 중요성 내지 가치를 깨닫게 해야 한다.

⑥ 응답자가 면접에 대해서 가지고 있는 심리적 장애를 극복해야 한다. 이를 위해서는 질문이 쉽고 재미있어야 하며, 조사 질문에 대한 답은 옳고 틀린 것이 없으며 비밀

이 보장된다는 것 등을 말하여 응답자의 자유로운 응답을 얻도록 해야 한다.

⑦ 응답자가 바쁘거나 부재중일 경우에는 면접을 할 수 없거나 한다고 해도 불성실한 답변이 되기 쉽다. 이때에는 정말 응답자가 분주한지 아니면 면접을 피하기 위한 구실인지를 알아차려야 한다.

⑧ 응답자가 면접을 거절한 경우에는 친절한 태도로 조사의 목적이나 방법을 다시 한번 설명하도록 한다.

⑨ 응답자가 거짓말을 할 경우가 있기 때문에 먼저 면접자가 진실하고 성실한 태도로 면접분위기를 조성할 필요가 있다.

4. 면접오류의 근거

(1) 면접자로부터 발생하는 오류

면접자 자신이 피면접자에게 혐오감을 주어 발생하는 오류는 면접자의 외모나 태도 등이다. 대체로 같은 응답자라도 면접자가 여자이냐 남자이냐 그리고 체격이나 음성, 복장 등에 따라서 차이를 가져온다. 그러므로 면접자의 선정에 세심한 주의가 요구된다. 또한 면접자가 어떠한 태도를 가지느냐에 따라 차이가 나는데 면접자는 중립적이고 진지하며 성실한 태도로 면접에 임하도록 해야 한다. 그리고 비표준화 면접과 같은 자유응답식의 경우 표현능력이 부족한 응답자의 경우 면접자가 응답자의 의견을 속단하여 응답함으로 오류가 발생하게 된다.

(2) 면접진행상 나타나는 오류

면접진행상에서 나타나는 오류는 ⓐ 질문어구나 질문순서, ⓑ 탐색적 질문, ⓒ 면접기록 등으로 차이가 난다.

제4절 설문조사

1. 설문조사의 의의

실험연구에서 연구자는 한 개의 집단이나 두 개 또는 세 개의 집단을 대상으로 실험치를 조작하여 가설을 검증하고 가설검증 결과를 토대로 인과성을 판단하게 된다. 인과성(causality)은 실험치와 종속변수간의 연관성을 관찰하거나 통제함으로써 나타나는 변화로 보이게 된다.

이와는 반대로 설문조사는 같은 질문에 많은 응답자들로부터 대답을 얻을 수 있다. 설문조사를 수행하는 연구자는 많은 변수를 측정할 수 있고 다양한 가설을 검증할 수 있으며 질문을 통해 과거의 행동, 경험, 특징 등등을 추측할 수 있다.

실험설계에서는 경쟁가설 또는 대안설명을 물리적인 방법으로 통제하지만, 설문조사에서는 대안설명(통제변수)을 제시하면서 변수들을 측정하고 대안설명의 효과를 통계적으로 검토하게 한다.

2. 설문지의 의의

설문지(questionnaire)는 조사목적에 맞은 유용한 자료를 수집하는 하나의 방법이다. 설문지는 1차 자료를 이용한 실증조사의 핵심이 되는 만큼 치밀한 준비와 설계가 필요하다. 사회조사의 대부분은 설문지를 통하여 자료가 수집되고 있어 설문지를 어떻게 설계하느냐가 측정의 신뢰도와 타당도를 좌우하게 된다. 설문지는 사전에 작성된 질문항목에 따라 응답자가 직접 기록하는 것을 원칙으로 한다. 즉 필요한 사실을 알아낼 수 있는 양식을 만들어 그 양식에 따라 응답자로 하여금 기입하게 하여 그 결과를 자료화하는 것을 말한다.

면접과 비교하여 설문지는 ⓐ 시간, 노력, 비용이 절감되고 ⓑ 관찰자의 주관 개입을 최소화할 수 있으며 ⓒ 익명성을 보장할 수 있고 ⓓ 시간적 여유를 가질 수 있다. 그리고 ⓔ 모든 응답자에게 동일한 내용을 동일한 방식으로 질문하게 되므로 측정도구의 변화에 따른 측정오류를 최소화할 수 있고 ⓕ 결과의 비교가능성도 높아지게 하는 특징을 가지고 있다.

그러나 설문지는 ⓐ 무응답률이 높으며 ⓑ 설문지에 대한 통제를 제대로 할 수 없고 ⓒ 응답해야 할 사람이 응답했는지를 알 수 없다는 것이 문제점으로 지적되고 있다.

3. 설문조사의 단계

설문조사는 일반적 원리로부터 특수한 사실에 적용하는 연역적 접근법(deductive approach)을 따른다. 즉 설문조사를 수행하는 연구자는 이론 또는 연구문제로부터 출발하며 경험적 측정과 자료분석으로 결과를 맺는다. 연구자는 설문조사가 적절한 방법인가를 결정한 후, 조사설계, 자료수집, 자료분석 및 해석 등의 순으로 수행한다. 구체적인 단계는 다음 〈표 10-3〉과 같다.

〈표 10-3〉 설문조사에 의한 연구단계

설계 및 계획 단계
1. 설문유형 결정(예, 우편, 전화, 대인)과 응답자 및 모집단 유형 결정
2. 설문 측정도구/설문지 개발:
     a. 변수를 측정할 수 있는 질문 작성
     b. 응답자 범주 결정
     c. 질문의 체계 조직화
     d. 설문지 레이아웃 디자인
3. 응답 코딩을 위한 체계 설계
4. 측정도구(설문지)의 예비조사와 면접자 훈련(필요한 경우)
5. 표본추출
     a. 목표모집단 정의
     b. 표본유형 결정
     c. 표본추출 프레임 결정
     d. 표본크기 결정
     e. 표본선발
자료수집 국면
1. 응답자의 위치를 파악하고 접촉한다
2. 인사말을 하고 측정도구(설문지)를 제공한다
3. 질문을 하고 응답을 기록한다
4. 응답자에게 감사의 말을 전하고 다음 응답자를 접촉한다
5. 자료수집을 끝내고 자료를 정리한다

4. 설문조사를 통한 연구보고서

설문조사를 통한 연구를 수행하고 그 내용을 보고해야 한다. 보고형식은 논문형식 또는 프로젝트형식 등 연구목적과 용도에 따라 다르지만 공통적으로 포함되어야 할 사항은 다음과 같다.

    ① 설문조사에 사용된 표본추출 프레임(예, 전화번호부)

    ② 설문을 수행한 날짜

    ③ 표본을 대표하는 모집단

④ 표본의 크기

⑤ 표본추출 방법(예, 무작위방법)

⑥ 조사방법(예, 대인면접, 전화, 우편 등)

⑦ 설문 스폰서 기관

⑧ 설문지 배포율과 회수율

⑨ 응답자들이 특별한 질문에 오류나 다른 반응을 나타낸 결과

▶ 연습문제 ◀

1. 1차 자료와 2차 자료의 특징과 용도를 설명하시오.

2. 인터넷조사의 활용가치와 한계를 설명하시오.

3. 우편조사, 전화조사, 대인조사의 특징과 한계를 설명하시오.

4. 임의의 주제를 선정한 다음 연구목적, 연구방법, 연구범위, 그리고 조사대상을 선정하고 여기에 알맞은 자료수집방법을 선택한 후 자료수집방법을 선택한 이유를 설명하시오.

5. 관찰의 장단점을 설명하시오.

6. 청소년 비행을 관찰하려고 한다. 어떤 관찰방법을 사용하면 좋겠는가? 그 이유를 설명하시오.

7. 관찰의 오류요인과 감소방법을 설명하시오.

8. 경찰관채용 면접을 하려고 한다. 표준화된 면접내용과 비표준화된 면접내용을 작성해 보시오.

9. 설문조사와 실험설계를 비교 설명하시오.

제11장

내용분석과
역사적 비교연구

1. 내용분석의 의의

내용분석(content analysis)은 인간의 상징적 기호로 표시된 의사전달의 기록물에 대한 내용적 특징을 체계적으로 기술하여 그 동기, 원인, 결과나 영향을 객관적이고 체계적으로 추리하려는 사회과학의 분석기법으로 질적 내용을 양적 자료로 전환하는 방법이다. 여기에서 객관적이란 명백한 규칙에 의하여 분석됨으로써 서로 다른 연구자도 같은 매체(기록 또는 영상)에서 같은 결과를 얻을 수 있는 것을 말하며, 체계적이란 어떠한 내용의 포함여부가 일관성 있는 기준에 의하여 실행됨으로써 연구자의 취향에 맞는 내용만이 선택되는 것을 방지한다는 의미가 포함되어 있다.

내용분석은 정부문서와 같은 공적기록이나 편지, 신문사설, 신문기사, 개인일기, 방송, 연설문 등 커뮤니케이션(communication) 매체를 통해 얻어진 자료의 분석기법이자 관찰의 한 방법으로 커뮤니케이션의 내용(메시지)이 추론의 근거가 되며 메시지의 현재적 내용뿐만 아니라 잠재적 내용도 분석대상이 된다. 또한 내용분석은 문헌연구의 일종이기도 하지만 면접·질문지·실험 등의 방법에 의해서 알고자 하는 사실을 알 수 없을 때 사용하는 자료수집의 방법이기도 하다.

사회조사에서 내용분석이 적용되는 대상은 ⓐ 자료 소스(원천)에 대한 접근이 어렵고 자료가 문헌일 경우, ⓑ 실증적 자료에 대한 보완적 연구가 필요할 경우 무엇을 자료로 삼을 것인가를 검토하는 경우, ⓒ 연구대상자의 언어·문체 등을 분석할 경우, ⓓ 분석자료가 방대할 때 실제 분석자료를 일일이 수집하기가 어려운 경우, ⓔ 정책내용이나 매스미디어의 내용 경향이나 변천 그리고 논조분석·주제분석 등에서 사용된다.

예를 들어, 치안정책의 변화 흐름을 파악하기 위해 정부 간행물에 대한 내용을 분석하는 경우가 이에 해당된다.

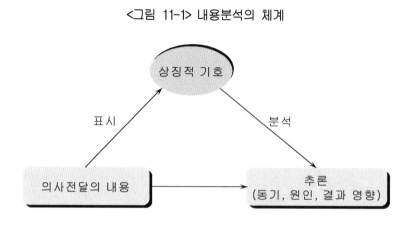

<그림 11-1> 내용분석의 체계

2. 내용분석의 장단점

　내용분석의 장점은 ⓐ 시간과 돈을 절감해 줄 수 있는 경제성에 있다. 예를 들어, 설문조사의 경우 한 사람이 많은 사람을 대상으로 조사할 수 없지만 내용분석의 경우 기록물만 있으면 한 사람이 조사 가능하다. ⓑ 설문조사는 장기간에 걸쳐 조사를 수행할 수 없지만 내용분석은 역사적 기록물을 통해 장기간의 시간적 변화흐름을 파악할 수 있다. ⓒ 설문조사나 면접은 조사대상에게 영향을 미칠 수 있으나 내용분석은 이미 발표되었거나 보고된 자료를 토대로 조사하기 때문에 비관여적이어서 조사대상에게 영향을 미치지 않는다. ⓓ 실수를 한 경우 다시 조사할 필요가 없다. 예를 들어, 설문조사나 실험의 경우는 한 번 실수하게 되면 그 자료는 사용할 수 없게 되는 데 반해 내용분석은 실수가 발생하더라도 기존 자료를 다시 검토하면 된다.

　이러한 장점에도 불구하고 단점으로는 기록물에 의존하기 때문에 기록물로 나타나지 않는 속성은 파악할 수 없다는 것이다. 이것은 실제적인 타당도를 확보하는 문제로, 기록물이 어떤 행위자의 행동, 태도, 특징 등을 그대로 표현했다고 보기 힘들기 때문이다.

3. 내용분석의 유형

(1) 질적 분석

주제의 성격에 따라 양적으로 분석할 수 없는 내용을 질적분석(qualitative analysis)이라 하는데, 대부분 정보활동 부문에서나 비학술적 목적인 경우에 활용되고 있다. 예를 들어, 치안정책 변화의 실마리나 정치지도자의 태도를 통계적으로 처리할 수도 없으며 공식적으로 발표되는 것이 아니기 때문에 신문기자나 소식통에 의해 밝혀지기 쉬운 경우가 있다.

(2) 빈도계산

빈도계산(frequency counts)은 자주 표현하는 단어나 용어와 같은 것의 빈도(횟수)를 계산하는 방법으로, 어떤 주제가 몇 번 나왔느냐 하는 횟수만을 계산하는 경우와 어떤 주제가 나온 연설의 횟수를 계산하는 등 그 이면에 나타나지 않은 것까지도 고려한다. 예컨대, 주제의 발생빈도, 지면의 단어나 길이, 방송시간 등 나누고 셈하는 작업 등을 통해 찬성과 반대 등을 판별할 수 있다. 이 방법은 신문의 사설을 분석할 때 많이 사용한다. 보수, 진보, 자유, 평화, 질서, 폭력, 인권, 복지 등의 주제나 용어의 사용횟수를 세워보는 경우이다.

(3) 상황분석

상황분석(contingency analysis)은 부수적으로 나타나는 다른 상징적 단위를 확인하는 분석으로, 한 주제가 다른 주제와 함께 얼마나 자주 나타나느냐를 알아보려고 하는 것이다. 상황분석은 한 단위만을 분석하여 추론하기보다는 그와 유사한 것을 동시에 분석함으로써 좀더 확실한 추론을 하기 위함이다. 예를 들어, 신자유주의-복지에 대한 국가개입 최소화, 민주적 상징-대표적 정부 또는 대중참여 등으로 부차적으로 이용하는 경우이다.

(4) 원자분석

원자분석(valence analysis)은 말의 상징과 맥락 간에 존재하는 연계성과 그 밀도를 찾아내는 방법이다. 이 분석으로 어의차 척도에 따라 태도의 긴밀도(association)를 측정할 수 있다. 그리고 이 분석으로 문장에 나타나는 찬반・호소・친소 등의 카테고리에 따라 이를 식별할 수 있다.

(5) 강도분석

강도분석(intensity analysis)은 메시지의 상징이 지니는 강도를 밝히는 것으로, 즉 단어의 빈도가 잦다고 해서 반드시 강도가 있는 것이 아니므로 이를 통해 메시지의 강약을 식별할 수 있다.

4. 내용분석의 기록단위

(1) 단어(용어)

단어 혹은 용어(words or terms)는 가장 적은 기록단위로, 일정기간 동안에 방송 및 기사의 내용 중 정책과 관련된 단어나 용어를 기록하는 것이다. 예를 들어, '기초질서 확립' 100개, '양극화 해소' 200개, '경제회복' 200개, '남녀평등' 100개 등으로 파악된다.

(2) 논 제

논제(theme)는 주어와 술어만 가지는 비교적 단순한 문장에서 나타나는 형태로 태도, 이미지, 가치 등에 관한 연구를 들 수 있다. 예를 들어, '경제적 자유주의와 시장 개입주의의 대립,' '인간성 상실의 사회구조적 원인과 대책,' '부부간의 갈등의 원인,' '부모와 자식 간의 갈등' 등의 주제를 파악하는 것이다.

(3) 인 물

인물(character)은 소설, 연극, 영화, 라디오와 같은 곳에서 등장인물의 인종적·사회적·경제적·심리적 속성을 파악함으로써 작가의 성품과 의도 등을 유추하려는 연구로, 단어나 용어의 수가 아닌 등장하는 사람(person)의 수를 세워보는 것이다.

(4) 항 목

항목(item)은 메시지(message) 전체에 담긴 의미를 파악하려 한다. 예컨대 민주성, 효과성의 의미를 나타내는 경우이다. 베스트셀러가 된 책의 항목을 분석해서 그 책이 왜 잘 팔리는지 알아보려고 할 때 이용하는 단위이다.

(5) 지면 및 회수

인쇄물의 경우 그 난(欄)의 길이라든가, 면수(面數), 행수(行數), 절(節), 그리고 영화라면 필름의 길이, 라디오의 경우라면 할당된 시간, TV라면 편성시간대 등에 의하여 분류할 수 있다.

(6) 문 장

문장(paragraphs)은 많이 쓰이지 않는다. 하나의 문장이 다양한 의미를 지닐 수 있기 때문에 기록하기 어렵다.

5. 내용분석의 카테고리

내용분석의 기록단위가 잘 규정되어 있다하더라도 그것을 한데 묶어주는 카테고리가 구성되어 있지 않으면 안 된다. 내용분석의 카테고리는 크게 '무엇'과 '어떻게'에 관하여 구분된다. 내용분석의 카테고리가 확실히 규정되고, 문제에 적합하게 들어맞을 때 좋

은 카테고리이며 조사하고자 하는 문제가 확실히 규정되고, 카테고리의 규정이 명확해
야 좋은 연구라고 할 것이다.

(1) '무엇을 말하는가'에 관한 카테고리

1) 주 제

주제(subject matter)는 가장 기본적인 문제로 무엇에 대한 말인가를 대답해 주는
카테고리로 내용분석에서 사용하는 가장 일반적인 카테고리이다.

2) 방 향

방향(direction)은 주제를 취급하는 찬반의 태도, 지향(orientation), 특징(character)을
나타내는 것으로, 그 커뮤니케이션이 어떠한 주제에 대하여 찬성이냐, 중립이냐, 반대냐 하는
문제이다.

3) 기 준

기준(standard)은 방향 분류의 기초가 되는 것으로, 무엇에 기준을 두고 찬반 또는
중립을 말하고 있는가를 묻는 것이다. 예를 들어, 가장 일반적인 카테고리로 강자와
약자, 도덕성과 비도덕성으로 구분되는 기준이 무엇인지를 제시하여야 한다.

4) 가 치

가치(values)는 기준과 밀접한 관련이 있는 것으로서 사람들이 궁극적으로 원하고
구하는 것이 무엇인가로 목표 또는 욕구라고도 말한다. 예를 들어, 수입, 안전, 권력,
명예, 공정, 애정 등이 이에 해당된다.

5) 방 법

내용분석에서 가치는 행위의 목적을 취급한 데 반해, 방법(methods)은 이러한 목
적 실현을 위하여 사용하는 수단을 말한다. 목적물이 어떠한 방법에 의하여 획득되는
가 하는 문제다. 예를 들어, 기초질서 확립 방법으로 순찰경찰관 증대, 경찰예산 증대,

집중단속, 감시카메라 설치 등의 방법이 있을 수 있다.

6) 특　징

특징(traits)은 능력, 또는 주체의 상태라고도 불린다. 보통 개인적 특성이나 심리적 특징, 기타 주로 사람을 묘사하는 데에 용어가 많이 사용되는데, 성, 연령, 직업, 혼인관계, 사회적 계급, 종교, 거주, 국적 등이 해당된다.

7) 중심인물

중심인물은 행위의 개시자로서 중심적 위치를 차지하는 개인이나 집단이다. 예를 들어, 학교폭력을 행사하는 학생집단, 가출 비행을 저지르는 청소년, 정신요양원의 수용자, 조직폭력집단의 조직원들, 약물 및 마약복용자 등 행위를 하는 개인이나 집단을 일컫는다.

8) 권　위

권위(authority)는 말하는 원천(source)을 어디 또는 누구에 두고 하는가에 해당된다. 예를 들어, TV뉴스에서 인용한 뉴스의 원천은 어느 집단 누구로부터 나온 것인가를 밝히는 것이다.

9) 기　원

권위카테고리는 말하는 정보의 원천을 의미하는 데 반해, 기원(origin)은 내용의 발생지를 의미한다. 예를 들어, 지리적인 구분으로 제시되는 지구, 군, 도, 국, 외국 등이 기원의 분류이다.

10) 대상(target)

대상(target)은 그 커뮤니케이션이 누구를 위하여 이루어졌는가 하는 점이다. 예를 들어, 노인, 아동, 여성, 직장인, 자영업자, 농민, 어민, 전문직종사자, 공무원, 정치인 등으로 분류할 수 있다.

(2) '어떻게 말하고 있나'에 관한 카테고리

1) 커뮤니케이션 형식

커뮤니케이션 형식(form or type)은 출판형식에 의하는 경우 픽션과 논픽션으로 구별하거나 TV방송의 경우 드라마, 뉴스, 좌담회 등으로 분류하는 경우 또는 잡지인 경우 대중잡지, 학술잡지 등으로 분류하는 경우, 신문인 경우 일간지·격일간지·주간지·월간지 등으로 나누고, 신문의 보급 범위에 따라 전국지·지방지 등으로 분류한다.

2) 발언형식과 기록형식

발언과 기록이 사실과 인용에 의하고 있느냐 하는 것이다. 발언 또는 기록하는 사람이 본인이 직접 경험한 사실을 토대로 작성하였는지 아니면 타인의 경험과 매체가 발표한 내용을 인용한 것인지를 구분한다.

3) 강 도

강도(intensity)는 정서 또는 감상을 나타내는 것으로, TV뉴스에서 정규시간대에 편성하는 것과 긴급뉴스로 편성하는 것과는 강도가 다르다. 또한 신문에 큰 활자로 어떠한 문제를 다룬 것과, 그 내용을 작은 활자로 다룬 것은 강도정도가 같다고 할 수 없다. 또한 많은 지면을 할당한 것과 작은 지면을 할당한 것, 신문의 톱에 기재된 것과 구석에 기재된 것 등은 그 강도에 있어서 다르다.

4) 고 안

고안(device)은 새로운 방법이나 물건을 연구하여 생각해 내는 것으로 말하기 때문에 이것은 사실상 객관적 분석이 어렵다.

6. 매체별 표본추출 방법

내용분석을 위한 수단으로 대부분 매스미디어에서 발표되었던 자료를 사용하게 되는

데, 상업적인 기업들이 생산하는 매체 내용은 주기성을 가지고 있다. 새로운 네트워크 텔레비전 프로그램은 가을, 겨울, 그리고 봄에 제작되며 여름 동안에는 재방송 프로그램이 방송되는 경우가 많다. 일간지의 경우에는 게재되는 광고량에 따라 발행 면수가 달라지는데 광고량은 요일에 따라 차이가 있다. 이와 같은 체계적인 가변성은 내용에 영향을 미친다. 많은 연구에서 사용되었던 표출방법을 정리하면 다음 〈표 11-1〉과 같다.

〈표 11-1〉 1년 동안의 내용에 대한 추론을 위한 효율적인 표본추출 방법

내용 유형	표본의 속성
일간신문	1년 가운데 두 구축된 주일 추출(모든 요일이 두 번씩 포함되게 무작위로 요일을 추출)
주간신문	1년 가운데 모든 달에서 하나의 발행 호를 무작위로 추출
텔레비전 네트워크의 저녁 뉴스캐스트	1년 가운데 매달 방송된 뉴스캐스트들 가운데 2일치를 무작위로 추출
뉴스 잡지	1년 가운데 모든 달에서 하나의 발행 호를 무작위로 추출

〈표 11-2〉 TV방송의 내용분석 코딩시트의 예

○ **배경정보**
 1. 코딩자의 이름: _____
 2. 사례번호: _____
 3. 방송날짜: _____
 4. 작품(내용)의 길이: _____(분당)
 5. 촬영장소: _____

○ **용의자 연기**
6. 2명의 용의자에 대한 기록
  연령 인종 성 사회계급

  ―― ―― ―― ――

  ―― ―― ―― ――

7. 용의자가 후회하고 있는가
  예   아니오

  ――   ――

8. 용의자 중에서 주범
  폭력 비폭력

  ―― ――

  ―― ――

○ **경찰관의 연기**
9. 2명의 경찰관에 대한 기록
  연령 인종 성 계급

  ―― ―― ―― ――

  ―― ―― ―― ――

10. 용의자를 체포하기 위해 물리적 힘을 사용했는가
  예   아니오

  ――   ――

  ――   ――

제2절 역사적 비교연구

1. 역사적 비교연구의 의의

(1) 개 념

사회조사는 하나의 국가에서 일어나는 사회생활을 조사하는 것이 대부분이다. 그러나 역사적 비교연구(historical-comparative research)는 둘 이상의 연구대상에 대한 연대기적 사건 및 현상을 비교 연구하는 것이다. 여기에서 역사적이라 함은 하나의 연구대상을 종단면적 방법으로 연구하는 것이고, 비교연구라 함은 둘 이상의 연구대상을 횡단면적 방법으로 연구하기 때문에 역사적 비교연구는 종단면적 연구와 횡단면적 연구를 결합시키는 연구방법이다. 역사적 비교연구자들은 일정기간에 걸쳐 조건이 변하는 것을 지켜보기 위해 인구, 범죄율, 실업률, 출생률, 사망률, 이혼율 등과 같은 시계열 자료를 사용하기도 하고 이것을 지역별, 국가별로 비교하기도 한다.

역사적 비교연구는 세 가지 차원에서 접근한다. 첫째는 하나의 국가 혹은 여러 국가에서 일어나는 사건이나 현상이 무엇인가에 초점을 맞춘다. 둘째는 연구자가 시간(time)과 역사(history)를 어떻게 포함하느냐이다. 연구자가 과거에 일어난 단 한번의 사건에 초점을 맞출 것인가? 여러 연도에 걸쳐서 횡단면적으로 접근할 것인가? 최근에 일어난 사건을 연구할 것인가에 초점을 맞추는 것이다. 셋째는 연구자의 분석이 양적 자료나 질적 자료에 토대를 둔다는 것이다.

〈표 11-3〉 역사적 비교연구의 접근 가능성

시간차원과 자료종류	비교차원		
	일개국가	몇 개 국가	다수국가
과거에 한번			
양적	○	○	○
질적	○	○	○
시간교차			
양적	○	○	○
질적	○	○	○
현재			
양적	○	○	○
질적	○	○	○

(2) 특 징

역사적 비교연구가 가지는 특징은 다음과 같다. ⓐ 불완전한 정보나 증거로부터 재조직화한다. ⓑ 사회적 상황 혹은 역사적 상황 밖의 요인들을 인식함으로써 분석결과의 일반화가 왜곡되는 것을 방지한다. ⓒ 조건들의 우연성과 요소들의 조합이 원인이라고 파악한다. ⓓ 원인을 비교하고 거시수준과 미시수준을 연계한다. ⓔ 어떤 상황에서 펼쳐지는 구체적인 특수성을 교차상황으로 이동한다.

2. 역사적 비교연구의 단계

역사적 비교연구의 수행과정은 반드시 엄격성을 요구하지 않으며 복잡하고 특별한 기법을 사용하지 않는다. 역사적 비교연구에 입각하여 연구수행을 하기 위해서는 다음과 같은 단계로 진행한다.

① 연구목적에 대한 개념화를 명확히 한다.

② 증거의 소재를 파악하고 수집한다.

③ 증거의 질을 평가한다.

④ 증거를 조직화한다.

⑤ 증거를 종합화한다.

⑥ 보고서를 작성한다.

3. 역사적 상황에서 자료와 증거

역사적 증거나 자료 유형은 1차 소스, 2차 소스, 연속기록, 회고록 등이 있다. 1차 소스는 편지, 다이어리, 신문, 영화, 소설, 사진 등이 해당된다. 1차 소스는 문서보관소에서 찾을 수 있고, 개인 소장품, 가족의 벽장 속, 박물관에서도 찾을 수 있다. 1차 소스가 사실적이고 권위적이지만 시간적 한계가 있기 때문에 2차 소스를 사용한다. 2차 소스는 1차 소스로 연구한 결과물을 이용하는 것이다. 연속기록은 조직이 생존하는 동안 일어나는 현황에 대한 파일이나 통계문서로 이루어진다. 회고록은 기억을 토대로 과거 생활이나 경험에 대해 개인이 쓴 글을 말한다.

4. 비교연구의 방법별 유형

(1) 사례비교 연구

사례비교 연구(case comparative study)는 일반화를 위한 것이 아니라 특별한 사회 또는 문화단위를 비교하는 데 초점을 둔다. 예를 들면, 중국의 비공식적 통제와 미국의 비공식적 통제 간에 차이는 무엇인가, 일본의 범죄유형과 한국의 범죄유형은 무엇이고 어떤 차이가 있는가 등을 비교하는 경우 등이다.

(2) 문화맥락연구

문화맥락연구(cultural-context research)는 사회유형 및 문화적 맥락을 연구하여 특정 행동과 결과를 가져오는지 연구하는 것이다. 예를 들면, 미국의 청소년 문화와 독일에서 청소년 문화를 통해 청소년들의 여가활동이나 비행행동을 비교 연구하는 경우이다.

(3) 상호국가연구

상호국가연구(cross-national research)는 분석단위가 국가이다. 상호국가연구는 여러 국가를 상호 교차하여 변수를 측정한다. 통계분석을 위해서 연구자는 최소한 50개 국가의 정보를 필요로 한다.

(4) 초국가적 연구

초국가적 연구(transnational research)는 제3세계와 같은 다양한 국가 단위를 사용하며 OECD, APEC, ASEM, OPEC, EU와 같은 국가의 블록을 분석단위로 설정한다.

5. 역사적 비교연구에서 등가성 문제

(1) 등가성의 중요성

등가성(equivalence)은 모든 연구에서 중요한 이슈이다. 다른 상황을 상호 교차하여 비교 연구할 때 다른 역사적 시기와 문화에 대한 사람들의 자료를 정확히 읽고, 이해하고, 개념화하는 데서 비롯된다. 등가성이 없다면, 연구자는 다른 문화와 역사적 기간에 대해 동일한 개념이나 측정을 사용할 수 없을 것이다.

(2) 등가성의 유형

1) 어휘등가성

어휘등가성(lexicon equivalence)이란 단어, 어구를 정확히 번역하는 것이거나 같은 사물에 대해 같은 의미를 나타내는 단어를 찾는 것이다. 예를 들면, 영어를 한글로 번역하고 다시 한글을 영어로 번역할 때 연구자는 첫 번째 영어와 두 번째 영어를 비교해 보는 것이다.

2) 상황적 등가성

상황적 등가성(contextual equivalence)이란 다른 사회적·역사적 상황에서 용어나 개념을 정확히 적용하는 것이다.

3) 개념적 등가성

개념적 등가성(conceptual equivalence)이란 다른 문화적·역사적 시기를 교차하여 동일 개념을 사용할 수 있는 능력을 의미한다. 연구자가 사용하는 개념은 그들의 경험에 토대를 두고 있으며 그들의 문화와 시기에서 학습한 지식을 토대로 한다. 따라서 연구자는 그들이 학습한 개념을 확대하려고 시도할 수 있지만, 또 다른 문화와 시기에 관한 견해는 현재의 생활상황과 거리감이 있을 수 있다.

4) 측정 등가성

측정 등가성(measurement equivalence)이란 다른 상황에서 같은 개념을 측정하는 것을 의미한다. 만약 연구자가 다른 상황에 적절한 개념을 개발한다면, 상황마다 개념이 달라질 것이다.

▶ 연습문제 ◀

1. 내용분석의 장단점을 설명하시오.

2. 치안정책에 대해 1960년대부터 현재까지 대한 신문기사의 내용을 분석하시오.

3. 역사적 비교연구에서 등가성을 설명하시오.

4. 내용분석, 사례연구, 역사적 비교연구를 비교 설명하시오.

5. 역사적 비교연구를 토대로 두고 범죄율, 실업률, 출생률, 사망률, 이혼율 등을 비교 설명하시오.

제12장

보고서 작성

제1절 　보고서의 작성기준

과학적 연구과정의 마지막 단계는 보고서를 작성하는 것이다. 연구목적 또는 문제를 해결하기 위해서 과학적 연구과정과 분석단계를 거치면 최종적으로 문제 해결방안을 제시해야 하는데, 그것을 문서형태로 작성하는 것이 바로 연구보고서이다.

(1) 문제를 해결해줄 수 있는가

보고서는 연구출발에서 제기되었던 모든 문제점에 대한 해답을 제시해 줄 수 있어야 하며, 그 문제점에 대한 해결방안 등이 설명되어야 한다. 보고서에 이런 내용이 없다든가 혹은 의사결정이나 문제해결에 아무런 도움이 되지 못한다면 좋은 보고서라고 말할 수 없다.

(2) 정확하게 기술하고 있는가

보고서는 정확하게 기술되어야 한다. 보고서의 정확성은 ⓐ 수집된 자료가 신뢰성이 있고 타당한가, ⓑ 자료처리과정이 조사목적과 조사설계에 부합되는가, ⓒ 자료분석 기법이 적합한가, ⓓ 분석결과 해석의 기준이 적합한가, ⓔ 기타 오자나, 오타, 문법이 틀리지 않았는지를 검토해야 한다는 의미이다.

(3) 명확하게 표현하고 있는가

명확성은 보고서의 표현 등이 이해하기 쉽고, 뜻이 모호한 단어나 어구가 없는 것을 말한다. 명확성을 지키려면 우선 작성자가 쓰려는 내용에 대하여 올바른 논리 및 이해를 가지고 있어야 하고, 이를 명확한 문장으로 표현할 수 있어야 한다. 명확성이 있는 표현을 하려면 주어, 동사, 목적어 그리고 시간적·장소적 범위가 뚜렷해야 한다.

(4) 불필요한 단어나 어구를 사용하였는가

보고서에 반드시 필요한 것들만이 요약되어 있어야 한다는 것이다. 보고서에 불필요한 모든 정보를 나타내는 용어나 단어 그리고 어구들이 있는가와 또한 이런 것들이 중복 사용하고 있는가를 살펴보아야 한다. 동일한 의미를 갖고 있는 문장을 여러 번 부연 설명하는 것은 간결성에 위배되는 것이다. 반대로 꼭 필요한 단어나 용어 그리고 어구가 누락되어 있지 않은지도 검토해야 한다. 불필요한 단어나 어구가 사용된 예를 보면 다음과 같다.

첫째, 이중 부정을 사용하는 경우로 "응답을 하지 않은 사람은 조사에 흥미를 갖지 않는다"라는 문장에서 "~하지 않은"과 "~갖지 않는다"는 이중 부정이다. 이 문장은 "응답을 하는 사람은 조사에 흥미를 갖는다"라는 표현이 되어야 한다.

둘째, 동일한 단어와 문장이 반복되는 경우로 "농촌에 거주하는 응답자는 도시에 거주하는 응답자보다 마음에 여유가 있다"라는 표현은 "거주 응답자'가 반복해서 제시된다. 이 문장을 "도시 거주 응답자는 농촌 응답자보다 마음에 여유가 있다"로 표현하면 간결하다.

셋째, 유사한 수식어를 중복 사용하는 경우로 "가정형편이 아주 곤란한 청소년은 공부하는 데 무척 어려웠다"는 표현에서 "아주, 무척"과 같은 수식어가 중복되어 있다.

(5) 이해관계자가 쉽게 이용가능한가

보고서는 이해관계자 등의 정보이용자가 원하는 정보를 사용하기 쉬운 형태로 기술되어야 한다. 정보이용자의 관심과 이해능력 등에 맞추어서 가능한 평이한 문장과 쉬운 단어로 내용을 구성해야 한다.

제2절　보고서의 작성기준

　　연구과정과 분석과정을 거쳐 마지막 보고서를 작성하는 일은 학술적인 용도(학위논문 포함) 또는 정부기관이나 단체에서 특정 용도에 활용하기 위한 연구용역보고서이든지 간에 활용하는 사람이나 보는 사람들에게 그 조사의 전체 과정을 일목요연하게 설명해 줄 수 있어야 하는데, 그렇게 하기 위해서는 보고서 작성이 체계화되어야 한다. 여기에서는 크게 학술적인 목적으로 활용되는 학술연구보고서와 정책적 제언에 바탕을 두는 연구용역보고서로 나누어 작성구조를 제시한다.

(1) 학술연구보고서

　　학술적인 연구보고서는 일정한 형식 또는 구조가 정해져 있는 것은 아니다. 연구주제에 따라, 혹은 연구결과를 작성하는 매체의 유형에 따라 달라질 수 있다. 학술세미나나 발표논문이나 전문학술지 또는 연구기관의 기관지에 게재할 논문은 분량이나 형식에 제약을 받는 경우가 많지만 석사 및 박사학위논문, 연구보고서, 단행본, 그리고 연구서적으로 출간할 경우에는 분량의 제약이 없는 편으로 연구자의 의도에 따라 많은 정보를 내용에 포함시킬 수 있다. 이와 같이 매체의 형태에 따라 다소 차이가 있을 수 있지만 일반적인 학술연구보고서의 형식과 구조는 다음 〈표 12-1〉, 〈표 12-2〉와 같다.

〈표 12-1〉 전문학술지 논문의 구조

Ⅰ. 시작부분
　1. 연구제목(국문, 영문)
　2. 연구자의 성명, 소속, 직위, 연락처
　3. 목차
　4. 국문초록(영문초록)

Ⅱ. 본문부분
　1. 서론
　2. 이론적 논의(이론적 검토 또는 선행연구의 고찰)
　3. 조사설계
　　　1) 연구모형과 가설설정
　　　2) 변수선정
　　　3) 변수의 조작화
　　　4) 자료수집방법
　　　5) 표본추출방법
　　　6) 통계분석방법
　4. 실증분석(분석결과 및 해석)
　　　1) 표본의 분포
　　　2) 기술통계량 분석
　　　3) 측정도구의 검증(신뢰도와 타당도 검증)
　　　4) 모형 및 가설의 검증
　　　5) 분석결과에 대한 논의
　5. 결론
　　　1) 연구결과의 요약
　　　2) 이론적·정책적·방법론적 함의
　　　3) 연구한계 및 미래 연구방향

Ⅲ. 마지막 부분
1. 참고문헌
　·국내문헌(단행본, 논문 순), 외국문헌 순으로 배열
2. 부록(설문지)

〈표 12-2〉 학위논문의 구조

Ⅰ. 시작부분
  1. 연구제목(논문 또는 연구서적의 제목)
  2. 연구자의 성명, 소속, 직위
  3. 목차(내용목차, 표목차, 그림목차)
  5. 요약문(국문요약, 영문요약)

Ⅱ. 본문부분
  1. 서론
      1) 연구배경 및 필요성
      2) 연구목적
      3) 연구범위 및 연구대상
      4) 연구방법
  2. 이론적 논의(이론적 검토 또는 선행연구의 고찰)
      1) 개념적 내용 정리
      2) 이슈와 쟁점 정리
      3) 이론과 관련된 현황분석
  3. 조사설계
      1) 연구모형과 가설설정
      2) 변수선정
      3) 변수의 조작화
      4) 자료수집방법
      5) 표본추출방법
      6) 통계분석방법
  4. 실증분석(분석결과 및 해석)
      1) 표본의 분포
      2) 기술통계량 분석
      3) 측정도구의 검증(신뢰도와 타당도 검증)
      4) 모형 및 가설의 검증
      5) 분석결과에 대한 논의
  5. 결론 및 논의
      1) 연구결과의 요약
      2) 이론적 · 정책적 · 방법론적 함의
      3) 한계 및 미래 연구방향

Ⅲ. 마지막 부분
  1. 참고문헌
      · 국내문헌(단행본, 논문 순), 외국문헌 순으로 배열
  2. 부록(설문지)

(2) 연구용역보고서의 구조

연구용역보고서는 정부기관이나 단체에서 연구자들에게 연구용역을 의뢰하거나 연구자가 용역 발주기관에 대해 연구신청서를 제출하여 채택되었을 경우 수행한 결과를 보고서로 만든 것이다. 연구용역은 용역 발주기관이 연구결과물을 특정 용도에 사용하기 위한 것이기 때문에 연구주제가 미리 정해지고 연구자는 연구목적을 달성하기 위해 어떤 연구방법으로 수행할 것이며 예상되는 성과물이 무엇이고 그 성과물을 어떻게 활용할 수 있을 것이라고 기술해 놓은 연구계획서에 따라 진행된다. 연구용역보고서는 현재의 문제를 해결하기 위해서 미래에 취해야 할 목표와 방향을 설정하고, 이를 개선할 수 있는 대안에 관한 정보를 담고 있어야 한다. 따라서 연구용역보고서는 의사결정자를 포함한 이해관계자들에게 문제의 차원과 해결방안의 범위를 제시함으로써 이해관계자들이 취해야 할 행동과 그 예상되는 기대효과를 담고 있어야 한다. 연구용역보고서는 일반적으로 다음 〈표 12-3〉과 같은 구조를 가진다.

〈표 12-3〉 연구용역보고서의 구조

Ⅰ. 시작부분
  1. 표지(사업명칭, 제목, 제출날짜, 연구기관, 연구발주기관)
  2. 제출문(의뢰자, 의뢰자에게 보내는 서한, 제출날짜, 연구기관, 연구자)
  3. 요약문
  4. 목차(내용목차, 표목차, 그림목차)
  5. 요약문

Ⅱ. 본문부분
  1. 서론
    1) 연구배경 및 필요성
    2) 연구목적
    3) 연구범위 및 연구대상
    4) 연구방법
  2. 연구문제의 배경
    1) 문제상황의 진술
    2) 문제해결을 위한 기존의 정책노력
    3) 과거의 정책성과 측정
    4) 문제상황의 중요성
  3. 정책문제와 정책목표
    1) 문제의 진술
    2) 분석의 접근방법
    3) 주요 이해당사자
    4) 정책목표와 하위목표
    5) 잠재적 해결방안
  4. 현황분석과 대안의 검토
    1) 현황분석
    2) 대안의 비교 검토
    3) 현황분석결과와 대안검토의 비교
  5. 해결방안의 제시
    1) 방안제시
    2) 해결방안 활용방법
    3) 활용효과
  6. 결론 및 논의
    1) 연구결과의 요약
    2) 이론적·정책적 함의

Ⅲ. 마지막 부분
  1. 참고문헌
    ·국내문헌(단행본, 논문 순), 외국문헌 순으로 배열
  2. 부록(설문지)

제3절 인용과 참고문헌

보고서 작성에서 마지막 점검사항은 내용에 인용했던 문헌이 정확하게 표기되었는가를 검토해야 한다. 인용각주와 참고문헌을 표기하는 방식 역시 일정한 형식이 있는 것이 아니다. 학회의 경우 학회마다 요구하는 표기방식이 다르고 학교의 경우도 학교마다 약간씩 달리하는 경우가 있으나, 기본적으로 저자명, 출판 년도, 서명 및 제목(또는 게재 학술지명), 출판사(또는 학술단체명), 인용페이지 등을 알아볼 수 있도록 해야 한다.

(1) 본문주 달기

보고서의 본문에 인용 또는 참고한 자료의 출처를 밝히는 참고주는 다음과 같이 괄호를 사용하여 처리하거나 본문 하단에 표기한다.

1) 자료가 문장의 일부로 언급되는 경우

> a) 이상원(2001: 14)에 의하면……
> b) 이황우(2002: 61-65)를 중심으로……
> c) Rubin & Babbie(1997: 24-26)의 분류에 따라……
> d) 경찰관직무집행법 제3조 제1항에서는……
> e) 「2005 경찰백서」(2005: 36)에 제시된……

2) 자료가 괄호 속에 분리되어 언급되는 경우

> ……라고 볼 수 있다(이상원, 2001: 14; 최응렬·이황우·조병인, 2002: 61-65; Rubin & Babbie, 1997: 24-26; 경찰관직무집행법§3①; 「동아일보」,2005)……을 제시하였다.

3) 저자가 4명 이상인 경우

> ……라고 볼 수 있다(김상호 외, 2004: 14; Rubin et al., 1997: 24-26)……을 제시하였다.

4) 본문 하단에 일련번호를 매기고 사용하는 경우

1) 이상원,「방법론」(서울: 대명출판사, 2001), pp. 10-15.
2) 이황우, 「경찰행정학」(서울: 법문사, 2002), p. 33.
3) J. Jacob, (1977). Statistical Power Analysis for the Behavioral
      Science(New York: Academic Press, 1977), pp. 14.

(2) 참고문헌 달기

보고서의 본문에 인용 또는 참고한 참고문헌은 국내문헌과 외국문헌(동양, 서양의 순)으로 구분하되 저자의 성(性)을 기준으로 국내문헌은 가나다순으로 외국문헌은 알파벳순으로 배열한다. 참고문헌은 다음과 같이 저자, 출판년도, 제목, 출판사항의 순서로 기재한다.

경찰청. (2006). 「2005년 경찰백서」. 서울: 경찰청.

김 구. (2005). 지역경찰활동에 있어서 경찰신뢰의 영향에 관한 실증적 연구: 경찰활동의 성과 측면을 중심으로. 「한국정책과학학회보」, 9(3): 49-72.

김 구. (2005). 경찰공무원의 직무특성이 직무만족에 조직몰입에 미치는 영향. 「한국행정연구」. 14(4): 39-79.

이상원. (2001).「방법론」. 서울: 대명출판사.

이황우. (2001).「경찰행정학」. 서울: 법문사.

임준태. (2000). 「경찰의 순찰활동과 범죄예방」. 박사학위논문, 연세대학교 대학원.

채서일. (2005). 「사회과학조사방법론」. 서울: 비엔엠북스.

최선우. (1999). 「치안서비스 공동생산의 효과성에 관한 연구」. 박사학위논문, 동국대학교 대학원.

《동아일보》.(2006). 정년퇴직 후에도 근무 '延長族□□ 회사마다 계속 늘어. 1.26: 3.

Cohen, Jacob. (1977). *Statistical Power Analysis for the Behavioral Science*. New York: Academic Press.

Hagan, Frank E. (2000). *Research Methods in Criminal Justice and Criminology*. Massachusetts: Allyn and Bacon.

Neuman, W. L. & Wiegand, B. (2000). *Criminal Justice Research Methods*. MA.: Allyn and Bacon.

Palier, B. & Mandin, C. (2004). Feance: A New World of Welfare for New Social Risks?. In P. Taylor-Gooby(ed.). *New Risks, New Welfare*, 111-131. Oxford: Oxford University Press.

Perry, James L. & Wise, Lois R. (1990). The Motivational Bases of Public Service. *Public Administration Review*. 50(3): 367-426.

참고 문헌

□ 국내문헌

고성호 외(역). (2002). 「사회조사방법론(역)」. 서울: 도서출판 그린.

김광웅. (1999). 「방법론강의」. 서울: 박영사.

김두섭 역. (2002). 「질적 연구방법론」. 서울: 나남출판.

김병진. (2000). 「현대조사방법론」. 서울: 삼영사.

김영석. (1999). 「사회조사방법론」. 서울: 나남출판.

김영종. (1999). 「사회복지 조사방법론」. 서울: 학지사.

김인호. (1992). 「경영학 연구방법론」. 서울: 창지사.

김해동. (1986). 「조사방법론」. 서울: 법문사.

김해동·김광웅. (1999). 「행정조사론」. 서울: 한국방송대학교출판부.

김호정. (1998). 「사회과학 통계분석」. 서울: 삼영사.

김흥규. (1997). 「사회과학통계분석」. 서울: 나남출판.

나기산 외 역. (1998). 「정책분석론(제2판)」. 서울: 법문사.

남궁 근. (1998). 「행정조사방법론」. 서울: 법문사.

노화준. (1999). 「정책분석론」. 서울: 박영사.

노화준·정정길·김지원. (1996). 「행정계량분석」. 서울: 한국방송대학교 출판부.

박동균. (2000). 「조사방법과 사회통계」. (사)정책분석평가사협회

박종관 외. (2003). 「사회조사방법론」. 대구: 홍익출판사.

배현석 역. (2001). 「미디어 내용분석 방법론」. 서울: 커뮤니케이션북스.

성래경. (1999). 「표본조사방법론」. 서울: 자유아카데미.

소영일. (1996). 「연구조사방법론」. 서울: 박영사.

송근원 외. (2000). 「객관식 조사분석방법론」. 서울: 법문사.

오인환. (1998). 「사회조사방법론」. 서울: 나남출판.

오택섭. (1998). 「사회과학 데이터 분석법」. 서울: 나남출판.

유영호. (1998). 「설문조사법」. 서울: 자유아카데미.

이경희. (2001). 「연구조사방법론」. 서울: 민영사.

이군희. (2001). 「사회과학연구방법론」. 서울: 법문사.

이원훈. (2000). 「조사방법론 Ⅰ・Ⅱ」. 서울: 한국언론자료간행회.

이준형. (2004). 「조사방법론」. 서울: 대영문화사.

이지훈. (2000). 「사례연구방법」. 대전: 대경.

이해영. (1999). 「사회과학연구방법론」. 서울: 학현사.

채서일. (2005). 「사회과학조사방법론」. 서울: 비엔엠북스

천성수・박종순. (2000). 「사회과학 조사분석론」. 서울: 아시아미디어 리서치.

최종후・윤성채. (2001). 「사회조사분석 1」. 서울: 세창출판사.

한국사회학회 편. (1999). 「SPSS 사회조사분석」. 서울: 고려정보산업.

한승준. (2000). 「사회조사방법론」. 서울: 대영문화사.

홍두승. (2000). 「사회조사분석(제3판)」. 서울: 다산출판사.

홍성열. (2004). 「연구방법론」. 서울:시그마프레스.

□ 외국문헌

Ackoff, R. L. (1962). *Scientific Method*. New York: John Wiley & Sons.

Albrecht, Hans-Jorg. (1997). Ethnic minorities, crime, and criminal justice in Germany. In *Ethnicity, crime, and immigration*, edited by Michael Tonry, pp. 31-99. Chicago: University of Chicago Press.

Athens, Lonnie. (1992). *The creation of dangerous violent criminals*. Urbana: University of Illinois Press.

Babbie, Earl R. (1986). *The Practice of Social Research*. 4th ed. Belmont, California: Wadsworth Publishing Co.

Baker, Therese L. (1988). *Doing Social Research*. New York: McGraw-Hill.

Blak, James A., and Champion, Dean J. (1976). *Methods and Issues in Social Research*. New York: John Wiley & Sons.

Campbell, Donald T. & Stanley, J. C. (1966). *Experimental and Quasi-Experimental Designs for Research*. Boston: Houghton Mifflin Company.

Carmines, E. G. and Zeller, R. A. (1980). *Measurement in the Social Science: The Link Between Theory and Data*. Cambridge, Mass.: Cambridge Univ. Press.

———— . (1979). *Reliability and Validity Assessment*. Beverly Hills, CA: Sage.

Christensen, Larry B. (1988). *Experimental Methodology*. 4th ed. Boston: Allyn & bacon Inc.

Cook, Thomas D. and Campbell, Donald T. (1979). *Quasi-Experimental Designs for Research*. Boston: Houghton Mifflin Company.

Cox, Stephen, and William Davidson. (1995). A Meta-analysis of alternative education programs. *Crime and Delinquency*, 41:

219-230.

Creswell, J. W. (1994). *Research Design: Qualitative & Quantitative Approaches.* Thousand Oaks: Sage.

Donziger, Steven R., ed. (1996). *The real war on crime: The report of the national Criminal Justice Commission.* New York: HarperCollins.

Dunn, William N. (1994). *Public Policy Analysis: An Introduction.* 2nd edition, Englewood Cliffs, New Jersey: Prentice-Hall.

Fowler, Floyd J. (1984). Applies Social Research Methods Series. *Survey Research Methods.* Vol. 1, Beverly Hills, CA: Sage.

Gagne, Patrica, (1996). Identity, strategy, and feminist politics: Clemency for battered women who kill. *Social problems,* 43: 77-93.

Goode, William J. and Hatt, Paul K. (1981). *Methods in Social Research.* Singapore: McGraw-Hill International Editions.

Hagan, Frank E. (2000). *Research Methods in Criminal Justice and Criminology.* Massachusetts: Allyn and Bacon.

Hicks, Charles R. (1973). *Fundamental Concepts in the Design of Experiments.* New York: Holt, Rinehart & Winston.

James, K. R., Mulaik, S. A. and Brett, J. M. (1982). *Causal Analysis: Assumptions, Models and Data.* Beverly Hills, CA: Sage.

Kaplan, David. ed. (2004). *The Sage Handbook of Quantitative Methodology for the Social Science.* California: Sage Publications.

Kenny, D. A. (1979). *Correlation and Causality.* New York: John Wiley.

Keppel, Geoffrey. (1982). *Design and Analysis.* New Jersey: Prentice-Hall.

Kraska, Peter B., and Victor E. Kappeler. (1997). Militarizing American police: The rise and normalization of paramilitary units. *Social Problems*, 44: 1-18.

Lin, Nan. (1976). *Foundations of Social Research*. New York: McGraw-Hill.

Lincoln, Y. S & Guba, E. G. (1985). *Naturalistic Inquiry*. Beverly Hills, CA: Sage.

Mayer, Robert R. and Greenwood, Ernest. (1980). *Design of Social Policy Research*. N.J.: Prentice-hall.

Miller, Gerald J & Whicker, Marcis L. (1999). *Handbook of Research Methods in Public Administration*. New York: Marcel Dekker, Inc.

Nachmias, David and Nachmias, Chava. (1987). *Research Methods in the Social Science*. 3rd ed., New York: ST. Martin's Press.

Neuman, W. L. and Wiegand, B. (2000). *Criminal Justice Research Methods*. MA.: Allyn and Bacon.

O'Sullivan, Elizabethan and Rassel, Gary R. (1989). *Research Methods for Public Administrations*. New York: Longman.

Puri, Harish K., Paramjit S. Judge, and Jagroop S. Sekhon. (1997). Terrorism in Punjab: Understanding reality at the grass-roots level. *Guru Nanak Journal of Sociology*, 18: 37-59.

Rubin, Alien and Babbie, Earl. (1989). *Research Methods for Social Work*. Belmont, California: Wadsworth Publishing Co.

Seale, C., Gobo G., Gubrium, J. F. & Silverman, D. ed. (2004). *Qualitative Research Practice*. London: Sage Publications.

Selltiz, Claire, Wrightman, L. S. and Cook, S. W. (1976). *Research Methods in Social Relation*. 3rd ed., New York: Holt, Rinehart and Winston.

Smelser, Neil J.(1976). *Comparative Methods in the Social Science.* Englewood Cliffs, New Jersey: Prentice-Hall, Inc.

Zeller, Richard A, and Carmines, Edward G. (1980). *Measurement in the Social Science.* Cambridge Univ. Press.

찾아보기

(ㅊ)

・저자・

한기민

・약 력・

전남대학교 행정학 석사
경찰청 총경
전남지방경찰청 폭력계장
제주지방경찰청 수사과장
담양경찰서장
경찰대학 우대교수
경찰대학 치안연구소 연구위원

현 경찰청 과학수사센터장

・주요논저・

「우리나라 검시제도의 개선방안 연구」
「우리나라 검시제도 발전방안 연구」
「자금추적 수사실무」
외 다수

김구

・약 력・

한남대학교 행정학과 졸업
전남대학교 행정학 석사
조선대학교 행정학 박사
한국학술진흥재단 학술연구교수

현 국립 강릉대학교 자치행정학과 교수
      한국행정학회 편집위원
      한국정책학회 연구위원
      한국지역정보화학회 연구이사

・주요논저・

「행정정보관리론」
「사회조사방법론」
「지식행정의 이해와 활용」
「사회복지조사방법론」
「경찰신뢰의 영향요인에 관한 연구」
「경찰공무원의 직무스트레스에 관한 연구」
「경찰공무원의 직무특성에 관한 연구」
「치안센터 운영 활성화 방안 연구」
외 다수

경찰연구방법론

- 초판 인쇄　　2006년　3월　7일
- 초판 발행　　2006년　3월　7일

- 지 은 이　　한기민, 김구
- 펴 낸 이　　채종준
- 펴 낸 곳　　한국학술정보㈜
　　　　　　　경기도 파주시 교하읍 문발리 526-2
　　　　　　　파주출판문화정보산업단지
　　　　　　　전화　031) 908-3181(대표) · 팩스　031) 908-3189
　　　　　　　홈페이지　http://www.kstudy.com
　　　　　　　e-mail(e-Book사업부)　ebook@kstudy.com
- 등　　　록　　제일산-115호(2000. 6. 19)
- 가　　　격　　24,000원

ISBN　89-534-4758-5　93350 (Paper Book)
　　　　89-534-4759-3　98350 (e-Book)